燕山大学博士基金资助

张树明 李子芬 ○ 著

均衡中的困境：
美国对阿富汗政策研究（1947—1961）

中国社会科学出版社

图书在版编目（CIP）数据

均衡中的困境：美国对阿富汗政策研究：1947—1961 / 张树明，李子芬著.—北京：中国社会科学出版社，2015.12
 ISBN 978 – 7 – 5161 – 7326 – 8

Ⅰ.①均… Ⅱ.①张… ②李… Ⅲ.①美国对外政策—研究—阿富汗—1947—1961 Ⅳ.①D871.22

中国版本图书馆CIP数据核字（2015）第300798号

出 版 人	赵剑英
责任编辑	耿晓明
责任校对	韩天炜
责任印制	李寡寡

出 版	中国社会科学出版社
社 址	北京鼓楼西大街甲158号
邮 编	100720
网 址	http://www.csspw.cn
发行部	010 – 84083685
门市部	010 – 84029450
经 销	新华书店及其他书店
印刷装订	三河市君旺印务有限公司
版 次	2015年12月第1版
印 次	2015年12月第1次印刷
开 本	710×1000 1/16
印 张	16.5
插 页	2
字 数	280千字
定 价	58.00元

凡购买中国社会科学出版社图书，如有质量问题请与本社营销中心联系调换
电话：010 – 84083683
版权所有　侵权必究

摘　　要

　　阿富汗是亚洲的内陆山国，毗邻多个大国和中东能源蕴藏区，具有重要的战略地位。19世纪的英俄竞争塑造了阿富汗的缓冲国地位；冷战后，美国和苏联又展开新一轮竞争，诱发了1979年苏联入侵阿富汗的战争。在历史和现实中，美国是阿富汗事态发展最重要的外部因素之一。冷战初期，美国对阿富汗的政策对于整个冷战时期和冷战结束后美国—阿富汗关系和阿富汗事件①的发展是至关重要的。对现实问题的透彻解析离不开对历史的深刻反思。基于此，本书系统、深入地剖析了冷战初期即杜鲁门和艾森豪威尔政府对阿富汗政策的形成、内容、演变、特点和影响等问题，试图揭示杜鲁门和艾森豪威尔政府的对阿政策对冷战时期美国对阿富汗政策的奠基性作用。

　　本书共分5章，围绕四个方面的内容展开论述。

　　第一，首先回顾了从19世纪中期到第二次世界大战（以下简称"二战"）时期美国对阿政策与美阿关系缓慢发展的历史。美国与阿富汗的最早接触发生于19世纪的民间层次。1921年是美阿关系的转折点，阿富汗政府代表团访问美国，试图与美国建立正式外交关系，拉开了两国官方关系的帷幕。美国反应冷淡。不过，两国的官方接触由此建立。此后，阿富汗坚持谋求与美国建交的努力。由于国内外局势的变化，美国对阿政策日趋积极，1936年与阿富汗正式建交，1942年开设常驻使馆，两国关系进入新的历史阶段。二战爆发后，美国对阿政策面临来自轴心国的压力。与此同时，美国与苏联在阿富汗的竞争性局面也初步显现，苏联极力阻止西方

---

① 所谓"阿富汗事件"不是一个严格意义上的学术名词，在本书中是对冷战时期及冷战后大国在阿富汗长期竞争、互动及其结果的一种较笼统的界定。

势力进入阿富汗北部地区。在双边关系发展过程中，美国和阿富汗的政策有较大差异，阿富汗高度热情，体现了它试图将美国作为力量平衡者和援助来源者的利益认知。20世纪30年代后，美国对阿政策的调整体现了美国要在阿富汗保持一定影响以平衡其他大国势力的利益认知。这种平衡外交和均势政策在冷战期间被美国施用于苏联。但在20世纪上半期，由于利益有限、信息不足，及英国的制约，美国对阿政策发展总体上是缓慢的。

第二，在冷战背景下，杜鲁门政府对阿富汗的政策呈现了新内容和新特点，但尚待完善。1947年冷战爆发，包括阿富汗在内的南亚被裹挟进美苏对抗的大潮中。冷战为美国对阿政策开启了新的时代背景，二战前的多国竞争局面演变为美苏两极争夺。南亚不是美国战略重点，阿富汗没能引起杜鲁门政府的重视。但基于历史传承和阿苏接壤的特点，杜鲁门政府对阿富汗开展的行动有限：一是在外交上，1946年支持阿富汗加入联合国，使其更快地融入西方主导的国际秩序，则既可凭借国际社会的力量制约苏联的活动，也可使国际社会分担美国在阿富汗的经济投入；二是在"第四点计划"指导下对阿富汗予以有限的经济援助，但多次拒绝了阿富汗提供军事援助的要求。总之，在冷战的新背景下，杜鲁门政府对阿政策体系尚未成型，对在阿富汗欲达成的政策目的和对阿富汗的战略定位模糊不清，美国政策的基本特点可以概括为不亲不弃。杜鲁门政府对阿政策受多种因素的影响，苏联对阿政策的平淡与阿富汗国内共产主义势力的极其弱小是其中关键性因素，缺乏苏联和共产主义的刺激，美国对阿政策明显动力不足。

第三，重点剖析了艾森豪威尔政府（1953—1961）对阿富汗政策的形成、调整及其深远影响。1953年，美国、苏联和阿富汗同时发生领导人变更，各国调整对外政策，深刻影响了美国的对阿政策。穆罕默德·达乌德任阿富汗首相后，将经济现代化作为首要战略，同时推行对巴基斯坦的强硬政策，激化"普什图尼斯坦争端"，使美国面临的南亚局势复杂化；赫鲁晓夫提出"和平竞赛"，加强对第三世界国家的外交和援助，努力打破美国在南亚—中东构建的对苏军事包围，阿富汗是其重要目标和突破口之一。1955年，赫鲁晓夫、布尔加宁等苏联领导人访问阿富汗，苏联的经济、军事和人员援助由此开始大规模进入阿富汗，给美国造成了巨大压力。因应苏联对阿政策的急进式发展，艾森豪威尔政府以"大平衡"战略为指导，强调协调盟国间关系，加强对第三世界国家的争夺，致力于在阿富汗加强对苏联的遏制。20世纪50年代中期，美国提出"杜勒斯计划"，推动"北层国家"建立反苏军事同盟，阿富汗成为美国争取的对象之一。但阿富汗坚持中立主义外交传统，拒绝了美国的拉拢。阿富汗需要美国的各项援助，但基于历史和地缘政治的考虑，又不能与美国站在同一阵营推行反苏政策。对阿外交受挫促使艾森豪威尔重新调整对阿政策，以NSC5409等系列文件为标志，艾森豪威尔第一任期内确立了不同于杜鲁门政府的新的对阿政策。美国调整对阿政策的目的是，放弃将阿富汗纳入己方阵营的意图，转而努力确保并维持阿富汗在美苏间的中立，巩固阿富汗的缓冲国地位，将苏联隔离在南亚—中东以外。为实现这一目的，美国确立了"维持均衡但不谋求优势"的对阿政策的基本原则，不与苏联进行援助竞争，以适量的援助水平，利用阿富汗人对美国的亲近感和对苏联的传统畏惧感，以"硬援助"（经济、军事援助）和软实力的巧妙结合，较成功地维持了美国在阿富汗的影响，抵消着苏联对阿富汗的压力和扩张。另外，作为美苏在阿富汗激烈争夺的副产品，两国在阿富汗形成事实上的"合作"局面，阿富汗成为美苏竞争的最大受益者，较好地将美苏援助整合到一起，美苏对此无奈接受。美苏在阿富汗的"均衡"格局形成。

1957年艾森豪威尔第二任期内出台"艾森豪威尔主义"，美国政府深入讨论了其适用于阿富汗的问题，并与阿富汗进行了深入接触，阿富汗不完全地接受了艾森豪威尔主义。在艾森豪威尔第二任期内，苏联对阿富汗的政策力度也进一步加强，对此，艾森豪威尔政府大幅提升对阿政策力度，将阿富汗列为"紧急行动区域"，以多种方式平衡苏联的行动，扩大对阿富汗的援助规模和领域，改革对阿政策实施机构，以双边和多边外交相结合的方式推行对阿政策，并在50年代末开展了整个冷战时期都少有的"首脑外交"高潮，美阿领导人的互访开创了两国关系新的历史纪录。总之，艾森豪威尔政府对阿政策经受挫、摸索最终确立，政策基本原则和某些具体内容沿用至20世纪70年代末，对整个冷战时期的美国对阿政策影响极大。在此过程中，美国对阿政策谨慎行事，努力避免刺激苏联采取过激行动，在此意义上，1979年战争并不是美国对阿政策的直接结果，美国政策只是构成其背景性因素。

第四，以阿富汗—巴基斯坦"普什图尼斯坦"危机为实例，探究了美

4 均衡中的困境：美国对阿富汗政策研究（1947—1961）

国在面临一场有盟国和重要的地区性国家卷入的国际危机中，如何决策和协调对相关国家的政策。"普什图尼斯坦"危机是美国在阿富汗形成与苏联均衡竞争局面的同时，对阿政策陷入困境的最重要原因。困境之一是，面对不能舍弃的地区性盟国（巴基斯坦）和地区缓冲国（阿富汗）间难以调和的冲突，美国选择明确站在哪一国的立场以及如何使对巴基斯坦的支持保持在一定限度内而不至于过于刺激阿富汗，即支持政策的"度"的把握是一个困境。仅就阿巴关系而言，美国在理论上应支持巴基斯坦；而一旦考虑到美苏关系和苏阿关系，美国政策的困境之二随之出现，即美国不应放弃阿富汗而徒增苏联的机会。由于这种政策困境，美国虽一度介入调停争端，但没能促成阿巴争端的解决，阿巴关系爆发两次危机，甚至走到战争边缘；同时，这种双重困境导致美国游离于阿巴之间，也同时开罪了阿巴两国，没能阻止阿富汗靠向苏联。美国政策困境的出现是其超级大国的全球冷战利益与地区国家的利益诉求相冲突的结果。美国试图按照一己之构想协调地区国家间矛盾，服务于美国的冷战利益，但却忽视了如阿富汗等地区国家的利益诉求。在历史和现实中，美国外交面临类似阿巴争端的政策困境是普遍的，美国处理阿巴争端的政策和特点对于我们更好地理解美国介入其他地区的局部纠纷时有一定的借鉴和启示意义。

总之，本书在整理和分析相关资料基础上，意图澄清几个问题：冷战爆发前的百年间，美国与阿富汗关系的早期历史经历了怎样的演变及特点；阿富汗在冷战初期美国的战略定位及利益认知框架中究竟占有何种地位；与苏联相比，美国政策对阿富汗事态发展的影响究竟大到何种程度等。

目 录

绪 论 ……………………………………………………………（ 1 ）
 一 写作动机与意义 …………………………………………（ 5 ）
 二 标题解读 …………………………………………………（ 7 ）
 三 研究现状和文献综述 ……………………………………（ 9 ）
 四 档案资料状况 ……………………………………………（ 25 ）
 五 可能的突破与创新 ………………………………………（ 27 ）
 六 基本研究方法 ……………………………………………（ 29 ）

第一章 美国对阿富汗政策与美阿关系的历史回顾 ……………（ 31 ）
 第一节 美国对阿富汗政策与美阿关系的早期发展 ………（ 31 ）
  一 1921年阿富汗代表团访美与两国官方关系的建立 ……（ 32 ）
  二 双边联系的扩大和美国对阿富汗态度的持续冷淡 ……（ 35 ）
  三 20世纪30年代美国—阿富汗制度化外交关系的正式建立 …（ 37 ）
 第二节 第二次世界大战期间的美国对阿富汗政策 ………（ 41 ）
  一 美国在阿富汗与轴心国的较量 …………………………（ 41 ）
  二 美、苏角力阿富汗：苏强美弱韬光养晦 ………………（ 45 ）
  三 美国在阿富汗势力崛起 …………………………………（ 47 ）
 第三节 美国对阿富汗政策演变的原因与特点分析 ………（ 49 ）
  一 美国对阿富汗政策演变的原因分析 ……………………（ 49 ）
  二 20世纪早期美国对阿政策演变的特点 …………………（ 54 ）

2 均衡中的困境：美国对阿富汗政策研究（1947—1961）

第二章　冷战与杜鲁门政府对阿富汗政策的新起点 …………（57）
第一节　冷战与美国的南亚战略 ………………………………（57）
　　一　杜鲁门政府国家安全战略的形成与主要内容 …………（57）
　　二　冷战初期美国的南亚政策 ………………………………（60）
第二节　杜鲁门政府对阿富汗政策的形成及基本内容 ………（63）
　　一　NSC73/3号文件与杜鲁门政府对阿富汗政策的形成 …（63）
　　二　杜鲁门政府对阿富汗政策的主要内容 …………………（65）
第三节　影响杜鲁门政府对阿富汗政策的主要因素 …………（86）
　　一　杜鲁门政府全球战略重点布局的影响 …………………（86）
　　二　欧洲国家影响杜鲁门政府在阿富汗的利益和政策 ……（87）
　　三　苏联和共产主义势力在阿富汗发展迟缓 ………………（88）

第三章　第一届艾森豪威尔政府对阿富汗政策的新阶段 ……（91）
第一节　艾森豪威尔政府对阿富汗政策的新探索 ……………（91）
　　一　美国—苏联—阿富汗政权变更及其政策调整 …………（92）
　　二　艾森豪威尔政府对阿富汗政策的新变革 ………………（99）
第二节　与苏联全面竞争的开始和阿富汗缓冲国地位
　　　　　的重新确立 ……………………………………………（110）
　　一　20世纪50年代中期阿富汗—苏联关系的密切 ………（110）
　　二　美国对苏联政策的反应和对阿富汗政策的形成 ………（119）
　　三　美苏竞争与阿富汗缓冲国地位的重新确立及其影响 …（136）

第四章　艾森豪威尔主义与美国对阿富汗政策 …………………（148）
第一节　20世纪50年代后期美国对阿富汗局势的
　　　　　分析和政策总结 ………………………………………（149）
　　一　米尔斯大使继任及其对阿政策的总结 …………………（149）
　　二　美国国务院的政策总结与评估 …………………………（152）
第二节　1959年艾森豪威尔访问阿富汗及其影响 ……………（153）

一　艾森豪威尔访问阿富汗的背景 ………………………………（153）
　　二　艾森豪威尔访问阿富汗的成果与影响 ……………………（157）
　第三节　艾森豪威尔主义框架下美国对
　　　　　阿富汗的援助政策与实践 ……………………………（159）
　　一　艾森豪威尔主义适用于阿富汗的讨论 ……………………（159）
　　二　20世纪50年代末艾森豪威尔政府对阿富汗
　　　　重要性的强调 …………………………………………（161）
　　三　艾森豪威尔主义在阿富汗的实施 …………………………（164）

第五章　"普什图尼斯坦"危机与美国对阿富汗政策的困境 ………（178）
　第一节　阿富汗—巴基斯坦"普什图尼斯坦"
　　　　　危机的爆发与发展 ……………………………………（178）
　　一　国际危机及其特征 …………………………………………（179）
　　二　"普什图尼斯坦"危机的爆发 ……………………………（180）
　　三　阿富汗、巴基斯坦的政策主张及其分歧 …………………（187）
　第二节　美国对阿巴争端的介入及其对阿富汗的政策 …………（194）
　　一　杜鲁门政府对阿巴争端的认识与对阿政策 ………………（195）
　　二　阿巴争端与艾森豪威尔政府的阿富汗政策 ………………（199）
　　三　阿巴争端与美国对于颠覆达乌德政权问题的讨论 ………（207）

结　语 …………………………………………………………………（217）
参考文献 ………………………………………………………………（238）
附　录 …………………………………………………………………（254）

绪 论

阿富汗是一个位于亚洲中部地区的"中等小国",称它为"中等"是就领土面积而言,称为"小国"则是就其国际地位、国际影响和综合实力而言。[1] 阿富汗领土面积为65.23万平方千米,[2] 与法国不相上下,是典型的中等国家。阿富汗历史悠久,人类在这一地区的生存、繁衍已有数千年历史,"有考古证据显示,公元前2000年,人类已经开始在现今的阿富汗地区建筑居住地和进行社会活动"[3]。但它自然条件较恶劣,国内地形崎岖,高山和山地占国土总面积三分之二强,可耕土地较少,不到国土面积的10%,近半数领土海拔超过2000米。此外,阿富汗自然条件恶劣,夏季炎热而冬季酷寒,全年降雨量有限且分布不均匀,极易发生干旱等对农业生产构成严重威胁的自然灾害。阿富汗经济实力和综合国力的壮大受到了直接制约,经济社会发展长期停滞不前。阿富汗的主要支柱性经济产业是农牧业。近年来轻重工业有所发展,但囿于资金、技术等原因,水平低下,加之自20世纪70年代末以来阿富汗蒙受了持续四十多年、几乎没有间断的战乱,整体国民经济遭遇毁灭性破坏,经济发展举步维艰。除去其

---

[1] 关于"小国"的界定和分类,西方国际关系理论有多种观点和标准。一般都是以"实力和力量,而不是尺寸和规模"来定义小国,Miriam Fendius Elman, "The Foreign Policies of Small States: Challenging Neorealism in Its Own Backyard," *British Journal of Political Science*, Vol. 25, Apr. 1995; Peter Baehr, "Small States: A Tool for Analysis?" *World Politics*, 1975, 27 (3), p. 461, 转引自方军祥、李波《西方国际关系理论中小国概念分析》,《国际论坛》2005年第4期,第38页。

[2] 新华网,http://news.xinhuanet.com/ziliao/2002-06/12/content_437219.htm。在不同资料中,阿富汗的领土面积描述有一定差异。如维基百科的数字为64.75万平方千米,"是世界排名第41大的国家(排名在缅甸之后)"。参见 http://zh.wikipedia.org/wiki/%E9%98%BF%E5%AF%8C%E6%B1%97。

[3] Tom Lansford, *A Bitter Harvest: U. S. Foreign Policy and Afghanistan*, Aldershot, Hants: Ashgate, 2003, p. 3.

2 均衡中的困境：美国对阿富汗政策研究（1947—1961）

地缘政治地位带来的些许优势外，综合国力的极度衰弱决定了阿富汗在全球和地区政治舞台上的发言权低微，国际地位低下，是一个典型的"小国""极度不发达国家"。

阿富汗地理位置的特点之一是其内陆国家地位，没有海岸线和出海口。从地图上看，阿富汗隔巴基斯坦、伊朗近距离遥望印度洋，隔苏联（俄罗斯）遥望北冰洋。虽然阿富汗国内航空业有所发展，但发展滞后且运输成本高昂，对外贸易主要依靠陆地运输，这导致阿富汗的海外贸易严重依赖周边国家的过境通道和出海港口，大大增加了其对于周边国家的脆弱性和敏感性，成为易受邻国操控的"软肋"。"脆弱性"和"敏感性"概念是美国著名国际政治学者约瑟夫·奈（Joseph Samuel Nye, Jr., 1937—）和罗伯特·基欧汉（Robert O. Keohane, 1941—）在其经典著作《权力和相互依赖》中提出的。敏感性意指在某种政策框架下，一国的变化导致另外一国变化的速度及因应对政策而付出的大小。也就是指在政策不变的前提下，一方因另一方变化而受影响的大小、受影响速度的快慢等，即一方受影响的程度。"外部变化的直接影响一般表现为敏感性依赖；衡量脆弱性依赖的标准只能是，在一段时间为适应变化了的环境而作有效调整应付的代价。"基欧汉和奈强调，"在为行为体提供权力方面，脆弱性相互依赖比敏感性相互依赖更为重要"[①]。阿富汗的主要海外贸易路线是经由巴基斯坦和苏联（俄罗斯）出海。就敏感性而言，巴基斯坦和苏联（俄罗斯）的对阿政策有任何恶化，往往会导致封锁边界，直接影响到阿富汗的对外贸易能否顺利进行和国内经济发展状况，阿富汗要承受很大的经济压力。在脆弱性方面，可资阿富汗利用的海外贸易通道极其有限，经济可行的只有巴基斯坦和苏联两个渠道，这导致阿富汗的某一个海外贸易通道在遭遇外在封锁时的可替代性较差。冷战期间，美国曾与阿富汗探讨伊朗路线的可能性，但因其成本高昂和基础设施滞后而作罢。阿富汗的内陆国家位置对其对外政策和双边外交关系影响很大。冷战期间，巴基斯坦曾多次以封锁边界、关闭过境贸易等方式对阿富汗施加经济压力和制裁，而苏联则以提供对外贸易便利和通道为条件，不断扩大和巩固阿富汗—苏联关系，增强了

---

① [美] 约瑟夫·奈、罗伯特·基欧汉：《权力与相互依赖》，林茂辉等译，中国公安大学出版社1992年版，第12、14、18页。

阿富汗对苏联的依赖，给美国造成较大的难题。

　　阿富汗地理位置的特点之二是其重要的地缘政治地位。从国际政治角度审视，阿富汗的地理位置具有战略意义。"虽然阿富汗的经济是落后的，但它处于中国、苏联、伊朗和巴基斯坦之间的地理位置使它具有了远超于其经济地位的地缘政治和战略重要性。"① 阿富汗位于苏联（俄罗斯）、中国、印度和中亚、南亚、西亚几大区域之间，紧邻哈尔福德·麦金德（Halford John Mackinder）所谓的"亚欧大陆的心脏地带"和尼古拉斯·斯皮克曼（Nicholas John Spykman）所谓的"边缘地带"。西亚、中亚富产石油，南亚、中东都是世界政治的热点和焦点地区；阿富汗恰处于中亚—南亚、东亚—西亚陆上交通的会合点和十字中心，掌控这一战略要点的势力可对周边地区和国家施加强大的影响力。1857年8月10日，恩格斯在为"美国新百科全书"1858年版而写作的《阿富汗》一文中总结阿富汗的地理特点时曾讲，"阿富汗的地理位置和民族特征，使这个国家在中亚细亚的事务中具有非常重大的政治作用"②。因而，阿富汗是影响地区局势的枢纽。历史上，阿富汗是外来势力进入南亚和印度的门户和必经之地。不过，阿富汗这一地理位置也为确定阿富汗的地区归属带来了很大困难。

　　长期以来，国内外学界对于阿富汗究竟属于哪一个亚洲次区域说法不一，有学者将其归为南亚，也有学者将之归为西亚或中亚。就美国对阿富汗政策而言，这一点倒是确定的。在美国国务院区域划分中，阿富汗明确被列为南亚国家，关于阿富汗的各种文件、主管官员的设置等都表明这一点。但必须指出的是，在一些阐述美国中东政策的国务院文件中，阿富汗也时常出现在其中，对阿政策也可看作美国中东政策的一部分。冷战结束后，阿富汗才逐渐被定为南亚国家并被广泛接受。针对冷战期间的阿富汗，本书较笼统地将其称为"西南亚国家"。

　　这种地理位置在赋予阿富汗以先天性政治影响和优势的同时，也是阿富汗命运多舛的重要原因，因而也可以说，阿富汗占据了悲剧性的地理位置。鉴于其重要的地缘地位，有史以来，阿富汗成为各种政治势力争夺的

---

① R. Burrell and Alvin Cottell, "Iran, Afghanistan, Paksitan: Tensions and Dilemmas," *The Washington Papers*, Volume II, The Centre for Strategic and International Studies, Georgetown University, Washington, D. C., p. 40.

② 《马克思恩格斯全集》（第14卷），人民出版社1964年版，第77页。

焦点。有学者在总结阿富汗国家的特点时就曾讲,"作为其战略地位的结果,外部力量在阿富汗的国内外事务发展中持续发挥主要作用。但同时,由于控制该国的巨大代价,又极少有外部强国能将阿富汗变成直接殖民地"①。近代以来,大国在中亚、南亚地区争夺的焦点长期集中于阿富汗。19世纪是英国、俄国争夺阿富汗的一百年。两大殖民帝国在阿富汗展开了称为"大博弈"(The Great Game)的竞争游戏,其间伴随了一系列武装对峙、冲突和战争,如英国的两次侵阿战争等。20世纪后半期,阿富汗也是美苏冷战竞争的重要舞台之一。两大国在阿富汗倾注了巨大的人力、物力。几十年的竞争最终诱发了70年代末苏联对阿富汗的大规模入侵。持续十年的阿富汗战争成为阿富汗历史的重要转折,是冷战结束后阿富汗战乱不断的重要历史诱因。在此过程中,阿富汗周边大国和地区邻国都在不同程度上卷入了阿富汗事件,因而,阿富汗的事态发展已经超越了主权国家的范畴,具有了地区意义和全球意义。可以认为,阿富汗及其事态演变是20世纪影响大国关系变动、世界政治走向的重要因素。甚至在21世纪的今天,世界对阿富汗仍保持了热切的关注。美国奥巴马政府组建伊始,即加大了对阿富汗问题的关注,"有意把美国军事和安全事务重心从伊拉克转移到阿富汗,新政府也开始重新审视阿富汗政策"②。

阿富汗地理位置特点之三,是它是世界历史上典型的缓冲国。在国际政治理论中,"缓冲国"主要是指"位于两个或更多大的、对立的强国中间的小而独立的国家"③。阿富汗的缓冲国地位形成于19世纪英、俄竞争期间。当时,两大帝国在阿富汗形成了僵持局面,为避免双方爆发直接冲突,英俄形成了一种默契,即保持阿富汗形式上的独立,两国均不谋求兼并阿富汗,客观上使阿富汗成为隔离两个敌对势力的缓冲区。二战后,美苏冷战的爆发再次将阿富汗置于美苏势力的缓冲带上。这种局面延续到冷战结束又再次终结。在世界历史上,缓冲国普遍存在。不过从存在时间和发挥作用的程度看,阿富汗都可以称为一个典型的缓冲国。缓冲国生存于

---

① Tom Lansford, *A Bitter Harvest: U. S. Foreign Policy and Afghanistan*, Aldershot, Hants: Ashgate, 2003, p. 32.

② 肖尧:《拜登揭奥巴马新外交面纱 强调政策将彻底改变》,新华网,2009年2月8日,http://news.sohu.com/20090208/n262108115.shtml。

③ John Chay, Thomas Ross, *Buffer States in World Politics*, Boulder: Westview Press, 1986, p. 3.

两个或多个敌对势力的夹缝中，周旋于不同强大势力之间，这对其外交水平和政策立场有较高要求，但由于处于列强环伺的环境，国家独立和生存也面临较大风险。总之，"作为一个地区行为体，阿富汗的地位几乎同时是穷乡僻壤、缓冲国和十字路口的混合"①。

构成阿富汗历史发展的主要内容、同时深刻影响其对外关系的另一主要因素是阿富汗的政治制度。数百年内，绝对君主制是阿富汗政治制度的核心，国王拥有巨大权力。在冷战爆发后的十几年间，阿富汗政体总体保持了稳定。但自20世纪60年代后，阿富汗政体进入频繁、剧烈的变动期，伴随一系列变革、暴力和非暴力政变，君主立宪、民主共和制等相继出现在阿富汗政治舞台上，给外国势力的介入提供了机会。此外，在中央—地方关系和政治—宗教关系方面，阿富汗有别于巴基斯坦等邻国。一方面，由于特定的历史传统和国内地形条件的限制，阿富汗地方的宗教、部族势力强大，中央政府的权威很难延展和辐射到地方，地方民众更多的是受到地方部族和宗教势力的直接统治，其国家认同感较差，主要效忠于地方性权威主体。另一方面，宗教对政治体制的直接影响有限。虽然从最高到地方的各级统治者和普通民众普遍信奉伊斯兰教（逊尼派信徒占据绝大多数），但宗教势力对国王和地方政治权威的影响有限，最高统治者主要依赖家族关系和相对于地方而较为强大的经济和军事实力维系统治，宗教只是在需要时发动民众的一种工具，统治者的国内外政策主要从政治、经济利益出发而非宗教依据。

一 写作动机与意义

（一）阿富汗问题的重要影响与美国因素的重要性

阿富汗是西南亚地区社会经济落后、据有重要而特殊地理位置的内陆型国家。在世人印象中，阿富汗是一个不起眼的弱小国家，但它却成为引发国际社会长期关注的焦点问题。对此，包括美国、阿富汗和其他国家在内的学者进行了广泛而深入的研究，这些研究有各自独特的视角和专注的问题领域，深化了对阿富汗及其国际影响的认识。同时，作为国际政治舞

---

① Larry P. Goodson, "A Troubled Triangle: Afghanistan, Iran, and Pakistan in Strategic Perspective," *Woodrow Wilson International Centre for Scholars*, Spring 2005, p. 4.

台上的中小国家，阿富汗较充分地利用了其地缘地位，周旋于美苏两个超级大国之间，接受来自两国的援助，同时从美苏获取了巨大利益，一定程度上影响了美苏关系的演变，体现了中小国家在国际政治中的独特作用。

从美国的角度看，阿富汗问题是美国外交的重要内容，是美国对第三世界国家和世界中小国家政策的一个体现和缩影。二战后，阿富汗问题的产生、演变及影响都与美国有密切关系，美国的政策是阿富汗问题最重要的外部主导因素之一，因此，对阿富汗问题的探讨绝对脱离不了美国因素的研究。同时，以阿富汗问题的研究为个案，我们也可以深入分析美国对第三世界国家外交政策的基本特点，将其作为了解美国外交政策的视角，拓展对美国外交政策研究的深度和广度。

（二）冷战时期美国对阿富汗政策研究的不足和一些待解问题

关于美国的对阿富汗政策，国内外学术成果较为丰富；但同时，既有成果也有较大的不足，最突出的问题就是，现有研究重点集中于1979年苏联入侵阿富汗后的美国对阿政策等问题，而对于20世纪70年代前美国对阿政策及大国互动关系的研究较为薄弱，特别是对于冷战初期（杜鲁门和艾森豪威尔时期）起到奠基性、开端性作用的美国对阿政策，国内外尚缺乏专题性、系统性研究，导致一些问题尚没有明确解答。

首先，从美国方面看，冷战爆发后，美国对阿富汗地缘政治意义的认识和利益认知究竟是什么，是否可以简单地用抽象的"冷战利益"一词完全概而括之，如何更准确地界定美国在阿富汗的利益？在利益认知基础上，美国如何完成和实施对阿富汗政策的决策？美国如何认识各相关行为体（如苏联、阿富汗、伊朗、巴基斯坦等国家行为体和联合国等国际组织构成的非国家行为体）间错综复杂的关系，并将其纳入美国的决策过程而使之服务于美国利益？诸多问题摆在了面前，现有研究对这些问题没有给予明确解答。

其次，站在阿富汗角度，处于大国竞争夹缝中的阿富汗如何界定自身地位和作用，在冷战和美苏竞争背景下，阿富汗外交的成功和失误究竟是什么，其对于理解国际政治中弱小国家外交的启示何在等。阿富汗也是独立主权国家，将阿富汗视为与美苏平等的国际政治主体，探寻阿富汗内外政策对大国和地区国际关系的影响，而不仅将其视为美苏冷战竞争的场所，努力以阿富汗的立场认识美苏冷战及其背景下的阿富汗国际地位和利益等，是现有研究中最薄弱的环节之一，而囿于语言、资料的限制，也是难度最大的环节之一。本书试图在此问题上做出努力。

（三）另外一个促成选题的因素是中国——阿富汗关系的发展及阿富汗问题对中国的影响

阿富汗是中国邻国，其局势变迁直接关系我国西部边境的安全和稳定。冷战期间及冷战结束后大国在阿富汗的角逐及恐怖主义势力的肆虐，对中国的国家安全和领土完整提出了严峻挑战。中华人民共和国建立后，中阿友好关系长期稳定发展，但20世纪80年代阿富汗战争后至今，阿富汗局势的动荡提升了中国对阿富汗问题的关注和介入力度。无论在哪个历史时期，阿富汗对中国国家利益的影响都是不可忽略的。同时，考察冷战时期美国对阿政策，有助于总结历史上美国处理阿富汗问题的经验教训，进而对当前中国应对阿富汗问题及由其引发的各类安全问题提供启示。因此，有必要从中国的角度探究阿富汗及西南亚地区的大国博弈，找准中国在此过程中的位置，履行大国对地区和平与稳定之责任。

二　标题解读

（一）时间跨度说明

第一，写作起点定为1947年的考虑是，1947年世界历史上发生几起重要事件，对20世纪后半期的大国关系和世界历史影响极大。一是美苏冷战爆发，将全球政治带入一个新的时代，所有国家间关系——无论是发达国家还是第三世界国家——自此都摆脱不了美苏冷战的烙印和阴影。20世纪50年代后，冷战对峙迅速由欧洲向世界各地区蔓延，阿富汗所在的南亚也不可避免地被卷入，美国对阿富汗的政策深受冷战和美苏关系之影响。二是1947年印巴分治，英国势力逐渐自南亚撤出，留下了亟待大国势力填补的"真空地带"，美苏竞相向南亚扩展势力，激化了南亚地区局势的复杂性。三是1947年巴基斯坦独立后，承袭了英国遗留的阿巴边界——杜兰线（The Durand Line），该线的合法性却得不到阿富汗承认。就此问题，巴基斯坦与阿富汗就阿巴边界的普什图部落区的地位和部落民的权利发生"普什图尼斯坦"争端，这一争端直接恶化了冷战期间的阿巴关系，导致两国爆发全面对抗。巴基斯坦与美国结盟后，阿富汗转向苏联寻求帮助，给后者在阿富汗扩大影响提供良好机遇，加剧了美苏在阿富汗的竞争；

而且，这一争端与印巴"克什米尔"争端一起，成为危及南亚和平稳定的难题。虽然"普什图尼斯坦"争端没有如"克什米尔"争端一样导致阿巴两国的局部战争，但其解决难度不亚于后者。"普什图尼斯坦"争端的浮现和阿巴矛盾的激化给美国对阿政策、对南亚政策和对巴政策增加了空前的挑战，美国不得不在几国间周旋，对阿政策的外部环境大大复杂了。

第二，截至1961年的考虑基于以下两个原因。首先，从时间进程看，1961年是美国总统换届之年，艾森豪威尔8年任期告一段落，对阿政策也进入阶段性调整期。60年代的肯尼迪—约翰逊政府时期，美国的注意力越来越多地转向东南亚，对阿富汗所在的西南亚地区有所忽略，导致60年代的美国对阿政策出现一些新变化和新特点，60年代之前的美国对阿政策作为一个相对独立的发展阶段比较明显地表现出来，此后，美国对阿政策也进入相对成熟期和平稳发展期。因而，本书将下限截至1961年便于系统地观察和思考杜鲁门、艾森豪威尔政府的对阿政策，并总结这一阶段的政策特点及其历史影响。其次，60年代初，阿富汗与巴基斯坦间的关系在经历了两次"普什图尼斯坦"危机后进入平稳发展期，巴基斯坦作为一个重要的外部因素，对美国的阿富汗政策的影响逐渐定型，美国对阿政策的外部影响因素呈现固定化趋势。

（二）标题概念解读

"均衡"的含义包含以下三个方面，第一，经过美、苏、阿等多方互动和政策调整，阿富汗在美苏冷战中的缓冲国地位得以维持，阿富汗的中立立场得到美苏认可，美苏在阿富汗大体形成平衡局面。此种局面在相当长时间内被美国、苏联、阿富汗三方共同接受。1979年之前的几十年里，美苏在阿富汗没有发生直接冲突，甚至没有如柏林危机、古巴危机等类似危机发生。第二，经十数年竞争和互动，到20世纪60年代初期，美国与苏联在阿富汗的势力总体上形成了力量平衡局面，苏联稍占优势，但苏联的优势尚不至于强大到排斥美国在阿势力和操控阿富汗的地步，美国足以成为苏联在阿富汗的强硬竞争者。第三，美、苏在阿富汗的互动客观上还造成了一种状况，即美苏"合作"发展阿富汗。这种情形的出现不是美、苏的主观意愿，而是争夺政策的客观结果。两大国和阿富汗三方都默许了这种局面的延续，直到1979年。

"困境"主要是指美国遭遇苏联的竞争、阿富汗的中立主义、阿巴"普什图尼斯坦"争端时陷入政策两难的局面。一方面,面对巴基斯坦这个地区盟国和阿富汗这个地区缓冲国间难以调和的争端,美国应该支持巴基斯坦,但美国在不想放弃阿富汗并将其推到苏联轨道的情况下,对巴基斯坦的支持达到什么样的"度"是一个难以把握的政策难题。另一方面,面对苏联在阿富汗步步紧逼的攻势政策,美国应加大对阿富汗的支持以抵制苏联势力的扩大,但如此一来,又将因密切美阿关系和壮大阿富汗实力而招致巴基斯坦的不满和反对。美国的政策陷入了西南亚地区错综复杂的国际关系网络中。同时,美国还一直关注作为其外交对象的阿富汗政府执政的可持续性和政权的稳定性问题,一方面,美国对于推行亲苏路线、对巴强硬的达乌德政权有很大不满;但另一方面,维持阿富汗政局稳定的考虑及在阿富汗国内缺乏相应的继任掌权者又使美国政府要尽力维护达乌德政权的稳固,防止因局势动荡给苏联提供介入阿富汗的新机会。

三 研究现状和文献综述

总结目前国内外可查阅及已获取的关于美国对阿政策的研究成果,它们可分为两大类,第一类是各种通论性国际关系史、冷战史、美国外交和美国史、苏联外交和苏联史、阿富汗史等地区国别史、外交决策和国际关系理论等论著;第二类是专题性阐述美国对南亚和中东政策、美国对阿富汗政策、南亚地区国家间关系及阿富汗对外政策等的论著。

第一类论著数量庞大,不同程度地论及冷战期间美国对阿政策、阿富汗外交等内容。但由于论著主题并非集中于美国对阿政策,因而叙述零散,且论述重点多集中于20世纪70年代末苏联入侵后的美国政策及其影响,对20世纪50—70年代的美国对阿政策及美阿关系研究较薄弱。已查阅的此类论著主要有:

文安立的《全球冷战:对第三世界的干涉和我们时代的形成》[1] 考察了冷战时期超级大国冷战向第三世界的扩散,并选取了南非、伊朗、阿富

---

[1] Odd Arne Westad, *The Global Cold War: Third World Intervention and the Making of Our Time*, New York: Cambridge University Press, 2005.

汗等国作为分析个案。作者认为，冷战最重要的方面是美苏对第三世界国家政治和社会发展的干预，"美国和苏联在第三世界的干涉行为均是各自使命感的表现，是出于干涉主义思想意识（mindset），源于其根深蒂固的使命感。美国和苏联在第三世界的干涉属于两种意识形态和现代化理念之间的竞争"。而且，该书"不只限于从两个超级大国的对外行为来思考问题，而是更多地从第三世界本身来审视冷战及其后果"①。文安立虽把阿富汗作为个案之一，但对阿富汗事件的考察定位于卡特及其后时期，对此前的美国对阿政策及美阿关系几乎没有涉及。该书提供了有益的写作思路和方法论等的借鉴，提供了美国的第三世界政策构成其对阿富汗政策的外部框架。

　　罗杰·希尔斯曼、劳拉·高克伦等的《防务与外交决策中的政治——概念模式与官僚政治》②将苏联入侵阿富汗作为理论分析案例。作者在对既有研究成果进行评析基础上指出，苏联入侵阿富汗的原因在于，美国"手里从来没有大棒可作为遏制对方之用"，而借以牵制苏联行动的美国的"胡萝卜丢失殆尽"。同样是将论述重点放在了苏联入侵阿富汗后的美国对阿政策变化，对此前阶段美国的阿富汗政策关注不够。

　　国内著作也有相似问题。资中筠的《战后美国外交史——从杜鲁门到里根》分析了二战后美国外交政策走向及特点，但书中涉及阿富汗的内容仅是在阐述卡特主义和里根对外政策时简单提到。作者指出，卡特主义提出之始在美国得到了广泛支持，"但在欧洲盟国和第三世界国家则引起了各种不同的反应，甚至遭到怀疑和反对"③。里根就任总统后，对苏联施加的压力和对阿富汗游击队提供的援助进一步加大。里根的政策对于阿富汗问题的解决"是一个不可忽视的因素"。刘金质教授的《冷战史》关于阿富汗问题的叙述也不过数十页，主要探讨1979年苏联侵阿、美国的政策反应等问题。作者认为，苏联出兵阿富汗主要基于其地缘政治利益、意识形态利益、经济利益和国际安全利益，苏联在面对控制阿富汗以巩固国家利

---

　　① 张小明：《冷战的全球化：读文安立〈全球冷战：对第三世界的干涉与我们时代的形成〉》，《冷战国际史研究》第5期，世界知识出版社2008年版。
　　② Roger Hilsman, Laura Gaughran, and Patricia Weitsman, *The Politics of Policy Making in Defense and Foreign Affairs: Conceptual Models and Bureaucratic Politics*, Prentice-Hall, Inc., 1993.
　　③ 资中筠：《战后美国外交史——从杜鲁门到里根》，世界知识出版社1994年版，第842页

益和延续与美国的缓和二者关系时，选择了前者。而"美国对阿富汗政策的基本目标是支持阿富汗尽最大努力维持最大程度的独立……美国的国家利益是推进和维护南亚和西南亚地区的稳定"①。王绳祖先生在《国际关系史》中认为，勃列日涅夫确立了对外扩张的进攻性战略，出兵占领阿富汗是其"70年代全球扩张攻势的最高潮，也是其全球战略中的一个重要部署"②。苏联在阿富汗长期经营，有其"南下战略"的重要考虑，苏联要努力将阿富汗纳入其势力范围之下。入侵事件不过是苏联"南下战略"加快实施的结果。上述三部著作对1979年前的美国对阿政策都几乎没有论及。

对本书构思和写作裨益更大的是专题性研讨美国对阿政策及大国在阿富汗冷战博弈的论著。这些论著按论题领域可分为以下几类。

第一，阿富汗的内政外交。理查德·纽厄尔的《阿富汗政治》③ 提供了从国内政治角度分析阿富汗对外关系的思路。该书重点研究阿富汗国内政治问题，也论及阿富汗、巴基斯坦间的"普什图尼斯坦"问题。作者认为，"普什图尼斯坦"问题是阿富汗政治现代化的伴随物，是阿富汗强烈的国家认同和民族认同意识与巴基斯坦主权和领土完整问题的矛盾。该问题长期困扰阿巴关系，影响着西南亚地区国际关系和美国对巴、阿政策。这是阿富汗国内政治影响对外关系的例证之一。例证之二在于阿富汗的政治现代化和国内政治结构的变动对阿富汗外交的影响。如20世纪60年代阿富汗以君主立宪制为核心的"民主试验"为民众提供了广泛的政治参与空间，各种社会政治力量的活跃也延伸到阿富汗对外关系领域。阿富汗国内激进势力与保守势力在对待普什图尼斯坦问题和外部大国如美苏等的立场上，都有各自的基本倾向，此种倾向逐渐加剧了阿富汗社会的裂痕，不同政治势力间的斗争使得危机频发。这打乱了阿富汗社会经济的正常发展步伐，也深刻影响了阿富汗对外关系和美苏等国对阿富汗的政策。

约翰·格里菲思的《阿富汗：大陆的关键》④ 从历史、政治现代化及以"普什图尼斯坦"问题为核心的民族和国家认同等角度入手进行分析。作者认为，从19世纪开始，阿富汗社会经济现代化在取得一定成就的同

---

① 刘金质：《冷战史》（中），世界知识出版社2003年版，第1003页。
② 王绳祖：《国际关系史》（第10卷），世界知识出版社1995年版，第42页。
③ Richard Newell, *The Politics of Afghanistan*, Ithaca: Cornell University Press, 1972.
④ John C. Griffiths, *Afghanistan: Key to a Continent*, Westview Press, 1981.

时，也激发了国内部分阶层和政治势力的阻挠甚至暴力反对。国内政治动荡为外来势力的介入提供了充足机会。此外，涉及民族与国家认同的"普什图尼斯坦"问题使阿富汗与巴基斯坦的矛盾不时激化。在冷战背景下，巴美结盟与阿巴矛盾、美苏冷战三个线索相互作用的结果就是苏阿关系迅速发展。书中用了很大篇幅介绍苏联在经济领域与阿富汗日益密切的关系，通过加强阿富汗对苏联的经济依赖以扩大苏联对阿富汗的影响。作者还探讨了 20 世纪 50—70 年代美苏在阿富汗的竞争及阿富汗的政策取向，这种竞争最终导致了"没有意外的政变"。但此部分内容在该书中只占较小比重，难以系统全面地反映出这一时期多国互动背景下的美国对阿政策的复杂性。从历史到现实，作者以一个清晰的思路解读了阿富汗危机的根源和发生过程。但从标题到内容，作者都是以"阿富汗"视角进行的分析，中心线索是阿富汗内部问题的变化及外部力量围绕阿富汗展开的种种政治、经济活动。其中虽然包括了美国的对阿政策及其与苏联的竞争，不过，关于美国对阿政策的介绍是零散的、起辅助作用的。

巴尼特·鲁宾是美国权威的阿富汗问题专家之一。20 世纪 90 年代中期，他有两部关于阿富汗问题的著作问世。第一部是《阿富汗的碎裂：国际体系下的国家形成与崩溃》[1]，该书从国家的社会阶层分化、意识形态冲突和历史变迁角度分析了阿富汗危机及其深陷其中的大国竞争。作者认为，阿富汗复杂的民族种族关系、多元宗教和语言等引发的社会动荡在不断销蚀着国家认同。此种局面在阿富汗存在已久，进入 20 世纪特别是冷战时期，除阿富汗传统的伊斯兰宗教信仰外，西方民主价值观、苏联马克思主义思想（Soviet Marxism）等传入阿富汗并各自获得了部分社会阶层的认可与支持，导致阿富汗社会和意识形态领域出现碎裂化趋势，外力的介入进一步激化了国内矛盾和冲突，冲击了本已脆弱的国家认同。内外因素交织，最终导致了阿富汗的"国家崩溃"。该书侧重从阿富汗国内角度剖析其国家的解体，固然触及了问题的实质。不过，对于导致阿富汗危机爆发和蔓延的外部原因，特别是关于美国的政策应对和调适，则论及不多。第

---

[1] Barnett R. Rubin, *The Fragmentation of Afghanistan: State Formation and Collapse in the International System*, New Haven: Yale University Press, 1995.

二部是《在阿富汗寻求和平：从缓冲国家到失败国家》①。该书"聚焦于国际体系自身。分析了转变中的战略冲突模式与合作如何改变了金钱和武器流入这一地区的方式与途径。超级大国强化了阿富汗作为一个弱小的缓冲国的地位，在地区冲突中将其撕裂，而后又将其作为失败国家而放弃"②。该书跨越了冷战结束的界限，将冷战时期的阿富汗事件与冷战后的阿富汗事态发展连接起来，同样给人以很大启发。该书并未详尽论述某一具体历史时期的美国对阿政策及双边关系发展，而是以更高层次的历史分析构成著作的主要内容。

路易斯·杜普雷（Louis Dupree）的《阿富汗现代史纲要》对阿富汗问题及大国竞争的分析具有更独特的视角。其他论著都谈论美苏在阿富汗的冷战争夺时，杜普雷提出了新观点——美苏在阿富汗既竞争又合作，且两国在阿富汗的合作在很多领域和场所都有发生，阿富汗一度成为地区冷战的最大赢家。在西南亚地区关系问题上，该书认为巴基斯坦—阿富汗的冲突不仅影响了两国关系，而且具有更深刻的地区乃至世界政治意义。作者认为，美国在巴阿矛盾中保持中立立场，"希望同时获得阿富汗和巴基斯坦的友谊"③。作者在书中对20世纪50—70年代的阿富汗社会发展及对外关系、美苏竞争等都做了较深入的阐释。杜普雷认为，此间阿富汗内外危机频繁爆发，局势错综复杂。对外危机主要是与巴基斯坦的"普什图尼斯坦"问题的严重恶化及带给阿富汗的各种消极影响，包括经济的和政治的；其次是与伊朗的边界及赫尔曼德河水分配问题纠纷，构成阿富汗对外危机的"第二条战线"。与外部危机并行发展的，是阿富汗国内政治势力间的角力、各种学生运动、社会各阶层的不满和地方部落的反抗等。关于诱发这些内部危机的主要原因，作者认为：一是达乌德政府激进的社会改革和现代化进程对阿富汗传统社会的冲击；二是达乌德辞职后阿富汗政府的民主化试验提供的社会空间；三是外援的减少导致阿富汗经济发展速度减缓而引起的广泛的学生就业问题等。作者对此问题的分析是深刻而全面

---

① Barnett R. Rubin, *The Search for Peace in Afghanistan: From Buffer State to Failed State*, New Haven and London: Yale University Press, 1995.

② Barnett R. Rubin, *The Search for Peace in Afghanistan: From Buffer State to Failed State*, Preface, p. Ⅸ.

③ [美]路易斯·杜普雷:《阿富汗现代史纲要》，黄民兴译，西北大学中东研究所2002年版，第93页。

的。不过，杜普雷对问题的分析主要是以阿富汗为出发点和立场而展开，虽然论及了这一时期美国对阿富汗的政策及两国关系，但这不是他的主要内容和重点研究对象。因而，杜普雷的研究在提供了极有益的资料和方法的同时，也留下了进一步就相关问题进行探讨的空间。

K. 米斯拉的《危机中的阿富汗》[1]展示了印度学者对阿富汗问题的性质及各种政治力量围绕阿富汗问题发展的基本认识，及对于阿富汗周边国家（如中国和巴基斯坦）、美国、联合国介入阿富汗问题的关注。该书是一部论文集，由印度尼赫鲁大学8位学者就参与阿富汗事件的各方——阿富汗、苏联、中国、美国、印度和联合国——的相关政策和行动展开论述。印度与阿富汗没有领土接壤，但由于冷战时代特点与国家安全关切，印度国家利益与阿富汗问题紧密联系在了一起。20世纪70年代后，印度与苏联关系密切，大部分作者表达了对苏联入侵阿富汗的支持。在解读苏联入侵阿富汗原因问题上，该书观点与苏联保持一致，认为苏联入侵是一种防御性行动，由于美国、中国、巴基斯坦支持阿富汗国内反政府势力"暴乱"威胁了阿富汗中亚政府和国家稳定，苏联被迫出兵"相助"。此外，书中还存有其他一些偏见甚至错误。

第二，美国对阿富汗政策的决策与政策变迁。冷战发生后，系统的专题性研究美国对阿政策及双边关系的著作直到20世纪80年代才真正出现，以穆罕默德·马阿鲁夫的《世界政治中的阿富汗——阿美关系研究》[2]为代表。该书对阿富汗外交政策传统，19世纪至20世纪末阿富汗与美国的外交、经济、军事等关系，不结盟运动与阿美关系及阿富汗与苏联的关系等内容进行了深刻阐述。该书特点突出表现在：第一，作者单辟章节叙述阿富汗外交传统及二战前的阿美关系，这在其他著作中是少见的，体现了作者在探究阿美关系过程中努力做到以更全面的视角看待两国关系，重视阿富汗在阿美关系中的重要作用，避免过于"美国化"。同时，该书的历史视野更宏大，将美阿关系历史上溯到19世纪中期，认为自那时起，两国的民间接触拉开了双边关系的大幕。对二战前美阿关系的介绍使人对两国关系有更完整的认识。第二，作者引入"不结盟运动"概念作为美阿关系

---

[1] K. P. Misra, *Afghanistan in Crisis*, New York: Advent Books, 1981.
[2] Mohammad Khalid Ma'Aroof, *U. S. Afghanistan in World Politics: A Study in Afghan-U. S. Relations*, Delhi, 1987.

的外在影响因素，探讨了阿富汗传统中立政策在冷战背景下与晚近兴起的不结盟运动的结合，美国对中立、不结盟主义的态度变化及其对美阿关系的影响。但作者仅以一章篇幅分析二战后的美阿关系，对于持续几十年且曲折发展的美阿关系相对薄弱，难以系统清晰地说明冷战期间美阿关系的阶段性发展及其影响因素。

20世纪50年代中期后，第三世界力量的发展壮大是国际政治的一个重要现象，也是艾森豪威尔政府必须面对的一个现实而紧迫的问题。麦克马洪（Robert J. McMahon）在论文《艾森豪威尔和第三世界的民族主义》中深入论析了艾森豪威尔政府对第三世界国家广泛信奉和坚持的民族主义、中立主义外交立场的认识和政策。论文首先总结了美国学术界、特别是修正学派对艾森豪威尔外交研究的不同观点和分歧。其次麦克马洪认为，"艾森豪威尔政府严重误解和低估了20世纪中期第三世界民族主义力量最具有历史性地发展。这种认知的失败进一步构成了对美国外交的严重挫折。艾森豪威尔政府坚持通过歪曲的冷战地缘战略的透镜认识第三世界，将克里姆林宫视为全球动荡的主要煽动者"[①]。

汤姆·兰斯福德的《痛苦的收获：美国对外政策和阿富汗》[②] 一书分别从阿富汗的国内种族构成及其对阿富汗内外政策的影响、阿富汗地缘环境和历史变迁、美国在冷战时期及冷战的对阿政策等方面展开论述。该书没有按照基本的时间顺序阐释美国的政策，总体看较为零散。作者集中探讨的核心问题是，美国外交政策与阿富汗冲突间的关系。不过，作者将叙述重点置于冷战后，对此前时段着墨不多。

对阿富汗的经济援助是冷战时期美国对阿政策的最主要内容，也是美国对第三世界国家经济援助的组成部分。有学者论述了艾森豪威尔政府的对外援助及实施状况，为考察美国对阿富汗的援助政策提供了重要资料和观点的借鉴。考夫曼在《贸易和援助：1953—1961年美国对外经济政策》[③] 中指出，艾森豪威尔政府上任后调整了美国的安全战略和杜鲁门政

---

① Robert McMahon, "Eisenhower and Third World Nationalism," *Political Science Quarterly*, Vol. 101, No. 3, 1986, p. 457.

② Tom Lansford, *A Bitter Harvest*: *U. S. Foreign Policy and Afghanistan*, Aldershot, Hants: Ashgate, 2003.

③ Burton Kaufman, *Trade and Aid*: *Eisenhower's Foreign Economic Policy, 1953－1961*, Baltimore, 1982.

府的援助政策，将对外援助从军事援助为主逐渐过渡到经济援助为主，但艾森豪威尔的政策调整没有得到国会的理解和支持，在美苏冷战氛围仍然炽烈、军事安全仍主导美国人理念的情况下，艾森豪威尔外援政策在实施中遇到一定困难。

在学位论文方面，2000年以来，美国各大学已有数篇关于美国对阿政策和美阿关系的博士、硕士论文出现。犹他大学博士论文《美国对阿富汗政策：1919—2001》的作者穆罕默德·阿卜杜尔·盖尤姆是阿富汗人，在美国接受高等教育，身受美阿两种文化影响。论文借鉴外交决策理论，"对美国的阿富汗政策进行了概念的和历史的分析"。作者认为，冷战时期，美国没有认识到阿富汗的地缘政治重要性，主要原因是"阿富汗地理位置的偏远，美国决策者对于阿富汗文化和社会价值的狭隘视野"[1]，"美国外交政策制定者没能够理解阿富汗的文化、社会价值、信仰、人生态度、生活方式和习俗。这些因素影响着华盛顿的决策过程"[2]。很明显，作者将批评的矛头指向了美国政府，指责美国决策者在阿富汗问题上的无知和傲慢。该文对阿富汗外交的失误等论及极少。关于诸如阿巴矛盾、阿伊争端等地区性问题对于美国的阿富汗政策的影响，文中的论述也有不足之处。同时，该文虽将其研究时限界定为1919—2001年，但重点在于20世纪50年代达乌德执政时期、80年代苏联入侵时期和90年代阿富汗内战及塔利班时期，内容呈跳跃式分布。对上述时期之外的美国对阿政策及大国争夺等着墨甚少。

第三，苏联对外政策与苏阿关系。此类论著有助于强化对美国政策决策的外部影响因素的理解，此外，有些论著提出的理论、观点对深化理解美国对阿富汗政策很有启发。罗伯特·唐纳森的《苏联在第三世界：成功与失败》[3]中的《苏联在阿富汗：利益与代价》一章论述了冷战爆发后苏联在阿富汗的政策目标、实现目标的手段及苏联付出的代价。作者指出，苏联在阿富汗的政策目标是多元的，归纳起来有：防止阿富汗落入西方势

---

[1] Abdul-Qayum Mohmand, *American Foreign Policy toward Afghanistan: 1919 - 2001*, Dissertation: The University of Utah, 2007, p. 8.
[2] Abdul-Qayum Mohmand, *American Foreign Policy toward Afghanistan: 1919 - 2001*, p. 203.
[3] Robert Donaldson, *The Soviet Union in the Third World: Successes and Failures*, Westview press, 1981.

力范围；利用阿富汗证明苏联对亚洲和第三世界介入政策的合法性，同时抵制美国势力；证明巴基斯坦寻求苏联友谊的重要性等。政策实现手段是对阿富汗长时间持续而规模巨大的经济、军事、政治渗透，以致彻底卷入。但苏联在阿富汗付出的代价也处于不断增长中，特别是入侵后，苏联遭受了国际孤立和制裁，加之苏联在阿富汗的人员、物质投入与损失，苏联付出了高额代价，最终仍未能解决阿富汗问题，苏联即宣告解体。

美国学者约翰·沃洛扬特斯的《怀柔霸权：1944—1974年间的芬、苏关系——软势力范围理论的个案研究》①虽然研究的是苏联和芬兰关系，但作者提出的一个理论研究视角和概念——"软势力"范围对剖析美国对阿富汗政策有很大裨益。作者界定了"势力范围"和"软势力"范围的定义，通过该书对"软势力"范围的定义和对苏芬关系的描述，我们可以发现，阿富汗也符合这一定义，而且，美国也认可苏联将阿富汗纳入其"软势力"范围之中。

第四，影响美国对阿政策的西南亚国家外交、地区间国家关系及大国在西南亚的冷战博弈问题。阿富汗是南亚国家，南亚地区局势的发展和国家间关系对阿富汗内政外交影响较大，美国对阿富汗政策也在很大程度上受到其南亚政策和南亚国家间关系的影响。因而，了解美国对南亚的政策是研究对阿政策的基础。美国历史学家罗伯特·麦克马洪的《冷战的边缘：美国、印度和巴基斯坦》②系统叙述了从1947年到1965年间美国的南亚政策及其与印度、巴基斯坦的关系变迁。作者认为，冷战爆发之初，杜鲁门政府内的国务院和国防部都没有太多关注印度和巴基斯坦。1949年后，美国对印度和巴基斯坦的政策发生变化，美巴结盟、美印接近。该书意在探究冷战如何蔓延到"位于第三世界边缘地带"的南亚地区几个贫穷、弱小的国家。美巴军事同盟是冷战地区化的重要标志，作者的研究焦点之一就是探查美国与巴基斯坦结盟的主要动机和影响因素。该著虽主要考察的是美国对印度、巴基斯坦的政策，一些章节在论述巴基斯坦时涉及了阿富汗问题，但内容不系统、不集中。该书主要有助于理解冷战初期美

---

① John P. Vloyantes, *Silk Glove Hegemony*, *Finnish-Soviet Relations*, *1944–1974*, Kent State University Press, 1975.

② Robert J. McMahon, *The Cold War on the Periphery*: *The United States*, *India*, *and Pakistan*, New York: Columbia University Press, 1994.

国对南亚政策的变迁，为更好地认识对阿富汗政策提供支持。

哈菲兹·马利克主编的《苏联、美国与巴基斯坦、伊朗和阿富汗的关系》论文集①初步展现了以多国互动视角分析西南亚地区国际关系的思路。该书认为，在中东—西南亚地区，美国控制中东石油的意图与苏联巩固南部边境安全、获取印度洋不冻港和对中东石油的同样欲求发生冲突。伊朗、阿富汗和巴基斯坦恰好位于苏联南向扩张的前沿地带。冷战背景下，"大国的困境在于，小国有能力卷入超级大国规划的安全局势这一事实最终增加了大国的不安全感，这导致小国成为了大国忧虑、渗透和敌对的对象"②。该书以美苏对抗为主线，考察了美国、苏联在西南亚地区的战略利益，伊朗、阿富汗和巴基斯坦三国的地缘战略地位及其对大国竞争的作用。此外，由于不可割裂的地理和利益关联，印度也进入了研究者的视野，克雷格·巴克斯特研究了印度与伊、巴、阿三国的关系。该书主要内容之一是阿富汗事件及其地区影响，由五位作者分别撰文进行了分析。较之于拙著，该书将研究重点放到了20世纪70年代后的阿富汗问题上，对此前相关问题分析不多。

罗赞·克拉斯的《阿富汗：大博弈的重演》③是一部关于阿富汗问题的重要文集。除较传统的阿富汗国内政党、抵抗运动、苏联对阿军事行动、阿富汗战争的影响和日内瓦会谈等内容外，还有两点值得关注：其一，数篇论文提出并讨论了一些新话题。如约翰·施罗德等的《阿富汗的矿物资源和苏联的开发》，巴尼特·鲁宾的《阿富汗的人权》等。其二，有的论文也在探究和重新反思一些传统问题，如利昂·波拉达的《通往危机之路：1919—1980》④等。在文中，波拉达将1979年苏联入侵阿富汗作为阿富汗危机爆发的标志，并认为，危机意味着美国政策的失败和苏联政策的胜利。作者以美国视角对美苏阿三边关系的历史演变进行了概括性总结，认为20世纪，美国至少有三次可以加强与阿富汗关系的机会，但都丧

---

① Hafez Malik, ed., *Soviet-American Relations with Pakistan, Iran and Afghanistan*, Macmillan Press, 1987.

② Hafez Malik, ed., *Soviet-American Relations with Pakistan, Iran and Afghanistan*, Preface, p. Ⅷ.

③ Rosanne Klass, *Afghanistan: The Great Game Revisited*, New York: Freedom House, 1999.

④ Leon Poullada, *The Road to Crisis, 1919 – 1980: American Failures, Afghan Errors and Soviet Successes*, New York: Freedom House, 1999.

失了,从而使苏联取得了在阿富汗的优势地位,其中两次机会发生于冷战期间。而美国之所以一再丧失机遇,根本原因是美国对阿富汗的"忽视、冷漠和对苏联行为的绥靖"(Ignorance, Apathy and Appeasement)。该文对美苏阿关系的历史演变进行了分析性叙述,提出了很多引人注目的观点。但此文有两个不足:其一,以一篇论文之力无法对美国的阿富汗政策问题进行全面清晰的论述;其二,论文鲜明表现了作者的美国式思维和美国立场,对美苏在阿富汗的竞争的叙述有失偏颇。例如,作者认为,俄国对阿富汗的野心有几十年的历史,俄国在阿富汗所做一切都是为了最终入侵阿富汗进行的准备活动;在论及 19 世纪英俄在阿富汗的竞争时,作者将俄国看成侵略者,把英国说成是帮助阿富汗抵制外来强敌的"友善者",根本没有提到英国发动的侵阿战争。总之,作者一直以"恶"的眼光看待苏联在阿富汗的政策和活动,此种思维难以如实反映历史的真实,也容易使其研究成果的客观性受到质疑。

乔治·华盛顿大学的托德·安东尼·罗莎的博士论文《冷战开始后的最后战斗:超级大国和阿富汗,1945—1980》[1]也就美国对阿富汗政策及美苏阿关系等问题进行了深入分析,作者认为,美国只是在卡特政府时期才深切介入了阿富汗的冷战竞争,"整个冷战期间,美国在很大程度上对喀布尔的各个政权一直持冷淡态度"。不过,相对于美苏而言,阿富汗的作用也是值得关注的,"阿富汗领导人在超级大国政策制定中也扮演了关键角色,甚至还有一些地区外的影响因素"。不过,根据作者的说法,"本文的焦点将集中于考察美国和苏联如何及为什么在 1978 年初到 1980 年初卷入阿富汗冲突"[2]。但该论文仅在第一章概述了 1945—1978 年大国在阿富汗的冷战争夺,显得过于单薄,而以四章内容详细分析了 1978—1980 年阿富汗事态发展。该文值得借鉴的是其研究方法和视角,作者试图将阿富汗战争纳入地区背景下加以分析,并加强了对阿富汗在大国竞争中作用的考察。在第一章中,作者认为,自 20 世纪 30 年代以来阿富汗一直游离于苏联轨道之外,成为冷战开始后美国遏制政策一个非常理想的候选地。但

---

[1] Todd Anthony Rosa, *The Last Battle of the Cold War Begins: The Superpowers and Afghanistan, 1945–1980*, Dissertation for Doctor: The George Washington University, 2006.

[2] Todd Anthony Rosa, *The Last Battle of the Cold War Begin: The Superpowers and Afghanistan, 1945–1980*, Dissertation for Doctor: The George Washington Universiry, 2006, p.13, p.1.

相反,二战结束后第一个十年内美国对阿富汗的冷漠导致了后者于 1956 年转向了莫斯科。

第五,影响美国对阿政策的非政府主体因素。二战后,以联合国为代表的大批国际组织纷纷成立,很多国际组织出于国际主义与维护世界和平、促进世界发展的责任感,对第三世界国家进行干预和支持,阿富汗即是其中之一。介入阿富汗事务的国际组织有联合国及其相关组织,也包括一些地区性国际组织如亚洲发展基金等。这些国际组织在阿富汗的活动秉承自身理念,无可避免地会与美国的阿富汗政策发生联系和互动。关于此问题,冷战结束后对于联合国、北约等国际组织介入阿富汗事务的研究较多,但针对冷战期间的研究则是非常薄弱的环节,仅有极少数专著和论文涉及。代表论著是穆罕默德·马阿鲁夫的《联合国与阿富汗危机》。[1] 该书系统考察了自 1946 年加入联合国后,阿富汗在联合国的一些主要行动和表现,如支持联合国范围内的裁军活动、支持非殖民化运动、支持民族自决权和人权等,表现了阿富汗作为中小国家在联合国舞台上的积极活跃。作者也有意表现这一点并在前言中明确指出。其他论述少量地分布于一些著作和论文中,大都是关于 20 世纪 80 年代联合国主持阿富汗战争谈判的内容。此外就是关于国际禁毒署、联合国相关机构等国际组织帮助禁绝阿富汗国内毒品种植和销售等。《阿富汗毒品:鸦片,不法之徒和蝎子传说》[2] 认为,早在 1924 年,阿富汗就向国联报告过其国内鸦片种植情况。二战后,联合国对阿富汗的鸦片种植情况进行了监测和记录。而对于国际组织在阿富汗的政策和活动如何影响了美国对阿富汗政策及其实施,既有研究涉及更少。

就国别所属看,阿富汗问题和美阿关系问题的研究者主要分布于美国、巴基斯坦、印度、阿富汗、苏联/俄国、英国和中国等国。不同国籍的作者以不同的出发点和思路建构作品,一定程度上体现了各国在阿富汗问题上的立场。但总体而言,美国学者及其研究成果占据主导和优势,研究者人数最多,取得的成果最大。在众多论者中,涌现出如路易斯·杜普

---

[1] Mohammad Khalid Ma'Aroof, *United Nations and Afghanistan Crisis*, Commonwealth Publishers (India), 1990.

[2] David Macdonald, *Drugs in Afghanistan: Opium, Outlaws and Scorpion Tales*, London: Pluto Press, 2007.

雷（Louis Dupree）、利昂·波拉达（Leon Poullada）、路德维格·阿达梅茨（Ludwig Adamec）、巴尼特·鲁宾（Barnett R. Rubin）、唐纳德·维尔伯（Donald Wilber）、阿诺德·弗莱彻（Arnold Fletcher）等大批知名学者。这些学者的学术影响是世界性的，如杜普雷、波拉达等，但其论著带有较强烈的美国色彩，对于冷战时期苏阿关系的发展、苏联政策解读等，难以实现真正的客观公正。

1979年苏联的入侵将阿富汗推到了国际政治的前沿，越来越多的非美国学者进入了阿富汗研究行列，论著显著增加，"亚洲学者对阿富汗一直以来兴趣不大。苏联入侵阿富汗改变了这种状况，产生了大批著作"[1]。作为阿富汗的邻国之一，中国西部安全受到阿富汗事态发展的影响越来越大，阿富汗也成为中国学者的关注点之一。中国—阿富汗关系由来已久，双边政治、经济和文件交流一直没有间断。中华人民共和国建立后，阿富汗研究的进行最早是出于政治、军事目的，其后才进入学术领域。但早期研究非常薄弱，国内学界真正的"阿富汗热"出现于苏联侵阿后。国内论著以阿富汗通史为主，包括部分专题性研究，内容涉及阿富汗与英国、美国、苏联等的双边或多边关系，内容较全面。但明显的不足是系统性和深入程度不够，且研究内容同样聚焦于苏联入侵阿富汗后的十年。总体而言，关于美国对阿政策和美阿关系的内容，数量较少，多事实陈述而少深入分析。

国内最早的阿富汗问题的学术性著作是朱克的《阿富汗》（世界知识出版社1959年版）。该书从历史、经济、政治、外交等多个方面专题性介绍了阿富汗。作者从社会主义阵营的角度，分析了美国等西方国家对阿富汗的历史和现实压迫、苏联等社会主义阵营国家对阿富汗发展的帮助，并单列一章介绍历史和现实中的中国—阿富汗双边关系。作者肯定了作为阿富汗外交传统的中立主义外交政策的合理性，批评了英国、美国等"帝国主义"国家对阿富汗的侵略，积极评价了苏联等社会主义阵营国家对阿富汗经济和社会发展的支持，高度评价了中国—阿富汗友好关系的发展。该书论点带有明显的时代特点，因而政治倾向性很突出，但事实清楚，资料

---

[1] Leon Poullada, Book Review, "Afghanistan in Crisis," *Pacific Affairs*, Vol. 55, No. 2 (Summer, 1982), p. 337.

较丰富，在 20 世纪 50 年代的中国已是相当不易。

其后，直到 20 世纪 80 年代，有关阿富汗问题又出新著，以西北大学彭树智先生的《阿富汗史》（陕西旅游出版社 1993 年版）及新版的《中东国家通史·阿富汗卷》（商务印书馆 2000 年版）为代表。新版本以时间为主轴，对阿富汗从远古到 20 世纪末数千年的历史，从内政、外交、社会文化、民族、宗教等方面做了综合性研究，重点考察阿富汗国内政治和社会改革、经济发展及外交。在外交领域，该书集中论述了不同历史时期阿富汗与美国、苏联、中国等国关系的演变。全书包括"绪论"在内的正文共 347 页，但分配给冷战期间阿美、阿苏关系等的篇幅仅 20 余页，是对阿富汗与超级大国关系及大国博弈图景的高度浓缩。该著作提出了一系列较为精练的观点，但相比于冷战期间美苏政策对阿富汗的重大影响，书中内容难免过于单薄。

马晋强的《阿富汗今昔》（云南大学出版社 1993 年版）关于阿富汗对外关系的内容主要涉及历史上阿富汗与印度的恩怨及阿富汗与德国、土耳其等国的深入交往。该书论述重点是美苏在阿富汗的争夺，及阿富汗与巴基斯坦、伊朗的关系及其对地区国际关系、对美苏争夺的影响。在美苏阿关系上，作者支持美国欲同阿富汗结成军事同盟并受挫的说法，认为美苏对对方的阿富汗政策及实践都保持高度警觉，但两国都出现了认知错误，"美国认为苏联帮助建设的公路是苏联铺下的战略通道，而苏联认为美国帮助建设的公路和其他设施是想把阿富汗变成进攻苏联的前哨基地"[①]。此外，伊朗、土耳其、巴基斯坦、印度、中国等阿富汗周边国家，西德、捷克斯洛伐克等欧洲国家和以联合国为代表的国际组织等都进入了作者的研究视野。

何平的《阿富汗史：文明的碰撞与融合》（三民书局股份有限公司 2003 年版）用倒叙手法，以美国 9·11 恐怖袭击作为切入点，叙述了美国在阿富汗的反恐战争，阿富汗的文化、宗教和语言特点。在此基础上，该书对阿富汗进行了以时间为序的历史综述。在阿富汗对外关系和大国竞争方面，苏联仍是重点。作者认为阿富汗与巴基斯坦的矛盾导致阿富汗倾向苏联。"普什图尼斯坦问题中，美国和伊朗都无意相助，阿富汗求助的目

[①] 马晋强：《阿富汗今昔》，云南大学出版社 1993 年版，第 138 页。

光再次投向苏联,两国的关系开始改善。"① 美国对阿富汗的援助没能在阿富汗引起社会公众的支持和赞许,原因一是因为美国贷款"大部分用于军事目的,很少用于民用"。二是因为赫尔曼德河谷工程耗时过长,"花掉了阿富汗所有的外汇储备",但"村庄的土地无法灌溉"。三是因为在阿巴争端中美国倾向支持巴基斯坦而疏远了阿富汗。同时作者认为,1963—1973年的"宪政十年"是阿富汗真正推行中立政策的十年,既不亲苏,也不亲美。

张士智、赵慧杰的《美国中东关系史》(中国社会科学出版社1993年版)考察了自第一次世界大战至20世纪90年代初海湾危机近百年时间里美国在中东地区的国家利益、对中东各国和重大事件的政策。关于美国对阿富汗的政策,作者主要论述了卡特主义及其对苏联入侵阿富汗的应对。总的说,关于阿富汗的内容在本书中所占比重较小。

刘竞、张士智、朱莉等著的《苏联中东关系史》(中国社会科学出版社1987年版)对苏联的阿富汗政策及双边关系的叙述始自19世纪后期的英俄争夺,到20世纪80年代的多方博弈。该书研究重点在于苏联入侵阿富汗问题的分析。在主要介绍苏联对阿政策的同时,该书也涉及冷战期间的美阿关系。作者认为,阿富汗的中立政策在二战期间面临了重大考验,面对各种诱惑和压力,成功地坚持下来。冷战初期,阿富汗拒绝了美国军事结盟的要求,与巴基斯坦的边界争端促使阿富汗加强与苏联关系,从苏联获取了巨额军事、经济援助,导致美国在争夺阿富汗问题上的失败。

国内研究阿富汗问题的论文近年来呈现蓬勃发展之势。此种局面的出现主要还是受到1979年苏联入侵和2001年美国反恐战争的促动和影响,特别是后者引起国内学者对阿富汗前所未有的高度关注。关于阿富汗问题的国内论文涉及多个领域,阿富汗外交和大国对阿政策是其中的主要内容。但正如上文所述,国内论文研究的时间界限也大多集中于80年代之后、特别是冷战结束后,对此前的相关问题研究甚少。国内有代表性的阿富汗问题学者是西北大学中东研究所的黄民兴教授。20世纪80年代黄民兴教授已经开始注意对阿富汗问题进行历史分析,探究阿富汗战争的历史根源。他在《达乌德第一次执政时期阿富汗与苏美的关系(1953—1963

---

① 何平:《阿富汗史:文明的碰撞与融合》,三民书局股份有限公司2003年版,第184页。

年)》一文中详细分析了1953年到1963年十年间阿富汗与美苏关系的演变及三国各自对外政策特点。论文强调了美国对阿富汗政策的三个目的，即遏制苏联、对阿富汗进行文化渗透和商品输出。同时，作者也加强了对阿富汗外交政策立场和基本内容的分析，论文认为，"阿富汗在苏美对外政策中的地位是大不相同的"，是导致美苏对阿富汗政策差异的重要原因之一。作者认为，从1953年到1963年，阿富汗与美苏关系的发展经历了三个阶段：1953年9月到1955年3月为第一阶段，1955年3月到1960年8月为第二阶段，1960年8月到1963年3月为第三阶段。①

国内就阿富汗问题已完成的博士论文有数篇，主要有：李琼的《1979—1989年苏联、美国、阿富汗三国四方在阿富汗地区的一场博弈》（华东师大博士学位论文，2007年），何明的《塔利班的兴亡及其对世界的影响》（华东师大博士学位论文，2003年）等，但这些论文对于20世纪40—60年代美国对阿富汗的政策涉及很少，或根本未予提及。

综上所述，目前国内外对于美国的阿富汗政策的研究呈现以下特点。

除少量论文外，目前国内外学术界对20世纪40—60年代的美国对阿政策缺乏系统性、专题性研究；同时，既有成果在视角的拓展、层次的分析和其他学科理论借鉴的方面都有不同程度的欠缺，为后续研究留下了较大的空间。就学科分布而言，现有论著主要分布在历史学和国际政治学领域。国际政治学对美国对阿政策的研究主要侧重于冷战结束后美国对塔利班政权、基地组织和在阿富汗的反恐战争。历史学家关注的问题更广泛，涵盖阿富汗内政外交及他国的阿富汗政策等，但重点集中于70年代后。对阿富汗问题的研究在两个领域各自进行，相互交流较少，历史学论著对其他学科的概念、理论和研究方法借鉴不多。

就政策互动的行为体而言，历史学的研究有意或无意地秉承现实主义国际关系理论的基本假定，将主权国家作为国际政治和世界历史主要的甚至唯一的行为体，研究主权国家间的政策制定、实施及其相互影响等，较少涉及非国家行为体的作用，此种状况与历史发展趋势不太相称。美国国务院《对外关系文件集》（FRUS）中，联合国、世界银行、亚洲开发银行

---

① 黄民兴：《达乌德第一次执政时期阿富汗与苏美的关系（1953—1963年）》，《西亚非洲》1985年第4期，第40页。

等国际组织都不同程度地出现在美国对阿政策的论述中,应得到较多的关注和重视。

从作者的国籍分布看,专注于美国对阿政策的学者主要分布于美国、阿富汗、苏联(俄罗斯)、巴基斯坦、印度、中国等国,尤以美国学者居多。就话语权的分布看,由于美国学者在美国对阿政策及美阿关系问题上的研究占有绝对优势地位,所以,此问题的话语权体现了浓重的美国色彩,不利于对问题的多元化思考。

就研究主题和内容看,现有论著就美国对阿政策的研究主题主要限于政治、外交、军事和经济援助等方面。但在进一步整理档案资料时我们发现,美国的阿富汗政策也延伸到了非传统安全领域,诸如人道主义粮食援助、反毒品政策等。如何将美国对阿富汗政策的传统安全和非传统安全问题结合起来加以研究成为新的议题和空间,在既有研究中是非常薄弱的。

四 档案资料状况

档案资料是支撑研究得以持续进行的极其重要的文献资源,而且,学术研究的规范化、学术标准的严格化要求尽最大可能利用多国档案资料,互相佐证以增强资料之可信度,同时也有利于从不同国家和行为体视角对国际关系事件进行更全面的考察。虽然美国对阿富汗政策及双边关系的研究在国内外一直在进行并有了很大成就,但有关国家持续解密的档案资料也不断对后续研究提供着新的论据,修正着既有观点甚至对其构成挑战。因而,档案资料的更替使得任何研究都会常作常新。支撑本书得以进行的档案资料主要来自美国。囿于语言问题,本书无法直接利用阿富汗档案文献,这是一大缺失和遗憾。

(一) 美国档案资料

在各国文献中,美国档案资料最丰富、最系统、利用价值最大。目前论文已获取的美国方面的文献资料有:《美国对外关系文件》(FRUS)、《美国数字化国家安全档案》(DNSA)、《解密档案参考系统》(DDRS)、《美国总统公开文件》(PPPS)等。

1.《美国对外关系文件》(FRUS):研究美国对阿政策最系统的档案资料,在各类档案资料中数量最多、系统性最强,可用性极高。在1921年后的 FRUS 文件中,"阿富汗"问题资料已作为独立标题单独存在,资料非常集中，便于搜集和整理。涉及的年份主要有：1948年、1949年、1951年、1952—1954年、1955—1957年和1958—1960年。

2.《美国数字化国家安全档案》(DNSA)：已搜集一批关于阿富汗问题及美国对阿政策文献，但相对而言，1973年后的资料占据了绝大多数，1972年前的资料较少，且系统性不强。

3.《解密档案参考系统》(DDRS)：20世纪50—60年代关于美国对阿政策的资料较丰富，涉及主要人物、地区重大事件、大国与阿富汗关系等内容。DDRS资料在本书中被大量使用。相对于FRUS来说，DDRS关于阿富汗和美国对阿政策的内容总结性、评述性有所增多，在很多细节、数据、历史概括方面有其独特优势，构成了与FRUS的有效互补。

4.《美国总统公开文件》(PPPS)：从哈定到艾森豪威尔总统，不同总统任期内包含的美国对阿政策资料的详略程度有较大差别，如艾森豪威尔总统的资料较丰富，有较好的研究和利用价值。

以上档案资料所涵盖的主题和内容主要有：美国对阿富汗政策制定、实施及评判，美国对苏联在阿富汗及西南亚地区行为的判断，美国对西南亚地区国际关系的认定等问题。

（二）苏联档案资料

《苏联历史档案选编》（沈志华，社会科学文献出版社2002年版）汇集了大量从十月革命到苏联解体期间关于苏联内政外交的原始档案文献，部分文件涉及苏阿关系。该系列档案披露的比较早的苏联对阿政策文件是1921年11月2日的《斯大林就援助阿富汗起义者致托洛茨基的信》和1922年4月25日的《卡拉汉就阿富汗问题致斯大林的信》。[①] 斯大林在第一封信中主要出于对抗英国在阿富汗势力的考虑，要求加强对阿富汗某些政治人物的军事和经济援助，以提升苏联的影响力。在第二封信中，卡拉汉反对有人提出的割裂阿富汗领土的建议，认为这从政治、军事等方面看都是不可行的。那样的行动将损害苏联与穆斯林国家的关系并使得苏联的敌人（英国）有反对苏联之机。这样的观点其实对于50多年后的入侵阿富汗事件同样有借鉴意义。除此份档案外，该书中其他所有关于阿富汗问题的档案文件全部指向1978—1991年的事件，包括苏联对阿富汗国内状况

---

① 沈志华：《苏联历史档案选编》，社会科学文献出版社2002年版，第196页、第248页。

的情报搜集，与阿富汗高级领导人的会谈资料，与美国驻阿外交官的会谈，对入侵行动后美国、西欧、日本、中国等的反应的调查，加强对阿富汗控制的措施，撤军问题谈论等内容。而从20世纪40年代末到70年代末，苏联对阿政策及大国在阿富汗的争夺等议题在该书中没有直接涉及。

（三）英国外交档案资料

目前可获得的英国资料主要是《英国外交事务文件集》，主要涉及20世纪50年代初（1947—1955年）英国对南亚、中东和阿富汗的政策。[①] 该资料反映了英国在冷战时期对阿富汗问题的关注，内容主要涉及阿富汗与巴基斯坦、伊朗、苏联、英国、美国的关系等方面。相对地，美国政策对英国在阿富汗地区利益的影响及英国政策可能会给美国利益造成什么影响等方面的内容在资料中论及极少。

五 可能的突破与创新

（一）研究方法和视角的创新

本书坚持历史学研究方法的同时，努力借鉴国际政治学理论和概念，对研究内容展开分析。虽然现实问题是复杂的、无法用理论全面解释的，但相关理论的适当运用有助于加深对历史问题的认识，并提供新的观察视角，充当解析问题的工具。本书在论述过程中所借鉴的国际政治学概念和理论主要有地缘政治理论、缓冲理论和外交决策理论等。在叙述过程中，本书没有紧抓住某一个理论或概念，以其作为行文谋篇的着眼点和研究视角，而是根据所论述问题的内容，适时地引入多种国际政治和外交学理论或概念，深化对该问题的分析。

具体而言，国际政治理论和概念在本书中的主要运用之一是增加了美国对阿政策研究过程中的行为体数量、类型及互动关系。

扩大视域，增加主权国家行为体数量。对于美国的阿富汗政策产生影响的国家行为体并不局限于美、苏、阿三国。巴基斯坦、伊朗、印度、中国等在冷战时期都不同程度地卷入了南亚局势及以阿富汗为核心的多国关

---

① Paul Preston, Michael Partridge, eds., *British Documents on Foreign Affairs - Reports and Papers from the Foreign Office Confidential Print*, Part Ⅳ, 1946 - 1950; Part Ⅴ, 1951 - 1956, Series B, Near and Middle East.

系，诸国政策与行动都不同程度地影响着美国的阿富汗政策决策及实施。作为美苏争夺对象的阿富汗，在国际政治中也是一个独立主权国家，秉承本国外交传统和智慧，周旋于大国和邻国之间，积极参与国际事务，外交政策和实践对于美国政策决策的影响更为直接，值得关注。此外，美苏及其盟国的对阿政策也构成美国政策的重要背景。冷战期间，西德、日本等长期在援阿方面居于各国前列；捷克斯洛伐克、波兰等也与阿富汗建立了较密切的政治、经济关系。各自盟国的参与将美苏在阿富汗的竞争扩展成以两大国为核心的、两个阵营体系的竞争。这是现有研究中尚未涉及和未充分挖掘的内容。这样的考察将真正地把阿富汗问题置于国际政治和世界历史的宏观视野下，更能反映阿富汗事务及其演变对地区国际关系、对世界历史和国际政治的影响。如此种种事态导致美国主导下的西南亚地区内部国家间关系非常复杂，美国外交面临很大压力和挑战，美国与苏联在阿富汗展开竞争的同时，还必须要协调地区盟国或友好国家间的关系，防止内部矛盾激化而导致安全合作崩溃，给苏联以可乘之机。

扩展行为体类型，探究非国家行为体在阿富汗问题中的作用。如联合国等国际组织在冷战期间都不同程度地参与了阿富汗事务。国际组织在阿富汗的活动与美苏冷战、美国对阿政策糅合在一起。在此过程中，由于政策出发点和目的差异，美国与联合国等国际组织在阿富汗政策及实践中的相互作用是值得深入关注的。各种国际政治行为体的政策制定与实施各有特点，其政策互动结果在西南亚地区构建了异常复杂的区域性国际格局。

（二）观点的创新

本书选取20世纪美国对阿政策研究最薄弱的20世纪40—60年代作为内容重点，试图通过对这一时期美国对阿政策及美苏在阿富汗冷战均衡格局的形成、维系问题进行系统化、专题性的思考，剖析美国对阿政策的决策、实施及调整过程，总结冷战期间美国对第三世界缓冲国的外交政策特点，认为：首先，美国在冷战初期、主要是艾森豪威尔第一任期内形成了对阿政策的框架，确立了指导性的政策原则，即"维持均衡但不谋求优势"，回避与苏联在阿富汗的激烈冲突，因而，美国的对阿政策并不是必然地引发了1979年苏联入侵阿富汗的战争。其次，在冷战期间及至今天，美国外交政策的一个重要困境就是，美国的全球利益与地区国家利益的冲突造成的困境，美国对地区盟国政策与地区其他国家政策间的困境。美国始终以本国利益出发，试图影响他国改变和适应美国政策，服务于美国利益。但在此过程中，由于美国忽视了地区国家利益，导致美国政策在实施过程中遭遇较大阻力，难以达成其最终目的。

（三）扩展美国对阿政策的研究领域和内容

虽然冷战主要表现为美苏的军事竞争和对峙，但在阿富汗，美国、苏联的政策多没有局限于军事、经济援助的竞争，两国都不同程度地将对阿政策扩展至除经济、军事之外的其他领域，如农业支持（粮食援助，技术支持，农业基础设施建设等）、公共外交和国家形象的建立、软实力外交等新的问题领域和研究空间。早在20世纪50年代，农业发展支持等问题已开始进入美国对阿政策框架中，此后，长期成为美国对阿政策的重要组成内容。

（四）地区主义研究视角

本书试图在前述研究基础上，将美国对阿政策置于全球冷战和西南亚地区国际关系背景下，以区域主义视角展开论述。美苏冷战构成各项研究的总前提，在此框架下，西南亚地区国家间关系大大增加了美国对阿政策决策和实施的复杂性，忽视这一点而谈论美国对阿政策是不利的。虽然冷战格局影响着美国对阿政策，但更直接的作用因素是在西南亚区域层次。在此方面，英国学者巴里·布赞的"安全复合体理论"从地区层次入手研究国际政治中的安全问题，认为，南亚、中东形成了两个安全复合体，阿富汗则位于两个复合体的交接和缓冲地带。阿富汗在与两个复合体进行单独互动的同时，也沟通了两个复合体的联系。此种地位大大提升了阿富汗在区域性地缘政治中的战略意义。

六 基本研究方法

为更好地将研究对象解析清楚，本书主要使用了历史文献和理论综合分析法、比较分析法、案例研究法、层次研究法等基本方法。

第一，本书属于历史学研究范畴，因而，首要使用历史学研究的基本方法，谋划写作资料和论文框架。*FRUS*、*DDRS* 等诸多美国档案文献在文中大量使用，同时，为更直观地说明问题，本书不仅直接引用上述档案的基本资料和观点，还结合给定的关键词，试图进行一定的文本分析。此外，本书也努力借鉴国际政治理论并将其与传统的历史文献分析结合起来。本书以地缘政治学为理论依据之一，还借鉴外交决策理论、缓冲理论、地缘政治理论等国际关系理论，强化理论思考。虽然这样处理和写作有很大难度，但在跨学科研究已蔚然成风的趋势下，是值得尝试的写作方法。

第二，比较分析法。本书在总结阿富汗的地缘政治特点和美、苏、阿关系过程中，发现阿富汗与芬兰具有一定相似性，因而，借鉴了芬兰的例子，对阿富汗问题和美国的政策加以说明。这也是一种尝试性的做法。不过，囿于对芬兰问题的了解不够深入，本书只是蜻蜓点水式地对阿富汗和芬兰在冷战期间影响美苏关系的国际地位及其引发的美苏政策调整进行了比较，较多地论及了二者的相似性，但不足之处是，未能总结出二者的差异性。

第三，案例研究法。在按照时间顺序的基本线索构建论文结构的同时，本书专门将阿富汗—巴基斯坦间的"普什图尼斯坦"争端提炼出来，单独成章，这样做的主要考虑：一是可以更系统、更完整地呈现这一问题的发展演变过程；二是试图以此问题为案例，集中分析冷战初期美国对阿政策和美阿关系的复杂性以及美国对于第三世界国家间的纠纷和地区性纠纷的外交政策特点。

第四，层次研究法。本书借鉴国际政治学者惯常使用的层次分析方法，从多个层次总结了影响冷战时期美国对阿政策和两国关系发展的众多影响因素。

第一章 美国对阿富汗政策与美阿关系的历史回顾

美国—阿富汗关系的缘起可追溯至19世纪中期，当时主要是两国间的民间交流。这种交流规模不大，发展缓慢，但它打开了两国关系紧闭的大门。20世纪上半期，由于国际形势的发展和阿富汗的积极主动争取，美国逐渐加强了对阿富汗的政策力度，两国关系开始发生实质性进展，由民间联系而至官方交往，乃至到20世纪30—40年代，双边外交关系正式建立并互派常驻使节。冷战从根本上塑造了阿富汗的命运，在此之前的一百年内，美国、阿富汗关系经历了从无到有的过程，彼此加深了对对方政治制度、经济文化和外交战略、外交思路等问题的了解，为20世纪后期冷战背景下美国对阿富汗政策的制定、实施奠定了必要的基础。

第一节 美国对阿富汗政策与美阿关系的早期发展

美国与阿富汗的最早接触发生于19世纪的民间层次。19世纪早期，美国长老会的几名传教士首次踏上了阿富汗的土地，在路德黑尔纳（Ludhiana）建立了救济所并宣传基督教。那个地方有阿富汗的几个著名政治流亡者，其中包括阿富汗前埃米尔（穆罕默德·查依王朝国王的称呼）、舒加·沙（Shuja Shah）等人。美国传教士试图与阿富汗这些"前领导人及其随员"建立联系，但失败了。虽然这样一个由美国民间势力而非政府试图建立双边联系的努力受挫，但此事件开创了美国—阿富汗联系的最早记录。此后，即使这种基于民间方式的联系一度中断，"在接下来1840年到1880年的40年中，美阿处于完全隔绝状态"，因为这一时期，阿富汗国王阿卜杜尔·拉赫曼（Abdul Rahman）奉行"与世界疏远的政策"①，严重抑制了美阿关系的发展。此后，美国与阿富汗的官方关系几乎处于可忽略不计的状态。直至 1921 年，美阿关系才迎来真正的划时代转变。1921 年，阿富汗政府采取单方面行动，派出政府代表团访问美国，打开了两国官方关系的大门。相比于 19 世纪的双边接触，此次关系的建立是政治性的、严肃的，具有重大的历史意义和影响。美国总统和国务卿与代表团的会见标志着美国事实上承认了阿富汗阿玛努拉政府，给予外交承认是建立正式外交关系的前提，1921 年阿富汗代表团的美国之行开始了两国官方的直接接触，因而，1921 年是从 20 世纪至今美国—阿富汗关系发展历程中具有极其重要意义的关键一年。

通过对美国国务院《美国对外关系文件集》（United States Department of State Papers to the Foreign Relations of the United States，简称 FRUS）的文本考察发现，1861—1920 年的国务院对外关系文件都没有把"Afghanistan"作为内容标题列出，一定程度上反映了此期阿富汗对美国国家利益的影响是微小的，美国政府对阿富汗是不甚关注的。直到 1921 年，"Afghanistan"一词首次在《美国对外关系文件集》中作为标题独立列出。② 这表明，1921 年后，阿富汗开始真正进入美国外交决策层的视野。此后，自 1921 年至 1945 年的 24 年中，"Afghanistan"一词 11 次在 FRUS 文件集中以标题形式出现，分别是 1921 年、1926 年、1931 年、1934 年、1935 年、1936 年、1937 年、1941 年、1942 年、1943 年、1944 年。根据"阿富汗"在文件中出现的频率，可发现 20 世纪 30—40 年代是美国对阿富汗政策和美阿关系发展的重要时期。历史也确实如此。

一　1921 年阿富汗代表团访美与两国官方关系的建立

20 世纪 20 年代的美阿关系经历了从疏离到沟通的过程，艰难前行。19 世纪，阿富汗的内政、外交深受英国、俄国左右。1919 年，赢得第三次英阿战争胜利的阿富汗迫使英国正式承认了它的独立地位，急欲以新的姿

---

① Mohammad Ma'Aroof, *Afghanistan in World Politics: A Study of Afghan-U. S. Relations*, Delhi (India): Gyan Books, 1987, p. 21.

② *Foreign Relations of the United States* (*FRUS*), 1921, Volume Ⅰ, Washington, D. C.: United States Govemment Printing Office, pp. 258-262.

态拓展国际外交空间,显示独立国家形象,获取世界各主要国家的外交承认,巩固其在国际舞台上的独立主权国家的地位,为尽快进入国际社会做好准备。同时,阿玛努拉国王(Amanullah,1919—1929年在位)在阿富汗努力进行现代化改革,将经济发展作为政府的重要工作内容,获取外在经济和技术援助是现代化进程顺利进行的保障。在此背景下,20世纪20年代,阿富汗阿玛努拉国王推行"第三国主义"外交政策(也称"巴—塔拉菲"),即"大力发展与在本地区没有殖民主义历史的西方大国的关系,以平衡英苏两国的影响"[1]。"第三国主义"外交的重要结果之一就是美国在阿富汗外交中的地位和作用大大突出。1921年7月,阿富汗政府派遣以穆罕默德·瓦里·汗(Muhammad Wali Khan)为团长的代表团访问美国,试图与美国建立官方关系,叩响了美阿关系紧闭的大门。在此之前,阿富汗政府已经向苏俄派出了政府代表团,并受到了苏俄政府的热情接待和积极回应,1921年2月,随阿苏友好条约的签订,苏俄政府成为第一个正式承认阿富汗的国家。

瓦里代表团此次美国之行负有双重使命:第一,政治上寻求与美国建立正式外交关系。历史上,阿富汗主要的外交对象是俄国和英国等对阿富汗命运有重大影响的国家。1919年英阿战争后,阿富汗与英国关系恶化;而由于沙皇俄国长期侵略和威压的历史阴影,阿富汗对新生的苏维埃俄国也难以彻底消除内心深处的畏惧和疑虑。因而,开拓新的国际活动空间对阿富汗新政权来说十分必要,"第三国主义"外交立场即是明证。1921年7月11日,瓦里·汗称,他来到美国就是要探寻阿富汗、美国建立外交关系的可能性。[2] 第二,经济上寻求美国对阿富汗投资。阿富汗仅凭自身资源难以支撑阿玛努拉的现代化进程,从英国、俄国之外的渠道获取必要支持成为必然。美国由于其亲善的国际形象和不会威胁阿富汗安全的遥远地理位置,特别是强大的经济、技术实力,成为阿富汗"第三国主义"外交的首选对象。瓦里·汗表示,阿玛努拉国王对美国能向阿富汗投资有很大兴趣,两国外交关系的建立将为美国商人在阿富汗的投资提供更好的机会。在访问期间,这两个议题不断被阿富汗人提起。

---

[1] 彭树智、黄杨文:《中东国家通史·阿富汗卷》,商务印书馆2000年版,第219页。
[2] *New York Times*, 12 July, 1921.

美国政府欢迎使团的到来，对阿富汗代表团予以了较高规格接待。美国总统沃伦·哈定（Warren Harding）和国务卿查尔斯·休斯（Charles Hughes）都会见了代表团成员。但美国对阿富汗代表团提出的实质性问题未置可否，委婉地拒绝了阿富汗建立双边关系的要求。哈定总统在致阿富汗阿玛努拉国王的信中表示"美国与阿富汗关系长久友好是我的愿望，我很高兴能与陛下长期合作"①。但他又说，"关于两国建立外交关系的问题，必须要经由美国国会认可并需要做进一步的考虑"。其实，哈定总统起初并不打算接见阿富汗代表团，只是在休斯的建议下才勉强为之。根据美国学者的说法，他对阿富汗关于外交承认和建交的要求做出的"虚伪的和模棱两可的答复，深深触怒了阿富汗人"②。

由于美国态度消极，阿富汗政府代表团的访问无果而终。不过，这一事件对两国关系的发展也起到了一定积极作用，美、阿政府开始有了直接接触，增加了相互了解，两国官方外交关系的进程由此启动。从长远的历史发展看，阿富汗代表团的访美活动为20世纪中后期美阿关系的发展奠定了基础。1921年由此成为20世纪早期美阿关系发展历程中有重要意义的关键一年。两国官方关系既然开始启动，阿富汗自然成为美国国务院处理地区国别事务的议题之一，美国政府在讨论中东、南亚问题时，阿富汗成为不可缺少的内容之一。

这一时期，虽然美国政府最高层对发展与阿富汗的关系不是很热情，但一些一线外交官的态度则积极得多，并做出努力，试图推动美国政府以更积极的姿态面对阿富汗。1922年，美国驻伊朗外交官员科尼留斯·万·恩格特（Cornelius Van Engert）③ 对阿富汗进行了非正式访问，作为第一个访问阿富汗的美国政府官员，恩格特受到了阿富汗政府隆重而友好的接待。此次访问加深了恩格特对阿富汗的好感。访问后，恩格特完成了一份详细的考察报告，并呈交美国国务院，报告强烈建议对阿富汗政府予以外

---

① *FRUS*, 1921, Vol. I, p. 261.
② Leon Poullada, "The Road to Crisis, 1919 – 1980," in Rosanne Klass, *Afghanistan*: *The Great Game Revisited*, New York: Freedom House, 1999, p. 40.
③ 科尼留斯·万·恩格特，1887年12月出生于奥地利维也纳，幼年随家庭移居美国加利福尼亚并加入美国国籍。1912年开始作为美国外交官长期活动于中东地区，1942—1945年出任美国首任驻阿富汗公使，其后长期在国务院任职，1985年病逝。

交承认。但这份报告在国务院没有引起注意,被忽视了。①

对于1921—1922年美国、阿富汗外交关系建立的契机及其失去,学者们有多种认识,比较典型的观点是林恩·波拉达提出的。他指责说,美国忽略阿富汗及与阿富汗建立正式外交关系是"美国早期的错误"。而且,在波拉达看来,美国政府20世纪20年代在阿富汗问题上犯了不只一个错误,"1928年,美国犯了另一个严重错误,公开明确拒绝了阿玛努拉访问美国的要求"②。这种指责有一定道理。不过,20世纪20年代正是美国经历一战后的孤立主义外交政策盛行时期,不仅对阿富汗,对当时很多国际问题都是漠视的。

二 双边联系的扩大和美国对阿富汗态度的持续冷淡

除1921年向美国直接派遣代表团外,阿富汗也着手开辟了新的对美外交和沟通途径——驻第三国外使节渠道,即通过阿富汗驻欧外交使节与美国驻欧洲各国使节联系,锲而不舍地进一步寻求正式建立双边关系的机会。如1925年7月,阿富汗驻法公使纳第尔·沙(Nadir Shah)首次与美国驻法大使赫里克(Herrick)会面,表示了阿富汗渴望与美国建立友好关系的愿望,并希望赫里克向国内提出建议,由两国各自任命外交代表派驻对方国家。11月,阿富汗公使再次约见美国大使,要求商谈两国建交问题,并告诉美国大使"我已经得到政府任命,可以与美利坚合众国政府就与阿富汗建立外交关系一事进行谈判"。纳第尔·沙还随信附上一份建交条约草案,草案详细列举了美、阿两国互派外交使团及外交使团的人员构成等内容。③ 对阿富汗的主动,美国政府指示赫里克向阿富汗人表示,美国欣赏阿富汗政府的主动性并会"慎重考虑"其建议,但此后就没有了下文。

不过,美国、阿富汗以两国驻外使节为中介的长效、固定的"第二渠道"交流途径由此形成。这个渠道给两国提供了沟通彼此立场、加强意见

---

① Cornelius Van Engert, *A Report on Afghanistan*, U. S. Department of State, Division of Publications, Series C, No. 53, Afghanistan No. 1, 1924, 转引自 Leon B. Poullada, "The Failure of American Diplomacy in Afghanistan," *World Affairs*, Volume 145, No. 3, Winter, 1982/1983, p. 232。

② Leon B. Poullada, "The Failure of American Diplomacy in Afghanistan," p. 232.

③ *FRUS*, 1926, Vol. I, pp. 557-558.

交流的新机会,是美阿关系发展的重要组成部分。阿富汗和美国驻法大使率先成为这一模式的运作者和实践者。通过两位使节的活动,两国政府的交流大大增加。在内容方面,除双边关系外,一些重要的世界性问题也赫然显现。如20世纪20年代末,借助两国驻法大使,美国、阿富汗政府就《非战公约》交换了意见,这是美阿两国首次就重大的国际问题进行的对话和沟通。

1929年,阿富汗国内政局发生变更,阿玛努拉国王被反对势力推翻,并流亡到国外,继任者纳第尔·沙属于亲英派。纳第尔大大削弱了与苏联的联系,将外交重点转向以英国为主的西方国家,"新国王只从英国人那里接受援助"①。美国的态度一如既往,1921年阻碍美阿关系发展的因素仍然存在,利益的缺失导致美国对阿富汗局势发展及对外政策调整非常淡漠,虽然在意识形态上阿富汗新掌权者疏远了苏联,但美国仍没有迈出承认纳第尔政权的一步。

在20世纪20年代的双边交往中,阿富汗表现出了高度的积极性、主动性,每次联系和沟通基本都是阿富汗使节奉本国政府之名主动联系美国大使,提出美国承认阿富汗新政府及两国建交问题。相对于阿富汗的积极、热烈,美国表现得较为消极、冷静。20世纪二三十年代,对阿富汗建立外交和经济关系的要求,美国既不予以明确拒绝,也不给予肯定性答复,多次回避了阿富汗关于建立外交关系的要求。面对阿富汗通过驻外使节渠道促使美国展开建交谈判和建立外交关系,美国仍虚与委蛇,没有实质性举措。面对阿富汗驻外使节的"咄咄逼人",美国大使向国务院请示如何回应。1931年4月16日美国国务卿史汀生(H. L. Stimson)指示美国驻英大使查尔斯·盖茨·道斯(Charles Gates Dawes),"不反对你应阿富汗公使的要求而接见他。如果他提到承认问题,你要告诉他,你没有得到授权讨论这个问题,但你将愉快地将此问题通告美国国务院"②。同样,1931年9月24日国务卿指示美国驻意大利使馆代办柯克(Kirk)说:"出于慎重,你可以口头通告阿富汗公使,最近美国政府对于与阿富汗政府建立外交关系一事没有新的考虑传达,当前也不适合谈判。你可以用自己的

---

① [美] 路易斯·杜普雷:《阿富汗现代史纲要》,第50页。
② FRUS, 1931, Vol. I, p. 825.

观点表态说，现在建立官方关系的时机尚未成熟，因为阿富汗现政权还没有得到美国政府的外交承认。"①

由于美阿双方的态度差异较大，特别是美国的消极立场，在相当长一段时期内，美国—阿富汗关系没有本质性变化。但阿富汗没有停止争取与美国建交的努力，美国则高调宣扬两国的友好关系而没有切实举措。这种状态在20世纪30年代后期逐渐被扭转，1936年是美阿关系的转折点，美国在对阿富汗给予外交承认的基础上，正式与之建立了双边外交关系。

三 20世纪30年代美国—阿富汗制度化外交关系的正式建立

20世纪20年代的"使节外交"虽然没有导致两国关系产生实质性外交突破，但对于加深美国对阿富汗的了解发挥了较大作用，因而，阿富汗在30年代进一步加大了对美国的外交力度：一是强化驻外使节渠道的规模和作用；二是开创新的"首脑外交"的形式。30年代阿富汗对美国外交政策的新走向源于此期阿富汗政权的再一次变动。1933年11月，亲英派国王纳第尔遇刺身亡，其子穆罕默德·查希尔·沙（Mohammed Zahir Shah，1914—2007）继任王位，是为阿富汗最后一位、也是在位时间最长的国王。新国王资历尚浅，对阿富汗内政外交的重大事件尚无经验和实际权力，在继任王位的头"20年中，穆罕默德·查希尔·沙国王统而不治，而由他的叔父们进行治理。这一做法符合伊斯兰文化特点。当一个年轻人的父亲去世的时候，他的一位叔伯或叔伯们便取代他的父亲，承担在教养上规定的父子权利和义务。这些叔伯们的统治是合乎情理的，它给予国王以时间去研究他的国家、他的作用和他的责任，去估计他的政治前景"②。查希尔的叔父穆罕默德·哈希姆（Muhammad Hashim，1933—1946年出任阿富汗政府首相）掌握国家实权。对新政权外交立场有重要影响的另一王室人物是瓦里·沙。瓦里不仅曾于1921年访问了美国，协助开启了两国关系的大门，还曾出任"驻英国和法国的公使（1930—1947年）和1947年印度分治以后任期约为一年的驻巴基斯坦大使而代表阿富汗。……在家族和国家的重要事情上总要征求他的意见"③。

---

① FRUS, 1931, Vol. I, p. 825.
② [美] 路易斯·杜普雷：《阿富汗现代史纲要》，第54页。
③ 同上。

阿富汗新的统治者改变了纳第尔过于强调对英外交的做法,积极探寻新的外交空间。1934年,阿富汗加入了国际联盟,更深地卷入国际事务中,也有了更多的潜在外交对象。但阿富汗将寻求实质性的外交和经济援助的对象定位在了美国身上。一方面,阿富汗政府扩大了对美"使节外交"的规模。除法国外,英国、伊朗等更多国家成为这个外交渠道的组成部分。据美国国务院文件记载,1925年后的十年中阿富汗驻外外交机构(巴黎、伦敦、莫斯科、东京、德黑兰、伊斯兰堡)不断与美国驻外机构联系,寻求得到美国的外交承认及与美国建立外交关系的可能性。① 另一方面,为提升外交效果,阿富汗又尝试以"首脑外交"的形式强化"使节外交"的作用。1934年6月,阿富汗国王查希尔·沙通过阿驻法公使向美国驻法大使转交了其致美国总统富兰克林·罗斯福的亲笔信,通告了其父亲去世和新国王的继位,表明阿富汗政权发生更迭,隐含寻求获得美国对阿富汗新政府予以外交承认之意,以及在此基础上建立正式外交关系的暗示。阿富汗新国王以"首脑外交"这种最高层次的外交方式,在信中强烈表达了加强与美国建立政治、经济关系的愿望。

阿富汗极为看重美国在其外交战略中的地位,虽然一直以来寻求与美国建立正式外交关系的进程不是很顺利,但阿富汗没有气馁和放弃,而是以多种方式持续地向美国政府传达加强双边互动的愿望;始终把谋求与美国建立制度化的正式外交关系作为对美国活动的首要内容,很有耐性和韧性。这表明,寻求第三种力量以制约英国、苏联对阿富汗压力的"第三国主义"成为20世纪早期历届阿富汗政府的一贯外交立场,无论这些政府的政治倾向是怎样的。美国以其"少侵略性"②的外在形象对阿富汗产生了远超于其他国家的吸引力。

阿富汗持之以恒的努力在20世纪30年代终于开始有了回报。1933年富兰克林·罗斯福就任美国总统。罗斯福执政之初,主要精力用于解决严重的国内问题,无暇多顾美阿关系。不过,罗斯福就任后美国对外政策的变化也为美国的阿富汗政策提供了新的机遇。当时,美国面临的首要问题是对阿富汗政府的外交承认问题,因为外交承认是正式外交关系建立的前

---

① *FRUS*, 1937, Vol. Ⅱ, p.607.
② "少侵略性"主要指的是美国人试图向世界塑造的形象,特别是阿富汗人对美国的印象。

提和基础。1934年美国国务卿赫尔向罗斯福建议，美国应对阿富汗新政府给予承认，"由于阿富汗政府已经被几乎所有的大国承认，而且当前的政权是一个稳定政权，我认为没有理由仍然拒绝承认阿富汗（新政府）。因此……我附加了一个正式承认阿富汗政权的函件等待您的认可"[①]。

在此背景下，美国在20世纪30年代接受了阿富汗的"驻外使节"外交模式，并通过这个渠道与阿富汗进行了长期的信息交流。由此，20年代的阿富汗单边外交迈进到双向互动阶段。美、阿以两国驻外使节为中介的长效的、机制化的交流渠道开始确立。两国关系发展的主要标志性事件是1934年8月，美国对阿富汗的穆罕默德·查希尔政府给予了外交承认，迈出了与阿富汗建立正式外交关系的关键一步。阿富汗受此鼓励，加大了对美国工作的力度。1934年10月，阿富汗驻法国、比利时公使瓦里·沙（Wali Shah）向美国驻法大使杰西·斯特劳斯（Jesse Straus）表示，希望两国尽快建立永久性友好关系并缔结友好条约，并希望美国能直接在喀布尔开设外交机构。1935年1月，经国务院授权，美国驻法大使依据国务院拟定的条约草案与阿富汗开始了正式谈判。这是自20世纪20年代以来美国力度最大的一次对阿外交行动。草案提出两国政府和人民应建立长久和平友好关系，遵守国际法的权利与义务，尊重彼此的领土主权完整，彼此给予无条件最惠国待遇（unconditional most-favored-nation treatment），两国互派领事驻对方国家等。[②] 经两国代表长期艰难的谈判，在双方妥协的基础上，1936年3月，《关于美国—阿富汗友好、外交和领事代理的临时协定》在巴黎签署。[③] 这是两国政府间有史以来第一个正式的友好条约，在两国关系发展史上具有极其重要的意义。协定将美阿关系提升到新的高度。美国宣布与阿富汗建立正式外交关系，但没有在阿富汗首都喀布尔建立常驻性外交机构，没有向喀布尔派出常驻外交代表，而是由美国驻德黑兰大使威廉·霍尼布鲁克（William Hornibrook）兼职处理阿富汗事务。此前的1935年5月，威廉·霍尼布鲁克被派往阿富汗考察，他成为又一位访问阿富汗的美国高级外交官员。在国际外交实践中，派遣兼任外交使节符合外交惯例，但较少见。此种情况的出现，一般意味着派遣国在驻在国缺

[①] *FRUS*, 1934, Vol. Ⅱ, p. 749.
[②] *FRUS*, 1935, Vol. Ⅰ, pp. 556-559.
[③] *FRUS*, 1936, Vol. Ⅲ, p. 1.

乏足够多的利益，出于节省成本考虑，会任命邻近国家使节兼任。

美阿友好条约签署后，美国企业和资本开始进入阿富汗，美国在阿富汗的利益迅速扩大。1936 年，美国内陆开发公司（The Inland Exploration Company）等几家美国公司联合与阿富汗政府就石油开采特许权展开谈判。1936 年 11 月协议正式签订。根据该协议，阿富汗政府给予美国公司以石油开采权、开发矿产资源和新发现资源的特许权。[1] 美国公司拥有了在阿富汗 5 个省的石油开采权，协议还详细规定了美国公司和阿富汗政府各自从石油开采中应获得的利益分配及双方的其他权利和义务等。

美国内陆开发公司与阿富汗政府达成协议后，开始向美国国务院提出建议，要求美国政府在喀布尔开设使馆或领事馆以更好地保护其利益。1937 年 6 月 22 日，公司首席地质学家弗里克里科·克拉普（Frederick Clapp）会同海外石油公司总经理约翰·洛夫乔伊（John Lovejoy）在与美国国务卿的会谈中，敦促美国尽快在喀布尔设立使领馆。克拉普还向国务卿传达了阿富汗外交部长的私人口信，真切希望能尽快在阿富汗首都建立美国外交使团。[2]

美国国务院也意识到了这一问题，但对于是否设置常驻外交机构一事非常谨慎。国务院认为阿富汗司法落后，社会秩序混乱，使领馆的后勤补给、安全保卫等工作都面临较大的问题。最主要的是，国务院认为美国在阿富汗的政治、经济利益微小，无须常驻外交机构的管理。因而，国务院没有仓促行事，而是围绕形势发展进行了详细的论证，分析在阿富汗首都喀布尔开设使领馆的可行性及将面临的财政、人员等问题和困难。不过，1936 年，美国公司的业务在阿富汗批量展开后，国务院意识到一个新的问题，即美国在阿富汗的经济利益将会直线上升，"新获得的石油特许权会导致大批美国人生活于阿富汗"，"很多美国利益已经延伸至阿富汗，根据事实发展，下一年还有相当数量的美国公民将进入该国，我们必须面对现实，要认真考虑适当提升我们在当地设立代表机构的可行性"[3]。最后国务院得出结论认为，有必要在喀布尔设立常驻使馆，科尼留斯·万·恩格特

---

[1] Vartan Gregorian, *The Emergence of Modern Afghanistan*, Stanford University Press, 1969, p. 381.

[2] *FRUS*, 1937, Vol. II, p. 605.

[3] *FRUS*, 1937, Vol. II, pp. 606, 608.

将是美国驻阿公使的理想人选,并计划于 1938 年 7 月设馆。

不过,美国公司在阿富汗的业务开展的不是很顺利,缓解了美国在阿富汗开设使馆的紧迫性。同时,美国和阿富汗由于筹建使馆、委派常驻外交官等问题发生分歧,也耽搁了美国在阿富汗设馆的时间。

在美国对阿政策和美阿关系发展史上,20 世纪 30 年代有别于 20 世纪 20 年代的最突出特点是,美国—阿富汗关系发展进入双向互动阶段,美阿关系框架形成。

第二节 第二次世界大战期间的美国对阿富汗政策

1939 年第二次世界大战爆发,战争迅速蔓延,少有国家能躲过此劫。1941 年日本偷袭美国太平洋舰队基地珍珠港,美国正式卷入大战。第二次世界大战的爆发和美国的参战使得 20 世纪 40 年代的美国对阿富汗政策必然具备了与此前不同的新内容和新特点。阿富汗虽然没有正式加入战争,但战火也燃烧到阿富汗周边,其主要邻国(苏联、英印政府等)基本上都介入了战争。处于战争中的两大集团国家都与阿富汗有较密切的政治、经济联系,阿富汗高度关注战局发展,以对自身外交立场做出取舍。

二战全面爆发后,国际政治力量的分化组合及德、意、日法西斯势力在阿富汗的活动激化了大国在阿富汗的矛盾,美国作为世界反法西斯头号盟国,涉身其中。世界形势的发展变化与美国对阿富汗的政策相互作用,美阿关系的地区意义明显增强,世界意义开始显现。同时,美国对阿政策和美国—阿富汗关系的发展也更多地受到了其他大国因素的影响。

一 美国在阿富汗与轴心国的较量

从 20 世纪 30 年代后期开始,德、意、日等国就向阿富汗扩展势力,它们在阿富汗的活动涉及军事、政治、经济、思想文化等各个领域,日益活跃,其中尤以德国为甚,如向阿富汗提供贷款、参与阿富汗重整军备计划等,"轴心国在阿富汗不遗余力地拓展势力,它们看重的是阿的重要战略地位"[①]。德国势力之进入阿富汗始于 20 世纪 20 年代。1928 年,阿富汗

[①] 彭树智、黄杨文:《中东国家通史·阿富汗卷》,第 219 页。

国王阿玛努拉访问了法国和德国。阿玛努拉与德国政府签订了一份协议草案，允许德国在阿富汗境内建筑铁路，阿富汗政府邀请德国工程师、技术人员、医生和其他人员来到阿富汗。"阿富汗与德国的关系便利了它与其他两个法西斯国家——日本和意大利建立更密切的联系。"① 日本势力之进入阿富汗是在 20 世纪 30 年代。1930 年 12 月 19 日，阿富汗政府与日本政府在伦敦签署了友好条约，建立了公使级外交关系。"日本作为一个强国给阿富汗政府留下了深刻的印象。……与东京的联系对喀布尔来说非常有用。"② 二战爆发后，轴心国进一步加大了在阿富汗的活动，试图将阿富汗卷入战争之中，极力鼓动阿富汗参加反同盟国集团的作战。

面对法西斯国家在阿富汗的猖獗，美国政府有人提出应加强与阿富汗的关系，防止阿富汗被拉拢到轴心国集团，代表性人物是美国驻伊朗公使路易斯·G. 德雷福斯（Louis G. Dreyfus）。德雷福斯访问了阿富汗首都喀布尔后，于 1941 年 6 月 25 日向国务院提交了一份报告，其中明确指出了德国势力在阿富汗的壮大："值得指出的是，由于在阿富汗的 100 多名德国顾问的杰出工作，以及德国提供的经济援助和建议，德国在阿富汗已牢牢站稳了脚跟。"③ 德雷福斯还建议立即在喀布尔建立常驻公使馆，以压制德国等轴心国势力的活动。他在报告中讲道："阿富汗深切希望，能有一个公正无私的、处于第三方地位的强国做朋友。他们希望美国能扮演这一角色。……因而，基于以下原因，我大胆建议，立即在喀布尔设立公使馆：（1）美国应接受这个小国伸出的友谊之手，以彰显美国的世界义务和责任；（2）这是很好的机会以稳固我们在亚洲的战略地位，不应丧失；（3）我们在阿富汗的利益不断增加，一批美国教师和技术人员进入阿富汗的谈判正在进行。"④ 美国决策者也看到了阿富汗局势的复杂性和危险性。只有加强美阿关系、提升美国政治影响力才能防止轴心国力量过快增长。因而，1942 年 6 月，美国正式在阿富汗首都喀布尔开设了公使馆，7 月，美国首任常驻阿富汗公使科尼留斯·万·恩格特正式就职。⑤ 阿富汗迎来

---

① Tom Lansfords, *A Bitter Harvest：U. S. Foreign Policy and Afghanistan*, p. 62.
② Ram Rahul, *Afghanistan, the USSR and the USA*, ABC Publishing House, 1991, pp. 6-8.
③ *FRUS*, 1941, Vol. Ⅲ, p. 259.
④ Mohammad Ma'Aroof, *Afghanistan in World Politics：A Study in Afghan-U. S. Relations*, p. 34.
⑤ *FRUS*, 1942, Vol. Ⅳ, pp. 50-51.

了有史以来第一批美国常驻外交官。美国常驻公使馆的设立改变了此前公使兼任的状况，美阿双边关系进入强化发展阶段。公使馆的设立在便于维护美国利益的同时，更有利于直接向阿富汗政府传达美国的政策，增强美国对阿富汗政府的影响力。不过，也有学者认为不应过于强调美国常驻阿富汗使馆开设的意义，认为这"只是一个为向苏联运送租借物资而准备的战时措施"[①]。但依据外交学理论，常驻使馆和使节的设立在两国外交关系中是一个标志性事件，无论其出于何种动机和目的，这种制度性外交关系的建立都是极为重要的。因而，美国常驻阿富汗使馆的设立可以看作美国—阿富汗关系史上的第三个里程碑。

同盟国集团正式形成后，开始加强与轴心国集团在阿富汗的较量和争夺。毕竟，轴心国势力在阿富汗的活动，始终是存在于奋力抗德的苏联身边的一个隐患，考虑到德国与阿富汗的密切关系和德国对阿富汗的强大影响，美苏更感危险，而急于将轴心国势力从阿富汗排除出去。美国驻阿使馆身处阿富汗外交最前沿，认识到了阿富汗倾向德国的危险。1943年1月27日，美国公使恩格特在给国务院的电报中指出，多种因素使得阿富汗国内部分势力日益倾向于德国方面。首要的原因是多年来德国坚持不懈地对阿富汗进行的各种援助和人员支持，"1933年以来德国一直对阿富汗进行带有浓厚政治色彩的经济渗透政策"。德国的活动产生了一定效果，"德国人在阿富汗非常慷慨，在阿富汗低级官员和青年知识分子中赢得了一批追随者，他们在阿富汗政府内外组成了亲德派"[②]。这批亲德派极力鼓吹德国在欧洲和苏联战场取得的军事胜利，并抬出历史上苏联和英国等同盟国主要国家对阿富汗的侵略、压榨为例，试图表明借助德国力量彻底摆脱英、苏压力的发展路径。其次，阿富汗外部战场形势和阿富汗内部经济形势恶化。苏德战争爆发之初，苏联遭遇严重失利，同盟国在其他战场上的形势也不乐观，"德国人散布谣言说苏联即将崩溃"。而且，由于受世界战争的冲击，阿富汗国内物资供应短缺，物价上涨，民众对政府的不满情绪高涨。德国借机宣称这种局势是由英国、苏联等的政策导致，以激发阿富汗民众对同盟国的敌意。因而，1942年7月，恩格特在拜访阿富汗外长纳伊

---

① Leon Poullada, "The Road to Crisis, 1919–1980," in Rosanne Klass, *Afghanistan: The Great Game Revisited*, p. 40.

② *FRUS*, 1943, Vol. IV, pp. 20, 26.

姆时努力稳定阿富汗政府的焦躁情绪，增强其对同盟国取得战争胜利的信心，他强调，"美英联盟是不可战胜的"①。恩格特还特别向国务院提出建议，美国应采取更积极的措施鼓励阿富汗政府的斗志。具体而言，恩格特认为美国政府可以效仿此前在叙利亚部署美国军队以增强叙利亚和土耳其的士气一样，美国也可以在伊朗"北部和东北部部署美国轰炸机中队，即使临时性的也可以，这将给阿富汗留下深刻印象。……它将立即在阿富汗产生一种信念，即美国将阻止德国向土库曼斯坦的推进，这将对阿富汗政府的未来决策产生重要影响。如果声明再结合向阿富汗提供有限的租借法案援助，效果会更好"②。

阿富汗政府决策者较为清醒，在战争结局没有完全明朗以前，不急于在两大集团中做出选择。此外，传统的中立政策在阿富汗国内有强大的影响，短期内难以撼动。因而，阿富汗政府采取多种措施，努力防止战争蔓延到阿富汗。一是同时与美苏两大集团国家保持友好关系，即奉行恩格特所谓的"两头下注"（insuring against a victory of either side）的政策，二是同时发展与对立各国的关系，使其彼此牵制，特别是借助加强与美国的力量，抑制别国的影响。

对阿富汗试图周旋于两大阵营中的政策，导致美国、苏联等国不满。美国意图削弱阿富汗与轴心国势力的联系，将德国等法西斯国家势力从阿富汗排除。苏联和英国的态度相比于美国更激进、更具体，如苏联向阿富汗政府提交了一份有 51 名危险分子的名单，要求阿富汗政府必须逮捕，"其他人必须从苏联边境地区清除"。英国照会阿富汗政府，要求其对德国驻阿使馆人员活动予以监视和限制，严格审查德国使馆的财政转移情况，并逮捕相关人员。

为达成离间阿富汗与轴心国联系的目的，同时避免产生消极后果，美国考虑以温和手段采取行动，不向阿富汗政府施加过大压力。1943 年 6 月 5 日，美国国务卿科德尔·赫尔（Cordell Hull）指示驻阿富汗公使，要其与英国使节协商一个稳妥办法，既要鲜明传达美国政府的立场并告知阿富汗政府，"任何阻碍英国和苏联战争努力的轴心国同情者的活动都是不利

---

① FRUS, 1942, Vol. Ⅳ, p. 53.
② FRUS, 1942, Vol. Ⅳ, p. 54.

于美国利益的,他们阴谋沿印度和苏联边界制造动乱。因此,我们很愿意看到轴心国驻喀布尔使馆关闭或减少其人数"。但又不能使阿富汗政府感到难堪而适得其反,把阿富汗政府推向德国,"国务院确信,任何迫使阿富汗政府驱逐轴心国使馆人员或强迫阿富汗政府减少轴心国使馆人员的行动都是不明智的,会被阿富汗政府视为不合理地侵犯其主权,将会对所有盟国政府造成痛苦的结果"①。其后,美国政府在与英国、苏联保持沟通的基础上,共同向阿富汗政府提出要求,希望其关闭德国、意大利等轴心国驻阿使馆或裁减其使馆人员。

面对美英苏三大强国的压力,阿富汗没有完全屈从,而是根据本国利益,努力以中立立场解决两大集团在阿富汗的纷争。阿富汗抵制了盟国要求关闭轴心国驻阿使馆、逮捕大批人员的压力,阿富汗政府官员纳伊姆表示,"阿富汗接受英国政府的这个建议极其困难,因为阿富汗政府没有证据证明意大利和日本使馆牵涉其中,德国使馆因其不当活动而有过错,但德国公使在其第一次活动时已受到警告,如果这样的行动一再发生,阿富汗政府将会改变政策"②。阿富汗政府的这种政策是无法满足同盟国政府的要求的,在美苏英等国的一再交涉下,阿富汗政府采取了一定行动,意图在平息同盟国对阿富汗不满的同时,继续维持与轴心国的联系。1943年6月美国国务院表示,"阿富汗政府采取了令人满意的措施控制轴心国人员在其境内的活动",主要举措是减少德国驻阿使馆人员,不关闭轴心国驻阿使馆。相应地,在美国的影响下,"英、苏两国不采取联合行动"③。可见,即使在非常困难的局面下,阿富汗政府仍不想彻底断绝与轴心国的外交关系,既彰显了其中立政策,又避免了与轴心国关系的僵化。

二 美、苏角力阿富汗:苏强美弱韬光养晦

美苏合作共同打击阿富汗国内的轴心国势力的同时,美国与苏联在阿富汗的不和谐关系和竞争性局面也已初步显现。早在1921年阿富汗政府代表团首次访美时,美国就注意到了苏联在阿富汗的活动及苏阿关系状况。在7月18日呈交总统的报告中,休斯国务卿写道:"阿富汗已与苏联达成

---

① FRUS, 1943, Vol. IV, p. 38.
② FRUS, 1942, Vol. IV, pp. 44-45.
③ FRUS, 1943, Vol. IV, p. 43.

协议，规定后者将每年给予阿富汗100万美元的财政资助，并提供技术及专家。"① 不过，当时的美国政府并没有过于在意苏阿关系的发展，休斯也指出，苏阿关系不会成为美国发展对阿关系的障碍。但在此后美阿关系的发展过程中，美国政府和学者逐渐感觉到了苏联因素的制约和影响。如在20世纪30年代，有学者在分析美国内陆开发公司在阿富汗的石油勘探活动之所以很快停滞的原因时认为，"公司的勘探活动在1939年即草草收场了，原因之一是苏联抵制西方在阿北方的任何存在"②。根据美国人的说法，俄国曾试图阻止美国获得石油特许权，但没能成功，于是要求阿富汗政府也给予他们位于苏阿边境地区的一块土地。但这个要求遭到阿富汗外交部长的拒绝。③ 不过，这一时期美国在阿富汗的利益有限，美国对发展与阿富汗的关系并没有迫切的愿望，因而，苏联的制约对美国政府的阿富汗政策影响不大，两国尚不至于在阿富汗展开竞争。

二战爆发后，大国在阿富汗的关系趋于复杂化，矛盾激化。就阿富汗政府而言，它虽一直努力防止卷入战争，尤其是避免被德国拉拢，担忧德国的侵略，但美国人也观察到，由于历史原因，阿富汗对苏联在战争中的命运和苏德战争的走势充满了矛盾和复杂的情感：既不愿看到苏联在战场上的失利，也对苏联的胜利感到紧张。战争前期，苏联频频失利，阿富汗人担心德国势力会从北部南下，威胁阿富汗安全。1943年中期后，二战形势和苏德战场局势日益有利于盟国和苏联方面，但"苏联的胜利没有激起阿富汗的热情。阿富汗担心苏联会加强对阿富汗的共产主义渗透活动"。

对于阿富汗与苏联这种矛盾而僵化的关系，美国是有清楚认识的，而且从中发现了扩大在阿富汗影响的潜在机会。战后初期，美国正是利用了阿富汗的此种心理，掌握了对阿政策的主动权。1943年在致国务卿的电文中，美国驻阿公使恩格特就阿富汗形势进行分析时说："如果苏联政治、经济扩张转向南方而对阿富汗领土形成威胁，阿富汗肯定会抵抗。不过阿富汗也认识到军事抵抗是没有希望的。因此，他们明确其基本目标是朝向英国和美国而不是苏联，他们不想陷于苏联霸权的统治。"④ 依据阿富汗对

---

① *FRUS*, 1921, Vol. I, p. 258.
② 彭树智、黄杨文：《中东国家通史·阿富汗卷》，第219页。
③ *FRUS*, 1937, Vol. II, p. 603.
④ *FRUS*, 1943, Vol. IV, p. 33.

苏联的畏惧和对美国的希冀心理,恩格特系统地向美国政府提出了扩大在阿富汗的势力、提升在阿富汗影响的举措。毫无疑问,恩格特是在了解苏联对阿富汗特殊关注的情况下提出这些建议的,反映了即便在战时同盟中,美苏在阿富汗的关系也是存在矛盾的。

但即便如此,美国绝没有因阿富汗而与苏联决裂的理由,美苏在阿富汗的小摩擦与日后的美苏竞争相比是微不足道的。出于维护反法西斯同盟团结的考虑,美国仍要努力与苏联一道,取得战争的彻底胜利。在阿富汗问题上,美国做出了较大让步,在1945年2月的《雅尔塔协定》中,美国承认了阿富汗属于苏联的势力范围。[①] 二战末期,苏联也加紧对阿富汗的拉拢和争取。1946年3月,苏联、阿富汗续签了1931年《苏阿互不侵犯条约》;1946年6月29日,两国在莫斯科又签署了一份边界协定,重新划定了两国边界,苏联将作为两国界河的阿穆尔河(the Amur River)中的一些小岛让与了阿富汗。"岛屿的让与为莫斯科进一步接近喀布尔创造了条件。"[②]

三 美国在阿富汗势力崛起

美国驻阿公使恩格特向美国政府提出的扩大美国势力和影响的建议主要是要加强对阿富汗社会、文化和意识形态等精神领域的渗透。具体而言,恩格特认为,美国可以借重传教士和教师这两个特殊群体在阿富汗的活动实现上述目标。一是重新寻求在阿富汗传播基督教的机会,在1943年1月给国务卿的电报中,恩格特指出,"我就职以来向国务院提出了大量构想,其中之一就是在阿富汗开展美国传教士活动的可能性"。恩格特认为战争时期的首要任务是取得胜利,"当前不是开展这项活动的最佳时期",但这不意味着美国不应开展这项工作,"我认为在战争结束后,没有理由不以较妥善的方式向阿富汗提出这个问题,它是作为这个世界精神重建的一部分,以与我们为之而战斗的理想相一致"[③]。二是建议向阿富汗派遣大量美国教师,教师的工作对象是规模庞大、更易受到外在影响的青少年群体,象征着阿富汗的未来和希望,美国教师在阿富汗的活动有利于加快对

[①] Ram Rahul, *Afghanistan, the USSR and the USA*, ABC Publishing House, 1991, p. 11.

[②] Ram Rahul, *Afghanistan, the USSR and the USA*, 1991, p. 14.

[③] *FRUS*, 1943, Vol. Ⅳ, p. 53.

阿富汗的文化渗透,"经过精心选择的美国教师和医生在阿富汗的出现本身就在最高层次上构成了'传教士活动'"①。就阿富汗而言,多年来也一直期待美国在教育领域的援助和支持,1943年3月31日,恩格特向国务卿赫尔汇报说,阿富汗外长以正式函件要求美国能尽快派遣7名教师到阿富汗开展工作。3月31日,恩格特在致赫尔国务卿的另一封电报中,强调了美国以派遣教师形式援助阿富汗教育系统的重要性,认为这种工作甚至有可能改变阿富汗数百年来的传统社会结构,使其更西方化、更有利于抵制苏联的渗透和影响:"我们因此有了一个难得的机会,不仅可以创建一个新的国家,而且可以帮助和引导它适应由于现代力量的压力导致的精神和道德变革问题。如果在阿富汗服务的智慧的美国教师能促进阿富汗哪怕是肤浅的现代化,将其传统的伊斯兰信仰和传统改进为一种新的生活方式,那我们不仅给阿富汗提供了一个伟大的公共服务,而且还将使美国的意识形态、正义和梦想在整个中亚地区发挥积极的和建设性的作用。"②

恩格特提出的具体建议没有被美国政府采纳和付诸实施。战争即将结束的1944年底,恩格特再次向国务院提出报告称:"我请求国务院、华盛顿和未来的政策制定者们进一步考虑一个事实——阿富汗除了是一个独立的穆斯林国家外,它对美国在中东的政策有重要的战略意义。"③ 终于,恩格特的呼吁和建议中所包含的扩大美国在阿富汗影响的理念得到国务院和政府高层的重视。为进一步改善和加强美国在西南亚和中东地区的战略地位,1944年7月,帕特里克·赫尔利(Patrick Hurley)作为罗斯福总统的个人特使访问了阿富汗。"赫尔利去喀布尔有两个使命:(1)调查(阿富汗)石油蕴藏情况,(2)调查阿富汗是否能作为进入中国新疆省的大陆路线——因为中国和蒋介石的物资运输只能通过危险的飞跃喜马拉雅山的'驼峰航线'(Hump Route)。"阿富汗政府对赫尔利的来访高度重视,给予了热情接待。赫尔利的访问对两国关系产生了积极影响。美国驻阿使馆武官在给国防部的信中说:"阿富汗人渴望来自美国的声音。……这(指赫尔利的访问)给了阿富汗一个直接联系美国的渠道,美国被看作阿苏关系和阿英关系的仲裁人。"赫尔利后来也给罗斯福总统打电报,描述了他

---

① FRUS, 1943, Vol. Ⅳ, p.54.
② FRUS, 1943, Vol. Ⅳ, p.56.
③ FRUS, 1944, Vol. Ⅴ, p.54.

对阿富汗问题的认识:"英国、俄国都得不到阿富汗政府的信任,(阿富汗)所有政府成员,包括国王,都表达了对您的完全信任。美国政府没有称霸企图这一事实可能是它被阿富汗信任的主要原因。"[①]

第三节 美国对阿富汗政策演变的原因与特点分析

从20世纪20年代到40年代,美阿关系的演进是层层递进、逐步发展的。由早期的一片空白发展到外交关系的正式建立,经历了曲折的过程。在20多年美阿关系的发展过程中,20世纪30年代是关键阶段,它承接、延续了20年代较冷漠的美阿关系,又推动了40年代美阿外交关系的最终建立。20世纪30年代双边制度化外交关系的建立开启了美国政府对阿富汗政策起步与变迁的帷幕,也成为美国对阿政策及两国关系发展历史上一个转折性事件。在此过程中,美国对阿政策的制定和实施受到了诸多因素的制约,体现了较明显的特点。

一 美国对阿富汗政策演变的原因分析

20世纪早期,有诸多因素制约和影响着美国对阿富汗的政策的决策、实施。

(一)美国在阿富汗的利益日益扩大促进美阿关系发展

从20世纪初到20世纪40年代的几十年间,美国在阿富汗的经济、政治、安全利益等从无到有,呈现明显的膨胀、扩大趋势,成为推动美阿关系发展的最根本原因。20世纪20年代,美国亚洲政策的主要内容是争夺对亚洲石油的开采控制权。"贫油"的阿富汗没有引起美国太多的关注。此外,美国对在阿富汗的其他商业贸易机会也很不看好。1921年7月休斯曾说:"我调查了美国民众在阿富汗的商业机会,表明其是非常有限的;实际上,就我们目前的信息,除了蓝宝石和青金石矿外,阿富汗几乎没有贸易机会。"[②] 这种局面一直持续到20世纪30年代。1934年8月,美国代

---

① Kurt Lohbeck, *Holy War, Unholy Victory: Eyewitness to the CIA's Secret War in Afghanistan*, Washington D. C.: Regnery Publishing, 1993, pp. 21-24.

② *FRUS*, 1921, Vol. I, p. 259.

理国务卿威廉·菲利普斯（William Filipps）给罗斯福总统的报告中仍然在讲："我们在与阿富汗建立联系问题上持保守立场，主要因为这个国家的原始条件，对外国人的安全缺乏保障，并且美国在那里没有重大的利益。"① 利益的微小从根本上决定了美国对发展两国关系的态度消极。阿富汗缺乏对美国的经济吸引力是影响美阿关系发展的极重要因素。

1936年美阿友好条约签署后，美国内陆开发公司等数家美国公司企业和资本、人员等开始较多地进入阿富汗。伴随美国资本进入阿富汗的是美国在阿富汗的经济、政治利益的迅速增加和复杂化，美国不断膨胀的经济利益和随美国企业进入阿富汗的大批美国公民的权益等急需政府保护，这与美阿关系停滞、松散的现状发生矛盾，美国对阿政策和双边关系面临新的挑战与机遇。虽然美国与阿富汗已经建立外交关系，但在阿富汗境内并没有美国的外交和领事人员能切实维护美国利益。美阿关系已滞后于美国利益的膨胀，美国开始考虑如何在保持美国总体外交格局平稳的基础上切实推进与阿富汗的双边关系，以维护美国在阿富汗的利益。此后，如1938年开始筹备、1942年始建的喀布尔设馆等举动，都是美国在阿利益变化的结果。

（二） 英国的制约

美国对阿政策和美阿关系的发展不可避免地要受到其他国际政治力量、特别是在阿富汗有较多利益的欧洲大国的制约，如英国、法国、意大利等国。自美国—阿富汗关系发展之始，英国因素就直接或间接地对美国如何认识和发展与阿富汗的关系产生着持续的重大作用。20世纪20年代，在讨论接待阿富汗政府代表团时，美国国务卿查里斯·休斯在给哈定总统的信中明确指出，"虽然英国已经放弃了它的保护国，与阿富汗达成任何特殊协定仍有很多敏感之处"②。英国在阿富汗的利益很大程度上影响着美国认识阿富汗问题、制定和实施对阿政策。历史上，英国在阿富汗地区长期占据主导地位，排斥外来势力，"阿富汗的外部主权受到英国的抑制"③。美国不想因阿富汗这样一个没有涉及美国根本利益的地方而恶化与英国的

---

① *FRUS*, 1934, Vol. II, p. 749.

② *FRUS*, 1921, Vol. I, p. 259.

③ Tom Lansford, *A Bitter Harvest: U. S. Foreign Policy and Afghanistan*, Aldershot, Hants: Ashgate, 2003, p. 60.

关系。英国在阿富汗的影响自19世纪持续到二战时期，一直把阿富汗看作英印与俄国间的重要缓冲区。一战后，英国与阿富汗签订新条约，承认阿富汗内政外交的完全独立自主，但英国对阿富汗的影响仍然很大，对外来势力意图进入阿富汗的做法仍是抵制的。如有学者就认为："1919年英国撤离阿富汗后，它仍然希望将阿富汗置于其影响范围内。……并以种种手段破坏阿富汗的政治稳定。"[1] 1921年阿富汗政府代表团访问美国期间，在讨论美国应持何种政策时，美国国务卿休斯认定，阿富汗表面是独立的，但实际处于英国"政治影响的边缘"[2]。虽然英国没有明确反对美国接待阿富汗代表团，但鉴于英国在阿富汗的传统利益，美国在处理与阿富汗关系时仍须顾及英国立场。哈定总统在决定接受阿富汗代表团访美前夕，甚至还专门征求过英国政府的意见。[3] 总之，"由于……英国在阿富汗的统治，及美国的反殖民主义情感，导致对二战结束前的美阿关系最充分的估计仍是'微不足道'的"[4]。20世纪30年代后期开始，英国的主要注意力被经济危机和德国吸引在欧洲而无暇顾及阿富汗。英国在阿富汗影响力的式微，给了美国"乘虚而入"的机会，也是美阿关系在30年代后期发展迅速的重要原因之一。但即便如此，英国对南亚国家与其他大国关系的发展仍非常敏感。如对上文所述的赫尔利访问阿富汗事件，英国就感到"懊恼"，"在白沙瓦的英国人对美国人访问喀布尔发出警告……为赫尔利的阿富汗之行制造各种障碍和麻烦"[5]。

相对于英国，在阿富汗存在传统和长久利益的另一个国家是苏联，阿富汗谋求与美国建立外交关系之时，阿苏关系已经有了一定发展，但美国在考虑阿富汗问题时，并未将阿苏关系作为一个重要的影响因素。1921年7月18日，休斯国务卿在给哈定总统的信中，提及了阿苏关系及苏联对阿富汗的援助，在阿富汗政府与苏俄签订的条约中，"苏联同意每年向阿富汗提供100万美元的补贴，并提供技术和专家"。不过，休斯认为，即便

---

[1] Abdul-Qayum Mohmand, *American Foreign Policy toward Afghanistan*, 1919–2001, p. 68.
[2] *FRUS*, 1921, Vol. I, p. 258.
[3] Leon Poullada, *The Road to Crisis*, 1919–1980, p. 40.
[4] Douglas A. Borer, *Superpowers Defeated: Vietnam and Afghanistan Compared*, Frank Cass Publishers, Great Britain, 1999, p. 18.
[5] Kurt Lohbeck, *Holy War, Unholy Victory: Eyewitness to the CIA's Secret War in Afghanistan*, p. 23.

如此,"苏俄与阿富汗的条约也不可能排除美国在阿富汗开展活动的机会"①。可见,这一时期,最深刻地影响美国对阿政策的大国因素主要是英国而非苏联。

(三) 美国、阿富汗各自国内因素的影响

首先,就阿富汗而言,第一,外交方面,阿富汗长期奉行的"第三国主义"、中立外交政策及阿富汗实现国家现代化的经济考虑,是促使阿富汗寻求加强对美关系的重要原动力。自20世纪20年代至二战结束,阿富汗主要处于英国、苏联竞争的局面中。美国始终被视为是最有能力维持阿富汗的政治独立和向阿富汗提供经济援助的区域外国家。② 第二,内政方面,20世纪20年代末到20世纪30年代中期,阿富汗政府更迭频繁,三易统治者。阿富汗政局不稳对美阿关系产生了不利影响。美国对一个新的阿富汗政府能执政多长时间没有信心,这会严重影响美国发展与阿富汗外交关系的热情。第三,美阿两国巨大的文化差异。阿富汗受伊斯兰教影响颇深,政治家和普通民众都是虔诚的穆斯林,这种文化背景也使得阿富汗在美国人眼中多了一层神秘的面纱和交往的隔阂。

其次,就美国方面而言,第一,美国外交决策程序的影响。这是美国政府最早向阿富汗表示美国不能立即与阿富汗建交时的公开理由。休斯说,他向阿富汗使团指出,"如果要建立永久性外交关系,是要得到国会同意的,而现在这种可能性不存在"③。在回复阿富汗阿玛努拉国王的信中,美国总统哈定也表达了类似的意思:"我不得不告知陛下曾对穆罕默德·瓦里·汗口头表达过的意思,就是关于两国建立外交关系的问题必须要经由美国国会并需要做进一步的考虑。"④ 总统和国务卿虽直接负责外交活动,但很多重大问题仍需国会讨论和通过。国会易受各种利益集团的影响,对问题的讨论往往要耗费相当长的时间。美国较复杂的外交决策程序也影响了美国外交决策的效率,导致美阿关系发展的缓慢。第二,美国决

---

① *FRUS*, 1921, Vol. I, p. 258.

② Vartan Gregorian, *The Emergence of Modern Afghanistan*: *Politics of Reform and Modernization*, *1880–1946*, Stanford University Press, 1969, pp. 390-391.

③ *FRUS*, 1921, Vol. I, p. 259.

④ *FRUS*, 1921, Vol. I, p. 261.

策者政治视野的狭隘。① 有人认为，美国决策者对阿富汗地缘政治重要性认识不足，对阿富汗国内政治、文化、经济、社会等问题了解不够，严重制约了美国对阿富汗政策的制定和两国关系的快速发展。这种说法确实在较大程度上能真实地反映 20 世纪早期美国政府对阿富汗的认知。第三，"坚持对国际事务的有限参与"是 20 世纪二三十年代美国外交的基本原则之一。② 美国海外的政治、安全利益主要集中于东亚和欧洲。对阿富汗这样的偏远国家，美国热情不大，关注度较低。尤其是美国决策层甚至美国社会对阿富汗的政治、经济、文化等问题知之甚少，"而美国外交对阿富汗语言、文化和重要性的漠视加剧了政策制定者对阿富汗的冷淡"③。美阿双方的不同政策取向很大程度上导致了美阿关系发展不平衡特点的出现。第四，由于阿富汗地理位置的偏远，美国国内对阿富汗的漠视普遍存在，无论在国务院还是理论研究界。如1930 年，美国国务院官员瓦拉斯·史·莫瑞尔（Walles Morell）说："阿富汗在今天的世界上是（宗教信仰）最狂热的、最特立独行的、最充满敌意的国家……多少年来，英国一直禁止任何其他（势力）进入阿富汗……外国人的生命缺乏保护，外国的利益没有保障。遭到侵害的外国没有办法向阿富汗——这个只能通过印度和苏俄才能进入的国家——施加压力。"④ 莫瑞尔的言论代表了国务院内相当一部分人对美阿关系的认识，也抑制了美阿关系的发展。同时，美国学界和研究人员对阿富汗也未认真关注过。作为国务院首席阿富汗问题"专家"的华莱士·默里（Wallace Murray）向美国国会议员保证："美国不会承认阿富汗，因为，'阿富汗在当今世界上无疑是有狂热敌意的国家。'"⑤

（四）不同历史时期的美阿关系受制于其他重大事件影响

20 世纪上半期，美国外交的关注重点是欧洲、拉美、亚太等地。阿富汗虽在寻求与美国建立外交关系过程中十分积极，但就根本的国家利益而

---

① Abdul-Qayum Mohmand, *American Foreign Policy toward Afghanistan*: *1919 – 2001*, p. 52.
② 杨生茂、刘绪贻主编：《美国通史》第四卷，人民出版社 2001 年版，第 501 页。
③ Leon Poullada, "Afghanistan and the United States: The Crucial Years," *The Middle East Journal*, Vol. 35, No. 2, 1981, p. 182.
④ Luding W. Adamec, *Afghanistan Foreign Affairs to the Mid-Twentieth Century*, Tucson: University of Arizona Press, 1974, pp. 235 – 236.
⑤ U. S. Naional Archives, NEA Memorandum of Conversation, File 890H. 00/122, 1930, 转引自 Leon Poullada, *The Road to Crisis*, *1919 – 1980*, p. 40。

言,阿富汗外交的首要目标仍是英国和苏联这两个地缘大国,因为这两个国家是真正能威胁到阿富汗生死存亡的国家,特别是后者。在一定意义上可以说,阿富汗的对美政策是服从于对英、对苏政策的。这种局面导致了美阿关系在20世纪上半期复杂的国际关系格局中显得很平淡,美国、阿富汗彼此都不是对方的外交重点和焦点,也制约了美阿关系的发展。

二战结束后,美阿关系逐渐升温,1945年由美国提供贷款、技术人员和顾问修建了赫尔曼德水利工程,此后美国在阿富汗援建的其他项目表明在第二次世界大战前后阿富汗已经转向美国寻求经济和军事援助了,美国取代其他西方国家成了阿富汗的主要援助国。[①]

随美苏冷战的发生,美国很快取代了英国在阿富汗的地位,扮演了历史上英国在这一地区的角色,在阿富汗同苏联展开了新一轮的争夺,导致了冷战期间以及冷战结束后的一系列对国际政治产生重大影响的事件。

二 20世纪早期美国对阿政策演变的特点

综合20世纪上半期美国对阿政策及美阿关系的发展过程可发现,20世纪上半期的美国对阿政策发展表现出以下特点。

第一,双边关系的发展是缓慢的、不均衡的。这是美阿关系最基本、最突出的特点。缓慢性表现在,从20世纪20年代到40年代,历经20多年,美阿制度化外交关系才真正建立起来。不平衡性表现在,在美阿关系建立过程中,阿富汗之需要美国大于美国之需要阿富汗。阿富汗急于与美国建立稳定的双边关系,表现得非常积极、活跃。虽然屡屡受挫,但阿富汗始终没有放弃努力。相对而言,美国则较沉稳、冷静。

第二,一线外交官对于促进美国对阿政策的发展发挥了重要作用。很长时期内,美国国内缺乏关于阿富汗的研究人员和情报资料,对阿富汗的了解处于很不充分的状态,政府高层对阿富汗的政策决策主要依靠美国驻阿富汗及周边国家的外交官提供相关资料。在这种局面下,科尼留斯·恩格特等一线外交官对美国的阿富汗政策决策及美阿关系发展的影响很大。科·恩格特是第一个访问阿富汗的美国外交官,又成为美国第一位常驻阿富汗公使,对阿富汗有较深的了解。早在20世纪20年代恩格特就曾向美国国务院提

---

① 马晋强:《阿富汗今昔》,第137页。

出要建立与阿富汗的外交关系；20 世纪 40 年代，美阿外交关系建立后，科·恩格特成为美驻阿公使，对推动两国关系全面发展更加热心。他身处美阿关系第一线，向美国国务院提出了许多重要建议，加强美阿关系的发展，巩固美国在阿富汗的利益。如二战期间，科·恩格特努力向阿富汗提供经济救援，支持阿富汗经济发展，在阿富汗民众和政府中为美国政府树立了良好的形象。波拉达在评述恩格特的作用时讲："当恩格特作为第一个美国常驻外交代表重返喀布尔并发起了拯救行动以防止阿富汗经济崩溃后，阿富汗与美国的关系非常和谐。内陆的、中立的阿富汗无法进口货物，如急需的药品、汽油等物资，因为同盟国没有考虑其优先性并分配运输能力。恩格特与其英国同事一起同战时同盟国官僚进行了斗争，并成功地缓解了阿富汗人民遭受的灾难。"[1] 恩格特在推动美国采取积极的对阿富汗政策和美阿关系发展方面，做出了巨大贡献，可称之为美国对阿富汗政策的"开创者""先行者"。

同时，美国、阿富汗在构建双边关系过程中，还以自己的智慧在国际外交实践中丰富了国家间建交的模式——借助各自驻第三国外交使节间的联系，拓宽了两国交流的渠道，加速了两国外交关系的建立。作为一线外交官，美阿驻外使节不仅参与了政府决策，还以外交政策执行者的身份，在推动两国关系发展方面，做出了不可磨灭的贡献。

第三，国家利益的考虑决定性地影响着美国对阿政策，意识形态因素作用不明显。综上所述可以发现，从根本上主导 20 世纪上半期美国对阿富汗政策的决定性因素是美国国家利益，意识形态色彩非常淡。当时美国国家利益的基本内容主要局限于经济、贸易和投资领域，苏联这一政治性因素尚未对美国决策和实施对阿政策产生较大的影响，美国对阿政策没有成为其对苏政策的组成部分。虽然二战期间美苏在阿富汗的竞争苗头开始显现，但双方的优先事项仍是反法西斯战争，美国只是注意到阿富汗对苏联的疑虑和复杂心态，而没有试图利用和强化阿富汗的疑虑从事不利于苏联的活动。

总体而言，20 世纪上半期美国对阿富汗的政策决策和实施及美阿关系的建立、发展是较平淡的，且经历了漫长的过程。但国际局势及各自国内

---

[1] Leon Poullada, *The Road to Crisis*, 1919–1980, p.40.

形势使两个国家最终走到了一起，开创了两国关系的新局面。美国—阿富汗关系的确立为冷战后两国关系的进一步发展奠定了基础。

本章小结

20世纪上半期，美阿关系经历了从民间到官方、从无到有、逐渐升华的过程，最终在20世纪30年代确立下来。在此过程中，阿富汗的积极主动，美国、阿富汗国内外因素综合发挥作用，两国关系缓慢而平静地发展着。虽然阿富汗不是美国外交的主要关注区域，但美国在阿富汗已经开始了与其他大国的竞争、合作等错综复杂的关系，为冷战时期的美国对阿政策及美苏竞争积累了经验，奠定了基础。

第二章　冷战与杜鲁门政府对阿富汗政策的新起点

杜鲁门政府任期（1945—1953）是美国对阿富汗政策承上启下的一个时期，它承接了20世纪美国对阿政策的某些基本内容和特点，1947年开始的冷战也给美国对阿富汗的政策抹上了一层全新的背景性油彩，开启了美国对阿政策的新起点。

第一节　冷战与美国的南亚战略

一　杜鲁门政府国家安全战略的形成与主要内容

第二次世界大战结束后，曾经因战争达成同盟的美国、苏联关系趋于紧张和僵化。在政策制定、实施、外交立场的表达等方面，两国都出现了一些不利于维护双边关系的举动，如1946年2月斯大林发表的《资本主义总危机》演说、美国停止对苏联的物资租借、1946年2月乔治·凯南的"长电报"、1946年3月丘吉尔在美国发表的"冷战演说"等。美苏矛盾的积累终于导致1947年杜鲁门主义的出台，标志了冷战的正式爆发，美苏关系发生质变，竞争对峙成为美苏关系和世界政治的主题。不过，在此后相当长一段时期内，美苏冷战重点在欧洲地区，政治、军事和经济同盟化是两国欧洲政策的重要内容之一。

1946年乔治·凯南首倡的遏制思想是美国冷战战略的核心原则。遏制战略的政策化是与美国对苏联外交和行为准则的基本认知联系在一起的，它经过调整完善，被内化到杜鲁门政府的对外政策中。凯南的遏制思想公开表达后很快被杜鲁门政府采纳，1948年11月23日，杜鲁门批准了国家安全委员会文件——NSC20/4，文件强调，美国要将警惕苏联的威胁置于最优先的战略地位。文件认为，"美国应评估苏联当前对我国安全产生的已有的和可预见的威胁；要形成我们的目标。并在决定我们以何种措施消除这种威胁时将其作为行动的指导方针"。其后，文件分析了苏联威胁的性质。"苏联领导人寻求威胁美国安全的政策的意愿和能力在可预见的将来构成了对美国最大的威胁；共产主义意识形态和苏联的行为最清楚地表明，苏联领导人的最终目标是统治全世界；苏联将采取多种措施以实现上述目标，如：努力将苏联控制的政治集团扶植到掌权者地位，把握由他国的虚弱和不稳定带来的任何一个机会，充分利用渗透和宣传技术；发起以消除任何共产主义因素为目标的政治、经济和意识形态战争"等。① 可以看到，NSC20/4文件确认苏联的直接军事威胁为美国安全面临的首要威胁，倡导首先加强美国的军事力量。值得注意的是：（1）在讨论政策时，杜鲁门政府在该文件中丝毫未提及第三世界问题。在这一点上，NSC20/4文件与凯南的"有限遏制"思想是一致的。凯南的遏制思想提出后，很多学者对其进行了深入剖析，发现凯南的遏制思想是复杂的、变化的。美国著名冷战史学家约翰·加迪斯（John Lewis Gaddis）在著作中指出，凯南的遏制思想"至少有两种捍卫边缘地带、从而维持全球平衡的方式。一种方式或许可称为'周线防御'（Perimeter Defense）概念"。这是一种全面防御战略，主张在苏联周边构建反苏防线。此后，"凯南已经开始转向另一种选择——'要点防御'（Strongpoint Defense），即集中力量守卫特定地区，连同前往这些地区的通道，而不是专注于一条条固定的防线"②。国内的张小明教授也认为："凯南所说的遏制主要指运用政治抵抗力量，防止世界上几个关键地区落入苏联的手中。"③ 这几个"关键地区"显然不包括阿富汗。（2）杜鲁门政府已然注意到苏联对外行为中的另一特点，即通过经济援助、心理宣传等方式树立良好的国际形象，推行软实力外交的做法。但对于美国如何以软实力外交应对苏联的软实力外交没有给出具体举措。（3）同时，美国上述政策基本是基于双边外交展开的，由于西欧国家

---

① FRUS, 1948, Vol. I, Part 2, pp. 663-664.
② [美]约翰·加迪斯：《遏制战略：战后美国国家安全政策评析》，时殷弘等译，世界知识出版社2005年版，第59页。
③ 张小明：《我所认识的乔治·凯南》，《世界知识》2005年第8期，第36页。

战后的悲惨状况，联合国等国际组织也刚刚建立，有关如何协调盟国及相关国际组织服务于美国的遏制战略等多边外交策略，该文件也没有涉及。

因而，虽然杜鲁门政府宣称要遏制苏联，但第三世界地区并未受到足够重视，也没有得到美国大规模实质性的物质和外交支持。即使阿富汗处于与苏联接壤的特殊地理位置，杜鲁门政府也没有产生过利用阿富汗这一地缘优势遏制苏联的想法。美国对苏遏制的主要手段是军事、经济、政治和意识形态的，文化等软实力领域未引起美国注意，虽然此前恩格特公使已经向美国政府提出过宗教、文化渗透的建议。

从遏制战略的实施上看，美国有两种惯常做法。一种可称之为"积极遏制"，即通过多种方式将某些国家纳入己方阵营，建立盟国或准盟国关系，直接消除苏联介入该国或该地区的可能性；第二种可称之为"消极遏制"，即在与相关国家结盟无望时，努力维持该国不加入、不倒向苏联阵营。在杜鲁门政府时期，两种遏制方式在阿富汗体现得都不明显。杜鲁门政府根本没有进行积极遏制的尝试，没有与阿富汗结盟的意图；在消极遏制方面，虽然美国向阿富汗提供了一定量的援助和支持，但总体而言，美国尚无明确的指导方针规划对阿富汗的援助政策应在哪些领域、如何有序地实施。

NSC20/4文件未及实施，远东地区国际格局即发生巨变。1949年中华人民共和国成立，对美国的远东政策和雅尔塔体系构成严重冲击；1950年朝鲜战争爆发，美国将其解读为苏联集团有计划地征服世界的第一步。在这样的背景下，杜鲁门政府调整国家安全政策和遏制战略，形成了著名的NSC68系列文件。1950年4月，美国国家安全委员会制定、通过了NSC68号文件，"明确了美国的全面遏制战略"[①]。文件的内容体现出了美国安全政策的新特点：（1）更加注重从世界全局来看待各个地区发生的事件，把战后世界视为以美苏两个超级大国为中心的两极世界，强调美国承担义务的不可分割性，"自由制度在任何一地的失败便是它在所有地方的失败"；（2）强调苏联正在被"新的狂热信念"所驱使，"企图将世界其他地区都纳入其独裁政权之下"，"自由世界与共产主义阵营之间的对抗是长期的"，

---

① 纪胜利：《美国对芬兰政策研究（1945—1960）》，博士学位论文，东北师范大学，2008年，第41页。

不能指望通过外交谈判来解决,只能加强美国的实力地位;(3)将苏联威胁描绘成军事与非军事的多种性质。①

在 NSC68 号等文件的主导下,美国安全和外交政策有了较大调整。一是增加了对外援助、特别是安全和军事援助的比重,二是第三世界国家和地区开始进入美国决策者的视野。1951 年"5 月 24 日杜鲁门向国会提交共同安全计划咨文显示,1952 财政年度需 85 亿美元,其中军事援助 62.5 亿美元,经济援助 22.5 亿美元。……其中大部分给北约盟国,其余部分则提供给亚洲和中东国家"。更重要的是,"咨文还从地域的角度来分析援助这些地区的重要性"。在论及世界各地区在美国安全战略中的地位及美国的政策时,阿富汗首次出现在国际安全委员会文件内容中。在表述亚洲地区的冷战局势时,咨文强调,在亚洲自由国家,"一个从阿富汗到朝鲜的广阔的弧形地带,同多种形式的共产主义渗透做斗争……苏联对这些国家的企图是明显的"②。但遗憾的是,"阿富汗"仅作为一个标识地理位置的名词出现,而非美国政策的对象。

1946 年 9 月,杜鲁门的总统助理克拉克·克利福德(Clark Clifford,1906—1998 年)完成的《美国与苏联关系》的绝密报告曾指出,"遏制战略不能忽视中间地带,而应面向全世界"。③ 但显而易见,无论是有限遏制还是全面遏制、积极遏制还是消极遏制,包括阿富汗在内的第三世界总体而言不是杜鲁门政府冷战战略的重点。中东地区虽然是诱发"杜鲁门主义"的主要渊源,但就美国援助的规模和性质而言,仍远不及欧洲。与苏联交界、位于中东和南亚毗邻地区的阿富汗也一直未能在美国决策层的战略视野中占据一席之地。

二 冷战初期美国的南亚政策

20 世纪 50 年代后,欧洲冷战持续胶着的同时,随第三世界国家在国

---

① 崔丕:《美国的冷战战略与巴黎统筹委员会、中国委员会(1945-1994)》,东北师范大学出版社 2000 年版,第 228 页。

② Denise Folliot, ed., *Documents on International Affairs, 1951*, Oxford University Press, 1954, pp.32-34,转引自詹欣《杜鲁门政府国家安全政策研究》,博士学位论文,东北师范大学,2004 年,第 114-115 页。

③ Arthur M. Schlesinger, Jr., *The Dynamics of World Power: A Documentary History of U.S. Foreign Policy, 1945-1973*, New York, 1973, p.30.

际舞台上表现日益活跃，美苏博弈有向第三世界蔓延的趋势。作为第三世界重要地区的南亚次大陆的地缘政治意义引起美国政府的注意，阿富汗在美国冷战战略中的地位也因此隐然呈现上升趋势。

从地缘政治上看，南亚次大陆位于亚欧大陆侧翼，濒临印度洋，在诸多地缘政治学家眼中都是具有重要战略意义的地区。英国著名地缘政治学家哈尔福德·麦金德将其列为世界的"内新月形区域"之一，认为这类地区是历史上陆权与海权激烈争夺的舞台。美国的尼古拉斯·斯皮克曼则称其为亚欧大陆的"边缘地带"。他认为印度和印度洋沿岸地区属于特殊的地缘政治类型，应从麦金德所谓的"亚洲季风"地区中区分出来。在斯皮克曼看来，边缘地带是大国战略的重点关注区域之一，在世界政治中的重要性将会持续上升，其控制权的归属直接影响到美国的全球战略利益。"欧亚大陆的边缘地区处在大陆心脏地带和边缘海之间，必须看作是一个中间区域，在海上势力和陆上势力的冲突中，起着一个广大缓冲地带的作用。它面对两个方面，必须起海陆两方面的作用，并且从海陆两方面保卫自己。"① 早在二战期间，罗斯福政府就已认识到南亚的重要军事、政治作用，不过，当时美国政府从军事角度出发，主要考虑的是印度对于同盟国取得在东南亚战争胜利可能会产生的积极作用，认为"印度是东南亚战争的决定因素"②。

冷战爆发后，美国从冷战战略的高度重新界定了南亚地区在遏制苏联和共产主义扩张问题上的地缘政治意义。新兴的南亚国家对美国利益有重要的政治、经济、军事和战略重要性。对南亚战略和政策的思考迅速成为美国决策者需要面对的重要事项。早在冷战爆发伊始的1949年5月，美国政府"陆海空军委员会"就对南亚的战略地位给予了较高评价："如果这一地区的经济和军事潜力能够更好地得以发展的话，它将控制印度洋地区，并且对中东、中亚和远东地区施加强大的影响。"③ 1951年1月，美国

---

① [美] N. J. 斯皮克曼：《和平地理学》，刘愈之译，商务印书馆1965年版，第75-76页。
② Kenton J. Clymer, Franklin D. Roosevelt, Louis Johnson, "India and Anticolonialism: Another Look," *Pacific Historical Review*, Vol. 57, No. 3（Aug. 1988），p. 277, 转引自李晓妮《美国对巴基斯坦政策研究，1941—1957》，博士学位论文，东北师范大学，2009年，第1页。
③ Robert J. McMahon, *The Cold War on the Periphery: The United States, India, and Pakistan*, New York: Columbia University Press, 1994, p. 13, 转引自李晓妮《美国对巴基斯坦政策研究，1941—1957》，博士学位论文，东北师范大学，2009年，第51页。

国家委员会制定通过了 NSC98/1 号文件,对美国的南亚战略进行了概括,详细描述了美国南亚战略的基本目标、主要内容和政策手段。NSC98/1 将美国南亚战略的目标确定为:提升美国在南亚的安全地位,发展美国与南亚国家间的长久友好关系。虽然 NSC98/1 号文件着重强调了巴基斯坦在美国南亚战略中的地位,但阿富汗也是该文件的内容之一。文件认为,"虽然阿富汗尚未明确表明其在美苏对峙中的政策倾向,但由于其地理位置靠近苏联和共产主义中国,阿富汗的立场很容易受到地缘的影响"①。

同时,鉴于英国在南亚的历史传统地位和特定利益,即使英国势力已经从南亚撤出,美国在提出及实施其南亚战略过程中也注重加强与英国的意见交流,一方面表示对英国地位和利益的尊重,另一方面可以借助英国的力量,更好地在南亚实施美国的政策。1951 年 2 月,美国南亚事务办公室副主任唐纳德·肯尼迪(Donald D. Kennedy)与英国讨论了南亚的国际地位、阿巴争端等问题,再次概括了美国在南亚的 6 个目标:促成与该地区的政府建立强大、持久的友好关系;支持非共产主义政府持续掌握政权;鼓励该地区国家内遏制共产主义扩张的能力的发展。②

不难发现,美国的南亚政策非常注重维持美国与南亚国家间的关系,及促进南亚地区国家之间稳定、长效的良性关系,防止共产主义在南亚的传播,这是美国南亚战略的核心目标和内容。实现该目标的首要任务是消除南亚国家间的矛盾冲突,或将其控制在尽可能小的范围内,不给苏联以可乘之机。所以,美国努力调和南亚国家间的矛盾纷争,获取各方好感与支持;同时向南亚国家提供长期、大规模的经济、军事援助,加强对南亚国家的影响。

南亚地区紧邻中亚和亚欧大陆心脏地带,构成了阻遏苏联南向扩展的缓冲区域。而在南亚国家中,阿富汗又处于陆、海力量交汇的最中心、最前沿地区,成为南亚这个大缓冲区中一个关键性的"缓冲器"。美国的南亚战略决定了美国介入阿富汗事务的必然性,美国对阿富汗的政策也构成其南亚战略的重要组成部分。阿富汗是连接南亚与亚欧大陆"心脏地带"、隔离南亚与苏联的重要缓冲区,向来是外部力量从西北方向进入南亚的门

---

① FRUS, 1951, Vol. Ⅵ, Part 2. p. 1676.
② FRUS, 1951, Vol. Ⅵ, Part 2, p. 1659.

户，且拥有与苏联接壤的优越的地理位置。巩固阿富汗在苏联和南亚间的缓冲国地位，可使苏联势力止步于阿富汗。因而，美国对阿富汗的政策主要受到两个层次战略因素的影响：一是美苏关系和美国对苏联冷战战略的变迁这一全球性因素，二是美国的南亚战略考虑，特别是美国对巴基斯坦政策。二者共同构成了美国对阿富汗政策的宏观背景和直接影响因素。

第二节　杜鲁门政府对阿富汗政策的形成及基本内容

不同于二战前双边关系发展过程中阿富汗的"一头热"现象，杜鲁门时期，美国对阿政策和美阿关系的发展是基于美、阿双边意愿基础上的。阿富汗在二战后继续推行传统的"第三国主义"及"中立不结盟"的外交政策，对来自地区外大国、特别是美国的政治支持和经济援助的期望不弱于二战之前。1947年英国从南亚撤出，阿富汗倚为生存之道的英—苏平衡关系被打破，阿富汗迫切希望能引入新的力量，抵消苏联的压力。另外，1947年巴基斯坦建国，与阿富汗的矛盾迅速激化，危及南亚地区的稳定。在这样的地区主义背景下，杜鲁门政府开启了二战后美国对阿富汗政策的帷幕。美国对阿政策一开始就服从、服务于美国的冷战战略和对苏战略，及美国的地区战略。不过，杜鲁门时期，冷战刚刚开始，美国在诸多方面尚未形成全面、完善的战略部署，对阿政策也显得不甚成熟。

一　NSC73/3号文件与杜鲁门政府对阿富汗政策的形成

1950年6月朝鲜战争爆发后，美国对苏联的战略意图和世界局势的判断发生变化。8月25日，美国国家安全委员会出台NSC73/3号文件，反映了美国对美苏关系和冷战局势的新认识。美国国安会认为，朝鲜战争是苏联全球战略的一部分，苏联及其盟国在朝鲜的行动不应被视为孤立事件，而可能是在世界其他地区采取相关行动的整体计划的一部分，"在那些有重要意义的地区，苏联可能会冒一定程度的风险，对其采取军事行动"。这些地区包括伊朗、土耳其、南斯拉夫、希腊、巴基斯坦、芬兰，还有阿富汗。[①] 而且，苏联的行动不会单独进行，它可能会动员其东欧卫星国一

---

① *FRUS*, 1950, Vol. I, pp. 379-380.

并行动,实现其全球或地区性政策目标。囿于美国可支配资源的有限,对于不同区域可能受到的苏联势力的扩张,美国的反应是有差异的。例如,像芬兰或阿富汗等处于美国战略"边缘"地带的国家一旦遭到苏联势力的渗透,"美国将不会在这些国家采取军事行动以抵制侵略。所采取行动的重点可能会是政治的和心理的措施,包括劝导巴基斯坦和印度在此类行动中发挥首要作用"①。

NSC73/3号文件确立的美国对于苏联入侵阿富汗时的反应体现了20世纪50年代杜鲁门政府对阿政策的基本政策原则,其核心理念是:阿富汗不是事关美国根本利益的地区,因而,美国不会因这一类地区冒与苏联发生直接对抗或冲突的风险,美国对此类地区的军事、经济援助将保持在一定限度内。这一理念在1951年再次得到确认。1951年3月,政策计划委员会成员卡尔顿·萨维奇(Carlton Savage)草拟的一份备忘录记载:"阿富汗这个国家在战略上不是必不可少的地区。苏联对阿富汗的单独侵略不会构成全球战争的正当合法的理由。然而这种情况可以提交联合国。我们将采取积极立场反对苏联的侵略,如果不应战会强化克里姆林宫采取进一步侵略行动的话。"②

1951年后,杜鲁门政府对阿富汗政策的调整加速进行。首先,1951年2月,美国国务院发表了一份名为《美国对阿富汗政策》(United States Policy with Respect to Afghanistan)的文件,对杜鲁门政府的阿富汗政策进行了进一步汇总,成为凝练和浓缩杜鲁门政府对阿富汗政策的重要总结性文件。文件概括了美国对阿政策的目标、政策及其演变,指出:"我们对阿富汗的目标是其作为独立国家的持续存在;其国内不同种族的进一步一体化;维持稳定的政府;改善与巴基斯坦和伊朗的关系;鼓励社会、政治和经济进步,这种进步有利于进一步加强当前阿富汗倾向西方民主国家的立场并远离苏联。"③这段表述列举了美国政策欲实现的目的涉及阿富汗的内政、外交两大方面。首先,我们可以认为,阿富汗的独立和政局的稳定是美国政策的首要目的。而稳定的实现,一方面要防止外来势力的干涉和介入,另一方面就是消除国内存在的民族、地区和不同社会阶层的冲突和

---

① *FRUS*, 1950, Vol. I , p. 387.
② *FRUS*, 1951, Vol. I , p. 840.
③ *FRUS*, 1951, Vol. VI, Part 2, p. 2004.

矛盾，巩固政府的统治。声明强调："我们的政策要通过援助阿富汗的经济和社会发展计划、通过鼓励阿富汗满足民众中知识分子阶层最近出现的对民主的诉求、通过鼓励充分反映阿富汗需要和能力的现实的外交政策的发展，而为其政府的稳定做出贡献。"①其次，美国国会加强了援外立法，规范美国杜鲁门政府的对外援助行动。1951年10月，"美国国会通过《共同安全法》，取代了先前的《援外法案》。对外援助的重点从经援转向以军援为主，援助地区从欧洲向亚洲扩张，同时设立共同安全署取代原经济合作署。"该法案是对1949年《共同援助防御法》的重要修正，调整主要体现在外援领域、外援涵盖地区和外援规模等方面。朝鲜战争的爆发及其后美国对苏联的世界战略的认识是导致这种调整的重要原因之一，"朝鲜战争使（美国的）一切现有计划都要按照防务要求重新予以考虑"。

二 杜鲁门政府对阿富汗政策的主要内容

国家安全委员会NSC73/3号文件和国务院的政策声明集中反映了冷战爆发初期杜鲁门对阿富汗政策的基本内容，这些内容可以概括为以下几点。

（一）支持阿富汗加入联合国等战后新兴国际组织

二战后，美国主导建立的一系列国际组织相继建立，涵盖政治、经济、文化、社会、金融等多个方面。这些国际组织较多地体现了西方国家的国际政治理念和利益。杜鲁门政府对阿政策通过支持阿富汗加入这些国际组织的方式，加强阿富汗与西方国家的联系和共同利益，加快阿富汗融入西方主导的国际秩序。

在众多国际组织中，最重要、影响最大的首推联合国。1945年10月24日，51个创始会员国共同缔造的《联合国宪章》正式生效，联合国成立，这是第二次世界大战后国际政治的重大事件。联合国成立后面临的一个主要事件就是接受新会员国，扩大规模和影响。《联合国宪章》第四条规定了新国家加入联合国的程序："一，凡其他爱好和平之国家，接受本宪章所载之义务，经本组织认为确能并愿意履行该项义务者，得为联合国会员国。二，准许上述国家为联合国会员国，将由大会经安全理事会之推

---

① *FRUS*, 1951, Vol. VI, Part 2, p. 2004.

荐以决议行之。"① 在美国等国的支持下，1946 年 11 月 9 日，第一届联合国大会第 47 次全体会议正式通过决议，接受阿富汗、冰岛和瑞典加入联合国，成为联合国正式成员国。②

出于获取更多外援和引入新力量消解苏联压力的考虑，二战结束后，阿富汗积极拓展外交空间。在探寻与更多国家建立和提升双边外交关系的同时，阿富汗也把握战后世界政治的大趋势，努力开拓多边外交的新渠道。二战期间，阿富汗没有参与联合国的创建，没有成为联合国创始会员国。但联合国成立后，阿富汗政府对其极为重视，它注意到联合国宪章体现出的国际关系基本原则与阿富汗的外交传统有诸多相近之处；同时，联合国宪章倡导的国家间关系的平等、不干涉内政、和平解决争端等原则特别有利于如阿富汗等这类有强大邻国且遭受其长久压力的中小国家。宪章对大国的行为有一定约束作用，有利于阿富汗在与苏联等强邻交往时的独立和国家利益，大大增加了阿富汗对联合国的亲和感。此外，联合国是美国一手创建的，较多地体现了美国的利益和对战后国际秩序的构想。阿富汗也将加入联合国作为对美国表现友好、支持美国立场的一种表现。阿富汗特别将争取美国的支持作为申请加入联合国的关键。1946 年 5 月，阿富汗政府就联系美国国务院，了解其对阿富汗加入联合国的态度，美国国务院表示将全力支持阿富汗的申请。此外，阿富汗也广泛征询了苏联、英国、法国、中国、意大利等国的意见，绝大多数国家都给予了积极回复。因此，1946 年 7 月 2 日阿富汗向联合国递交了加入申请书，马哈茂德·沙（Mahmud Shah）首相说："长期以来，阿富汗已经表明它是一个热爱和平的国家，并为联合国倡导的国际合作理想做出了贡献。"③

根据联合国组织规程，安理会的推荐是阿富汗、阿尔巴尼亚和蒙古三国加入联合国的关键环节。而在安理会讨论中，美国又发挥了重大作用。1946 年 7 月，美国驻联合国代理代表赫歇尔·约翰逊（Herschel Johnson）在给国务卿詹姆斯·伯恩斯（James Byrnes）的电报中明确指出，阿富汗

---

① 中国政府门户网站 www.gov.cn，2005 年 12 月 26 日（http：//www.gov.cn/ziliao/flfg/2005—12/26/content_ 137072. htm）。

② 联合国大会决议，决议号 A/RES/34（I）（http：//daccess-dds-ny. un. org/doc/RESOLUTION/GEN/NR0/033/88/IMG/NR003388. pdf？OpenElement）。

③ U. N. , *Yearbook of the United States*, *1946 - 1947*, New York：1947，转引自 Mohammad Khalid Ma'Aroof, *United Nations and Afghanistan Crisis*, Commonwealth Publishers, 1990, p. 2。

第二章　冷战与杜鲁门政府对阿富汗政策的新起点　67

等国有资格成为联合国会员国。因为阿富汗已经是一个独立国家，能自主地决定本国外交政策，它和12个国家建立有正式外交关系。在二战期间阿富汗抵制了法西斯国家的压力，成功地维持了中立。① 7月底，联合国安理会组建了一个专门委员会，讨论新成员加入联合国问题并审议新成员加入的申请报告。在安理会审议和讨论过程中，赫歇尔·约翰逊高度赞扬了阿富汗的外交立场，说："阿富汗在二战期间的中立立场赢得了美国的尊重"，明确表示美国愿意支持阿富汗的加入申请，"强调说阿富汗愿意并有能力履行其职责，阿富汗的国际立场长期来是友善、公正的。……联合国的影响将会因阿富汗等国的加入而扩大"②。

在美国的影响下，埃及和英国代表团也对阿富汗的加入表示了支持。最终，1946年8月29日，安理会以10票对零票（加拿大弃权）的结果通过决议，支持阿富汗等国加入联合国，并将其推荐到联合国大会举行最后表决，联大表决也顺利地通过了它们的加入申请。1946年11月19日，阿卜杜尔·侯赛因（Abdul Hussain）代表阿富汗政府在联合国宪章上签字，阿富汗正式成为联合国会员国。阿富汗驻联合国代表在发言中宣称，阿富汗将继续其独立自主的外交政策，严格遵循联合国宪章的宗旨和原则，与别国一道，共同致力于联合国所为之努力的持久和平的实现。

虽然此时美苏冷战尚未爆发，但两国间的摩擦在阿富汗加入联合国问题上已经显现出来。在安理会讨论阿富汗申请时，虽然苏联没有公开反对阿富汗的申请，但苏联将阿富汗加入联合国问题与阿尔巴尼亚和外蒙古的加入联系起来，无形中给阿富汗的加入增加了障碍③。而美国从一开始就将阿富汗加入联合国问题置于了美苏关系和西南亚地区关系的角度之下，它对于阿富汗的加入申请给予了无条件支持。美国给予这种支持无须付出什么政治代价，乐意为之；加之联合国规模的扩大也有利于提升美国的声望。在前述给伯恩斯的电报中，约翰逊指明了支持阿富汗加入联合国的积极后果之一就是"联合国会员国的身份将最大限度地消除阿富汗与其邻国

---

① *FRUS*, 1946, Vol. I, p. 445.
② *U. N. Weekly Bulletin*, Vol. I, No. 5, 2 September 1946, p. 4, 转引自 *United Nations and Afghanistan Crisis*, p. 2。
③ 苏联支持阿尔巴尼亚和外蒙古与阿富汗一同加入联合国，而很多国家反对阿尔巴尼亚和外蒙加入。

关系的困难局面及其邻国对阿富汗独立的威胁"①。在这里，虽然没有公开出现苏联的名字，但在巴基斯坦尚未独立、伊朗国力弱小的前提下，这个"邻国"无疑指的是苏联。

此外，美国还表示，愿意支持阿富汗申请加入国际货币基金组织（IMF）和世界银行（IBRD），并将这一意图在1951年告知了阿富汗政府。②

（二）提升美阿外交关系级别　加强对阿外交力度

1948年6月和11月，在双方自愿协商基础上，美阿两国外交关系由公使级提升到大使级，两国开始向对方国家派遣常驻大使。在外交学理论中，国家间建立不同级别的外交关系并派驻不同级别的驻外代表有多种原因和意义，其中一项重要意义就是反映国家间关系的密切程度和一国对他国的重视程度。从这两个方面来说，公使级外交关系都明显弱于大使级外交关系。例如，当19世纪欧洲大国间彼此建立了大使级外交关系时，欧美主要国家与中国晚清政府建立的则普遍是公使级外交关系。20世纪40年代末，通过提升美阿外交关系级别，杜鲁门政府表明了对阿富汗及对两国关系的重视。外交关系升级的提议最早是1948年美国国务卿乔治·马歇尔（George Catlett Marshall）向杜鲁门建议的。此前，美国驻阿使馆向国内提出了这个建议，认为美阿外交关系的升级是美国工程公司、技术人员和教师参与该国发展的自然结果；使馆也汇报了阿富汗政府对此问题的观点，阿富汗欢迎外交级别的改变。③

美国对升级双边外交关系的基本考虑是：首先，有利于增强美国对阿富汗的外交影响力。在国务卿的建议报告中提到，阿富汗与周边国家特别是苏联建立大使级外交关系，凸显了两国对彼此关系的重视，美国因此极有必要通过提升双边外交关系的形式保持对阿富汗的外交影响力，平衡苏联的力量。其次，彰显了美国在阿富汗不断扩大的利益急需政府高级别外交代表予以更大保障。相比于英国、苏联等国，美国与阿富汗的政治经济关系形成较晚，但发展速度远远超过其他国家。自20世纪30年代两国建交后，特别是进入40年代，美国对阿富汗的直接投资迅速上升，大批工程

---

① *FRUS*, 1946. Vol. I , p. 445.
② *FRUS*, 1951, Vol. VI, Part 2, p. 2006.
③ *FRUS*, 1948, Vol. V , Part 1, p. 490.

技术人员、经济贸易人员等纷纷来到阿富汗,以至于到 20 世纪 40 年代后期,美国工程公司和技术人员在阿富汗已有相当规模,大批美国教师在阿富汗各级学校中从事支教活动,"美国团体在阿富汗要比任何其他外国的规模都要大"。"可以相信,我们在阿富汗的利益会表明,在互惠基础上升级和扩大大使级外交代表机构是正当的。"[①] 美国在阿富汗不断扩大的财产和人员利益需要政府予以更有力的外交保障。第三,阿富汗在国际事务中支持西方。阿富汗对美国一直有较好的印象,同时,阿富汗需要在国内经济发展、国际外交等多个方面得到美国更广泛的支持,因而,在联合国范围内,阿富汗一般倾向于美国的立场,站在西方国家一边。"总体上,当其行为不会严重威胁到它与苏联的关系时,阿富汗通常在联合国内支持美国和西方民主国家的立场。涉及到苏联的问题上,阿富汗往往会对联合国的行动建议投弃权票。"[②] 第四,阿富汗与地区内的其他国家和其他西方大国都已建立大使级关系。作为阿富汗最大邻国的苏联早在 20 世纪 20 年代就与阿富汗建立了大使级外交关系,为两国关系的快速发展铺平了道路。此外,"阿富汗政府已经与从伊拉克到暹罗(Siam)的所有地区国家建立了大使级外交关系"[③]。而且,法国等欧洲国家也在做类似的考虑,二战后,大使级外交关系已悄然成为各国外交关系的固定趋势。美国也感到有必要顺应这一趋势,提升美阿外交级别,以免在与其他大国的竞争中落于下风。

在上述因素综合作用下,1948 年 5 月 6 日,美国政府任命既任美国驻阿公使伊利·埃利奥特·帕尔默(Ely Eliot Palmer)为美国常驻阿富汗特命全权大使(Ambassador Extraordinary and Plenipotentiary),6 月 5 日,帕尔默向阿富汗国王递交了国书,正式履任新职,直到 1948 年 11 月离任。

(三)"第四点计划"与杜鲁门政府对阿富汗的援助政策

1. 向第三世界国家的技术援助计划

"第四点计划"是 1949 年杜鲁门提出的、由美国向第三世界国家提供的经济—技术援助的计划。和马歇尔计划类似,"第四点计划"的基本目的直接针对苏联和国际共产主义运动。但不同于马歇尔计划专注于欧洲国

[①] *FRUS*, 1948, Vol. V, Part 1, p. 490.
[②] *FRUS*, 1951, Vol. VI, part 2, p. 2011.
[③] *FRUS*, 1948, Vol. V, Part 1, p. 490.

家，"第四点计划"专注于在第三世界加强对苏联的冷战和对共产主义的遏制，体现了美国援助第三世界国家的基本思路：以改善相关国家的经济状况而达成政治上的目的，通过改善目标国的经济困境和消除贫困，破除苏联借以宣传和推进共产主义理念的机会；进行资本输出；扩展商品市场；积极参与对第三世界国家现代化发展道路和发展模式的塑造等。

1949年1月20日，在第二任总统就职演说中，杜鲁门在比较了"共产主义"和"民主"的基本理念后，提出了美国在反对世界共产主义过程中应遵循的系列行动纲领，其中第四点讲道，"我们必须实施一项大胆的、新的计划，以使我们科学和工业进步的成果可用于不发达地区的进步和发展。"杜鲁门的讲话构成了美国援助第三世界国家的"第四点计划"的主要内容和原则。计划提出后，美国政府很快将对第三世界国家的援助提到政府决策的议事日程。但对外援助所需的财政拨款在国会遇到一定障碍，国会迟迟没有就此问题做出决议。杜鲁门于是向美国社会广泛宣传"第四点计划"的优越性和给美国可能带来的好处，试图营造一种社会舆论，向国会增加压力。1950年1月4日，杜鲁门在国情咨文中"催促国会通过已经提交给国会的关于扩大对落后地区的技术援助和资本投资的立法"。而且，咨文还提出，"各工业国家"都应参与该计划，"拿出大量资金输往世界上的不发达地区，以供生产之用"[①]。相比于1949年最初提出时的说法，这是一个很重要的变化，杜鲁门政府开始考虑超越单边行为，以多边合作的方式推进"第四点计划"。1950年6月5日，美国国会通过了《援助不发达国家法案》，并经杜鲁门签署生效。根据这一法案，国会首次拨款3500万美元用于对第三世界的技术援助。随后几年国会拨款逐年增加，但年度拨款从未超过1.5亿美元[②]。

为更好地管理对外援助，美国国务院成立了"技术合作署"，具体负责实施对第三世界国家的资金、人员、项目援助等事项。杜鲁门政府"第四点计划"的涵盖范围涉及拉美、非洲、东南亚、南亚等地区，阿富汗也是受援国之一。杜鲁门政府将阿富汗纳入"第四点计划"的援助对象国之

---

① [美]哈里·杜鲁门：《杜鲁门回忆录》（第2卷），李石译，世界知识出版社1965年版，第273页。

② 刘国柱：《从第四点计划到和平队：美国对发展中国家援助理论与实践的转变》，《史学月刊》2005年第8期，第72页。

列，至少表明，阿富汗这样一个对美国而言看似"偏远、落后"的国家引起了美国政府对它的关注，美国意识到了阿富汗在美国冷战战略中有一定意义。冷战之初，美国对第三世界的总援助数额和援助规模非常有限。杜鲁门政府对苏冷战焦点始终集中于欧洲，马歇尔计划占据美国对外援助的绝大部分内容，影响了"第四点计划"的实施及其效果。根据杜鲁门回忆录的记载，从1949年到1953财年，美国政府用于第四点计划的财政投资共计3.38亿美元。① 而从1948年4月到1952年6月，马歇尔计划支出高达131.5亿美元，形成了鲜明反差。

从1949年到1953年间，"第四点计划"共向35个不发达国家提供了不断扩大的经济、技术援助，"美国用于技术援助的拨款，从1951财政年度的3450万美元增加到1952财政年度的155600美元"②。受援国数量有限，阿富汗能跻身"第四点计划"受援国之列殊为不易。

此外，杜鲁门在回忆录中讲到，1950年初，美国曾将"第四点计划"送交联合国，并得到联合国经济及社会理事会的同意和支持。③ 这表明：美国在援助第三世界时，开始尝试采取双边援助和多边援助相结合的方式。此后，这种援助方式长期存在于美国的对外援助项目中。首先，在后续时间里，与美国关系密切的多边援助机构除世界性的国际组织外，还包括一些地区性金融、经济和技术国际机构。其次，美国应如何处理双边和多边援助在对外援助中所占比重也成为困惑此后多届美国政府的一个焦点问题，引发了诸多学者和政治家参与讨论和争辩。

2. "第四点计划"与美国对阿富汗的政策

对阿富汗的各项援助及其实施是杜鲁门政府对阿政策的重要内容，一国对外政策走向和双边关系的变化都可以在对外援助规模的波动和领域的缩减方面反映出来。在"第四点计划"的原则和框架下，美国对阿富汗的援助活动开展起来。杜鲁门政府对阿富汗的援助并非始于"第四点计划"，此前已经在进行。自20世纪40年代，阿富汗就开始得到美国有限的经济援助。"第四点计划"在规范已有的对阿援助项目的同时，也酝酿着新的

---

① 《杜鲁门回忆录》（第2卷），第275页。"第四点计划"财政支出情况是：1951财年0.345亿美元，1952财年1.479亿美元，1953财年1.556亿美元。
② 杨生茂、刘绪贻：《美国通史·战后美国史》，人民出版社2002年版，第40页。
③ 《杜鲁门回忆录》（第2卷），第273页。

援助计划。同时,"二战也改变了阿富汗政府的战略期望"。战前,德国是阿富汗主要援助国之一,它的战败使阿富汗丧失了轴心国集团的援助来源,因而,对美国的援助和希图美国替代历史上英国角色的期待更强,"1946年,阿富汗的哈希姆政府关于与美国结盟的决定体现了阿富汗抵制苏联在这一地区不断增长的影响的理念。……这一政策在马茂德政府任期继续执行"。"1946年,阿富汗政府首次正式向美国提出实质性的援助请求。"[①]但它的请求被美国国务院拒绝。

1951年2月7日,美国与阿富汗在喀布尔签订了《建设技术政府第四点计划总协定》(A Point Four General Agreement for Technical Government),根据该协定,美国将向阿富汗提供技术援助,重点是在美国国内训练阿富汗的技术人员。这些技术援助涉及的领域有农业、公共卫生、教育、交通运输和自然资源开发。协定同时宣称,"我们将继续支持美国的私人企业以适当方式努力维持与阿富汗政府和谐、有效的联系"[②]。而在此前,已经有一家美国公司正在阿富汗从事灌溉工程和其他建设项目。

在现有资料中,未能找到阿富汗具体从"第四点计划"中得到多少数额的援助及有哪些具体的援助项目的资料,但有两点是可以肯定的,首先,阿富汗是接受美国援助的5个南亚国家中的一个(其他四个国家是印度、巴基斯坦、斯里兰卡和尼泊尔)。其次,在"第四点计划"总的援助金额有限的前提下,阿富汗在南亚国家中的数额更少。有资料显示,无论就世界范围还是就南亚地区而言,印度和巴基斯坦都是美国"第四点计划"的重点援助对象。1952—1953财政年度,技术合作署援助印度、巴基斯坦的金额分别是9816万美元和2283万美元。[③]

美国对阿富汗的援助是在阿富汗的努力争取和美国对自身利益的判定双重因素促动下实现的。

首先,二战后,阿富汗将推进经济发展作为国家的重要任务之一,但推动社会经济发展的技术、资金和管理人才严重缺乏,对外援产生了急迫

---

① Tom Lansford, *A Bitter Harvest: U. S. Foreign Policy and Afghanistan*, pp. 77-78, p. 81.
② *FRUS*, 1951, Vol. VI, Part 2, p. 2006.
③ House Report on Specail Study Mission to Pakistan, India, Thailand and Indochina, No. 412, May 12, 1953, pp. 13, 29-30, 转引自谢华《对美国第四点计划的历史考察与分析》,《美国研究》2010年第3期,第83页。

第二章　冷战与杜鲁门政府对阿富汗政策的新起点　73

的需要。同时，英国势力从南亚逐渐撤出，阿富汗赖以存身的国际与地区均势被打破，急需一个新的强权填补英国的空白，抗衡苏联的压力。政治、经济和安全等的需要推动阿富汗将目光再次锁定在了美国身上。在战后条件下，只有美国才能在政治、经济方面满足阿富汗的需求。在对外贸易领域，经多年发展，美国已经成为阿富汗最重要的外贸出口国和最大的外汇来源国。"阿富汗主要的硬通货都是来自对美国出口的卡尔卡拉羊毛，这种商品占美国从阿富汗进口总额的95%。"① 卡尔卡拉羊毛也是阿富汗最主要的出口商品，从而在双边贸易方面对美国形成了极高的依赖，阿富汗必须保持阿美友好关系，保持美国这个巨大的海外市场。因而，从二战结束的第二年即1946年开始，阿富汗就向美国陆续提出了政治、经济、文化、教育、技术、军事等领域全方位的援助要求。"这段时期，阿富汗最高层反复表达全面的合作和友好立场。他们试图以一种渐进的、保守的方式实现国家的现代化——特别是通过外部投资和国内的私人企业——并加强他们的对外防御和国内安全。他们对所需顾问和援助的首选是美国。因此，他们邀请美国公司在阿富汗开展业务，提供石油开采许可，航空业发展权利和其他投资机会。为证明他们的诚意，他们使用了自己贫乏的资源，为喀布尔最好的学校雇佣了美国老师，并与摩里逊—努得逊公司（Morrision-Knudsen Construction Firm）联系，在赫尔曼德河谷发展多重目的的灌溉系统。"② 1948年1月7日，美国驻阿富汗大使帕尔默（Ely E. Palmer）在给国务院的电报中详细汇报了其在1946年与阿富汗政府就美国援助问题进行的讨论。帕尔默说，两国第一次讨论贷款问题是在1946年1月，当时，美国驻阿使馆人员和阿富汗外交部长及国民经济部长参加了会谈。阿富汗提出向美国请求1亿美元贷款以改善民众的生活水平。其后，阿富汗政府向美国大使馆通报了其基于美国贷款的国家发展计划。美国比较关注阿富汗农业发展，因对于工商业非常不发达的阿富汗来说，农业发展意义重大，对满足民众基本生存、生活需要至关重要。

其次，从根本上讲，是否给予阿富汗援助、给予哪些领域及多大规模的援助、提供援助的具体形式等问题，最终决定权在美国方面，取决于美

---

① *FRUS*, 1951, Vol. Ⅵ, Part 2, pp. 2005 – 2006.
② Leon Poullada, "The Road to Crisis, 1919 – 1980," in Rosanne Klass, *Afghanistan：The Great Game Revisited*, New York：Freedom House, 1999, p. 41.

国对阿富汗之于其国家利益和全球与地区冷战战略有用性的判断。对于阿富汗的援助请求，美国国务院进行了认真的研究评估，确认了阿富汗所说的美援有助于实现国内稳定和加强抗苏能力的说法，如果阿富汗"能够得到适当的武装，并确信有美国的支持，阿富汗能在苏联人通过兴都库什山脉时迟滞其行动，为西方武装部队的顺利推进做出贡献，并将能使西方利用巴基斯坦和印度的基地"[1]。有感于阿富汗的需要和热情，及基于自身利益，国务院对阿富汗的援助请求做出了回应。1948年12月8日，在与马吉德等人的会谈中，国务院南亚事务部的理查德·利奇（Richard S. Leach）表示，"美国愿意与阿富汗进行合作，希望看到阿富汗维持其独立并朝既定目标取得社会、经济的进步"[2]。在国务院职责范围内，美国会考虑向阿富汗提供财政和经济援助的便利，支持阿富汗向美国进出口银行申请合理的贷款。

杜鲁门政府启动了冷战背景下美国对第三世界国家的对外援助，这一政策作为一项基本原则被历任美国政府所继承，对于丰富美国外交政策的内容、提升政策效果、促进第三世界国家社会经济发展等确实产生了积极作用。但同时，虽然杜鲁门政府时期对外援助的一些缺陷随时间演变日益暴露，并且后继政府都不同程度地有所认识并试图改进，但某些痼疾却一直没能克服。

此外，"第四点计划"在实施过程中也存在选择项目失误、对受援国国情了解不够等较严重的缺陷。赖德勒在《丑陋的美国人》一书中曾对美国对外援助的一些弊端进行了生动地描述，他说，美国"数以十亿计的美元都用在了错误的援助项目上，同时又忽视了那些花钱少、收益大的项目……我们花钱在亚洲国家的丛林中修筑大型公路，而那些地方除了自行车和步行者外并不需要运输。我们投资修建拦河大坝，可当地的燃眉之急却是缺少手提式水泵"。赖德勒等人认为，美国应该提供亚洲各国最急需的项目，如改进鸡和猪的饲养方法、商业捕鱼知识、种子改良、小型造纸厂及其他小型工业。"这些项目不仅可以使我们少花钱、多交友，而且也是亚洲工业化和经济独立的前提条件。我们必须让它们付诸实现，共产主

---

[1] FRUS, 1948, Vol. V, Part 1, p. 492.
[2] FRUS, 1948, Vol. V, Part 1, p. 493.

义才会失去它的号召力。"① 这些问题也或多或少地存在于阿富汗,比较典型的例子是赫尔曼德河谷工程。赫尔曼德河是阿富汗南部的重要河流,"赫尔曼德河谷占阿富汗国土面积的40%和总人口的20%"②,因而,如果工程完成,其产生的农业改良、粮食增产和电力等效益和影响将是极为巨大的。出于对发展农业的重视,美国在1946年就开始支持该水利工程,但直到杜鲁门政府任期结束,工程进展始终非常缓慢,"各阶层的人的问题——从农民的抵制到资产阶级的胡闹——从赫尔曼德河谷工程还是个概念的时候就已经把它包围了。……从一开始,牵涉到双方责任和能力的各方面的误解就涌现出来了"③。影响工程建设滞后的原因是多方面的,如:阿富汗本土缺乏建筑材料和设备,必须依靠从美国本土运输,耗费大量时间和成本;阿巴矛盾导致两国边界局势紧张,美国物资过境较困难;参与工程建设的阿富汗人的技术、管理水平亟待提高;最主要的是工程得不到当地民众的支持和认可,负责施工的美国公司和阿富汗中央政府没有对当地的水文、土地、民众生产生活习俗等问题进行深入调查,导致了各种意想不到问题,反映出了美国人"对阿富汗的复杂情况缺乏基本的了解。美国技术人员善意地试图将一种速生小麦引入阿富汗,希望每年收获两季甚至三季。小麦确实生长地很快,实际上,它生长的如此之快,以至于它的成熟期正赶上每年经过阿富汗的大批候鸟开始到达阿富汗的时候。鸟儿变肥了,但阿富汗农民没有"。阿富汗人对外国、特别是美国专家的信心动摇了。④ 诸多问题从过程一开始就不断暴露,但始终得不到有效解决,导致赫尔曼德河谷工程长期拖延。

杜鲁门政府对阿援助政策的基本特点可以概括为"领域宽广,规模有限"。在援助领域方面,美国的援助涉及农业、公共卫生、教育、交通运输和自然资源开发的建设等。但对美阿关系影响重大、能够更突出反映美国对阿政策的主要是军事和经济援助。

---

① [美] 威廉·赖德勒:《丑陋的美国人》,朱安等译,光明日报出版社1988年版,第272页。
② Tom Lansford, *A Bitter Harvest: U. S. Foreign Policy and Afghanistan*, p. 82.
③ [美] 路易斯·杜普雷:《阿富汗现代史纲要》,第60—61页。
④ R. Burrell and Alvin Cottell, "Iran, Afghanistan, Paksitan: Tensions and Dilemmas," *The Washington Papers*, Volume Ⅱ, The Centre for Strategic and International Studies, Georgetown University, Washington D. C. , pp. 43- 44.

(四) 对阿富汗军事援助的探讨

"二战期间,阿富汗就向美国提出了军事援助的请求,但因为阿富汗没有面临轴心国国家的威胁,华盛顿拒绝了阿富汗的请求。"[1] 战争结束后,从1946年到1949年,阿富汗几乎每年都会向美国提出这样的请求。阿富汗的主要动机来自内、外两方面原因。在内部,阿富汗军队力量虚弱,训练落后,装备老旧,难以确保中央政府对地方部落的统治权威。"这一时期,阿富汗军队的条件令人担忧。"[2] 在外部,苏联的军事压力一贯强劲,虽然20世纪30年代两国已签订了互不侵犯条约,但在现实主义理念主导的国际政治中,在奉行国家利益至上的苏联外交面前,条约的有效性受到阿富汗人的怀疑。1947年后,巴基斯坦的独立及两国的矛盾又加剧了阿富汗南部边界的紧张局面。因而,加快国防力量建设、提升军队战斗力水平是阿富汗政府刻不容缓的事情。

阿富汗为获取美国的军事援助进行了很大力度的外交努力,向美国详细陈述了请求美国军事援助的原因,以打消美国的顾虑。1947年,"为获取美国援助,阿富汗有两位首相、一位公共事务部长访问了美国"[3]。根据美国文件的记载,为促使美国首肯援助阿富汗的计划,阿富汗甚至曾考虑过与美国共同创建军事组织,或加入美国主导的地区军事组织。1949年8月6日,美国国务院负责近东和非洲事务的助理国务卿麦吉(McGhee)在给对外军事援助计划协调人伯克纳(Berkner, the Coordinator for Foreign Military Assistance Programs)的备忘录中称,英国自南亚撤退后的两年里,"阿富汗政府甚至建议,作为对美国军事援助的回报,它有可能放弃传统的中立政策,公开声明与西方强国联合在一起"[4]。但对此问题究竟如何,不同学者的研究和政府文件的记载有一定差异,具体情况后文有详细讨论。

1948年12月,阿富汗国民经济部长阿卜杜尔·马吉德(Abdul Majid

---

[1] Tom Lansford, *A Bitter Harvest*: *U. S. Foreign Policy and Afghanistan*, Aldershot, Hants : Ashgate, 2003, p. 85.

[2] Leon Poullada, "The Road to Crisis, 1919 – 1980," in Rosanne Klass, *Afghanistan*: *The Great Game Revisited*, New York: Freedom House, 1999, p. 42.

[3] FRUS, 1948, Vol. V, Part 1, p. 490.

[4] FRUS, 1949, Vol. VI, p. 46.

Khan）访问了美国，并与美国政府高层进行了长时间会谈。马吉德向美国提出了全面的援助请求：政治、经济、文化、教育、技术和军事领域的援助。马吉德将争取重点放在了军事和经济援助上，且为美国的军事援助寻找了多种理由。一是马吉德暗示美苏战争在未来不可避免。战争一旦来临，阿富汗必将被苏联占领。"但俄国人无法在这个国家实现和平。阿富汗能够而且必将在一个很长时期内进行游击战。"而若无美国的军事援助，阿富汗的游击战亦将难以为继，无法坚持。二是马吉德主动向美国提议建立一个军事性质的地区性多边安全组织，订立美国支持下的包括"土耳其、巴基斯坦、阿富汗、伊朗在内的地区安全合作条约"，"如果向以上几国提供援助，美国就能以较小的代价得到一个穆斯林警戒线，它在未来与苏联的任何对抗中都将是一个值得重视的因素。若再拖延时间，美国将花费更大的代价，甚至这样一个穆斯林国家的合作将是不可能了的"[①]。三是对美国施以一定压力。马吉德在会谈中谈到，阿富汗重视与美国的友谊，即使美国不能提供援助，阿富汗政府仍会把美国视为朋友，但阿富汗必须尽早知道这个结果，阿富汗将不得不在更现实的基础上解决本国问题。[②]他的暗含之意是，如果阿富汗得不到美国的军事援助，将会考虑从其他国家和渠道、如苏联那里获取军事援助的可能性。第四，马吉德强调了阿富汗面临的较严峻的国内安全困境。他说，阿富汗主要从印度获取一些军事装备，但"无法满足维持国内安全的需要。阿富汗军队只够维护某一部分的安全，但现在阿富汗在各个方面都面临着潜在的不稳定因素。阿富汗在北方没有足够的防御，也没有足够的地方安全部队，因而，这个国家任何地方的叛乱都会对全国的稳定产生严重的威胁。阿富汗因此迫切要求美国的武器装备以维持国内安全。而且，阿富汗要求美国武器援助的目的还是为了能在与苏联的战争中它能发挥积极作用"[③]。

同时，美国国务院对向阿富汗提供军事援助一事也是有所顾忌的。在冷战进程深化、美苏矛盾趋于激化、东西方战争危险大大上升的情况下，美国国务院认为，阿富汗在未来的美苏冲突中究竟能否站在美国一边是有疑问的。"一旦世界局势进一步恶化，阿富汗可能倾向中立；如果美国与

[①] *FRUS*, 1948, Vol. V, Part 1, p. 493.

[②] *FRUS*, 1948, Vol. V, Part 1, p. 493.

[③] *FRUS*, 1948, Vol. V, Part 1, pp. 491-492.

苏联或中国爆发战争,阿富汗会正式宣布中立。"更主要的是,在阿富汗与巴基斯坦关系紧张之际,美国对阿富汗如何使用美国提供的军事援助心存疑虑,担心阿富汗将其用作抗衡巴基斯坦的手段,而不是对抗苏联。1948年3月12日美国国务卿乔治·马歇尔(George Marshall)在致杜鲁门总统的备忘录中说:"国务院对阿富汗要求军事装备表示理解和同情,不过在得到更明确的关于阿富汗安全计划和它要求的详细说明信息之前,我们尚无法决定是否将建议向阿富汗提供这样的装备。甚至,即使国务院建议提供军事装备,这个问题还必须由军事部门做出最终决定。"①

此时,美苏对峙程度日益加剧,美国更认真地考虑美苏战争爆发的可能性及美国的全球战略筹划。相比其他国家,坚持中立政策且实力有限、又直接暴露于苏联攻击力下的阿富汗在美国全球战略构想中的地位下降了。因而,阿富汗以加入美国主导的地区防务安排换取美国军事援助的要求没有得到杜鲁门政府的回应。1948年10月,美国国务院的希腊、土耳其、伊朗和南亚事务部举行了一次跨部门讨论,讨论主题之一就是比较和分析美国对希腊、土耳其、伊朗和阿富汗的政策,并形成了一份备忘录。虽然备忘录说美国对四国的基本政策是一致的,都致力于支持各国的独立和领土完整,但也指出,由于各国面临的形势不同,故美国的具体政策也有差异。事实上,希腊、土耳其和伊朗是美国在中东、西亚地区极为倚重的国家。杜鲁门主义直接由前两个国家事态引发;战后初期的伊朗问题也一度引发美国与苏联的对峙。相比而言,阿富汗的重要性大打折扣,美国决策者在评价阿富汗的战略地位与对阿富汗的援助时,有了更多的犹豫和消极倾向。备忘录在综合考察了阿富汗的经济、军事条件后得出结论认为:"任何美国对阿富汗大规模的经济和军事援助计划都是不可取的。"备忘录对此结论做出的解释是:(1)一旦爆发苏联对南亚国家的侵略战争,阿富汗只有与伊朗、巴基斯坦和印度进行地区合作,"才有可能对抵抗来自北方的侵略做出更大的贡献。但目前这四个国家实现合作的前景是渺茫的"。(2)阿富汗经济实力的薄弱、民众文化素质的低下和政府能力的弱小都严重制约了阿富汗建设一支反对外来侵略的"真正有效的军队——即使是一支小部队"。(3)美国有限的资源应首先用于作为冷战主阵地的西

---

① *FRUS*, 1948, Vol. V, Part 1, p. 494.

欧。(4) 阿富汗尚未受到来自苏联的公开的压力。而且，由于苏阿军力的严重不平衡，苏联有绝对自信可以在两周内占领阿富汗。因而，对阿富汗的援助就是不必要的花费了。(5) 虽然阿富汗政府面临诸如通货膨胀和严重贫困等问题，但总体而言，阿富汗政局仍是稳定的，局势没有发展到十分危急的程度，因而，美国援助的紧迫性不强。① 此外，还有一个美国政府没有公开表达的原因，即美国担心，由于阿巴矛盾，美国对阿富汗的军事援助可能会损害美国与新生的巴基斯坦的关系，阿富汗会将本应用于对抗苏联的美国武器装备抗衡巴基斯坦。继而，备忘录认为，"向阿富汗派遣美国军事使团是不可取的（inadvisable）。这样一个使团出现在阿富汗可能诏示阿富汗与西方结盟，其对苏联的潜在敌意会达到一个很可能激发苏联采取公开行动的程度，这将损害当前两国得体的关系"②。

阿富汗的军援要求遭美国拒绝后并没有灰心。"整个1940年代和1950年代初，阿富汗官员在不同层次上——从在喀布尔的（美国）军事武官到华盛顿的美国总统——多次向美国人提出、并坚持与美国建立军事关系。他们没有得到任何施舍。"③ 1948年末，阿富汗再次要求美国提供军事援助，并说，获得美国武器的原因是：一旦爆发同苏俄的战争它能有积极作用。万一俄国人入侵，阿富汗将在一段时间内坚持游击战。④ 1949年2月，阿齐兹（Abdul Hal Aziz）代表阿富汗政府又一次向美国提出军事援助要求。

但阿富汗的努力不断受挫。一再被冷落激怒了阿富汗人，他们向美国发出了威胁，声称要重新定位阿富汗的中立政策，（美苏两家）谁提供武器，阿富汗就倾向或支持谁。阿富汗这种近乎最后通牒式的态度也令美国较为紧张，在是否提供军事援助及提供多大规模的军援问题上，政府不同部门间产生了分歧。与此同时，美国驻阿使馆也介入了此事，积极敦促美国政府考虑对阿富汗予以援助。1949年，一封发自美国驻喀布尔使馆的电报说，除非美国给阿富汗更多的援助，否则阿富汗将倒向苏联。⑤ 助理国

---

① FRUS, 1949, Vol. Ⅵ, pp. 6-7.
② FRUS, 1949, Vol. Ⅵ, p. 7.
③ Leon Poullada, "The Road to Crisis, 1919 – 1980," p. 42.
④ Douglas Borer, *Superpowers Defeated: Vietnam and Afghanistan Compared*, London: Frank Cass Publishers, 1999, p. 75.
⑤ FRUS, 1949, Vol. Ⅵ, p. 777.

务卿乔治·麦吉也表示支持对阿富汗进行援助。麦吉持此立场主要是想借美援之力，使阿富汗这样一些第三世界国家倾向西方而远离共产主义。他的观点在国务院内有一定代表性。

阿富汗的军事援助请求主要是向美国国务院提出的。但这些要求超出了国务院的事务范畴，需要美国其他政府部门如国防部等的协调合作。麦吉的主张与美国军方的立场发生严重冲突。在美国决策体制下，关于对外军援等问题，军方的影响不可忽视。军方从专业角度考虑，对阿富汗军队的装备、人员、训练等战斗力要素持悲观态度。他们认为阿富汗在苏联的攻击面前会毫无反抗力，因而美国没有必要花费大量精力和资源去装备阿富汗。1953年，参谋长联席会议的一项关于阿富汗的秘密研究明确表明了军方的这种消极态度。报告说："对美国而言，阿富汗只有很小的，或是根本就没有战略重要性。它的地理位置，再加上阿富汗领导人对苏联能力的认识，表明一旦形势需要，苏联就可以控制这个国家。……在阿富汗，如果没有西方国家支持的对共产主义的反对，（阿富汗的）中立将更有可能维持；这样的反对本身就可能促使苏联采取行动控制这个国家。"[①] 很明显，军方的立场主要出于两个考虑，一是不想在其认为不堪一击的阿富汗"浪费"美国的资源，二是不想通过大规模军事支持阿富汗事务而刺激苏联。

军方虽然反对援助阿富汗，实际上也愿意维持阿富汗的中立地位。要实现这一目的，适当、有限的军事援助还是必要的。特别是美国政府没有排除苏联入侵阿富汗的可能性。"一旦出现苏联对阿富汗的实际入侵或入侵的迹象"，"从阿富汗国内坚持游击战争的角度来说，美国要考虑什么样的军事援助将是适当的"。即便如此，美国也不想在阿富汗这样一个对美国安全利益不太重要的地区单独承担责任。在美国军事援助之外，美国还考虑了其他途径。1946年伊朗借助联合国迫使苏联退却的先例给美国留下了较深刻的印象。美国意图在阿富汗再次借助联合国的力量。"对于苏联任何形式的侵略，联合国可以采取的举措是派遣和平观察团（The Peace Observation Commission）。"[②] 因而，美国军方对军事援助阿富汗的立场有所

---

① Mohammad Ma'Aroof, *Afghanistan in World Politics: A Study of Afghan - U. S. Relations*, Delhi (India): Gyan Books, 1987, p. 64.

② *FRUS*, 1951, Vol. Ⅵ, Part 2, pp. 2010.

松动,知会阿富汗人,美国可能会同意向阿富汗提供定量的武器装备,计划以阿富汗军事人员到美国军事院校(service schools)受训的形式,向阿富汗提供军事人员训练等项援助,但"援助规模将是恰如其分的"①。但朝鲜战争的实践已经表明,联合国的行动很大程度上只是美国政策的表现。况且,作为联合国安理会常任理事国,苏联拥有的巨大政治影响力也将严重制约和削弱联合国干预未来可能爆发的一场苏联入侵阿富汗的战争。因而,如果这种局面真的发生,美国仍将发挥主导作用,可能的反应还是对阿富汗提供军事援助,除非美国真的想将阿富汗放弃给苏联。

当杜鲁门政府内部关于是否向阿富汗提供大规模援助的意见长期不统一时,决策此类跨部门事务的权限只能上升到国家安全委员会(National Security Council)层次。国安会对于军事援助阿富汗问题进行了细致地分析,表达了与军方类似的观点。国家安全委员会认为,克里姆林宫"可能相信,无论何时,只要它的海外目标能对苏联有用,它就能很容易地占领阿富汗。而无论阿富汗抵抗与否,无疑它将会被占领"②。1952年12月1日,国家安全会一份名为《美国政府关于当前国家安全的政策》的文件指出,"阿富汗的外交政策反映了一个事实,即:它很难得到西方援助,且对苏联任何形式的攻击完全没有抵抗能力"③。面对如此强大的反对力量,杜鲁门总统最终倾向了反对者一方。当阿富汗首相马茂德(1946—1953年)访问华盛顿,亲自要求美国的军事援助时,杜鲁门被建议,他应告诉首相,美国正集中全力于朝鲜,只能提供少量军事援助,因而,阿富汗应该依赖联合国规定的集体安全。美国表面上同意了对阿富汗的武器销售,但却提出了三个必须得到满足的条件。其中第二条规定:"阿富汗政府要自己安排通过巴基斯坦运输这些武器。"④但1947年巴基斯坦独立后,阿巴两国因"普什图尼斯坦"问题而反目成仇,关系恶化,边界形势非常紧张,阿富汗通过巴基斯坦境内的海外运输线路濒于中断。1950年巴基斯坦

---

① *FRUS*, 1949, Vol. Ⅵ, p. 23.

② Mohammad Ma'Aoof, *Afghanistan in World Politics*, p. 65.

③ *DDRS*, Current Policies of the Government of the United States of America Relating to the National Security: Volume I, Geographical Area Policies, Part IV, South Asia-Afghanistan, Document Number: CK3100265668.

④ Douglas A. Borer, *Superpowers Defeated: Vietnam and Afghanistan Compared*, Frank Cass Publishers, Great Britain, 1999, p. 77.

对阿富汗进出口商品实行禁运。因而，在当时的情况下，美国的条件是根本无法满足的。美国通过这一方式间接否决了阿富汗关于军援的要求。

（五）对阿富汗有限经济援助的实施

美国的经济援助是对阿政策的另一个重要领域。贫穷是共产主义的温床和局势动荡的根源，美国对此有清晰认识。1951年2月，美国国务院发表的名为《美国对阿富汗政策》（United States Policy with Respect to Afghanistan）政策声明提出要"援助阿富汗的经济和社会发展计划"。冷战时期的对外经济援助也带有强烈的政治色彩，因而，美国对阿经济援助不仅要发挥促进阿富汗经济发展的职能，还要承担抵制共产主义政治渗透的多重使命。"我们对阿富汗经济和其他领域的援助通过加强阿富汗对西方支持的信心和降低阿富汗对苏联的依赖，将有利于鼓励阿富汗抵制苏联。"[①] 杜鲁门政府时期，美国在向阿富汗提供经济援助问题上虽然存在诸多问题和周折，不过相对于敏感性更强的军事援助而言，美国的经济援助构成了美国对阿政策的主要内容，发挥了主要作用。杜鲁门政府对阿富汗的经济援助开始较早，形式多元。美国援助阿富汗经济发展的目的之一是改善民众生活水平，营造稳定的社会基础；消除共产主义在阿富汗发育的土壤，同时以经济援助影响阿富汗在美苏间的外交立场选择。这一举措还包含的其他目的是：要提高阿富汗出口能力以增强其对外购买力，扩展阿富汗市场对西方企业和资本的容量；加强对西方的经济依赖；阿富汗对外贸易的扩大需要更多地依赖巴基斯坦过境通道，有助于改善阿巴两国关系。

就援助方式而言，杜鲁门政府主观上已经在谋划将双边援助和多边援助结合起来。笔者认为，杜鲁门政府引入联合国角色参与美国对阿援助，主要动机不是试图以多元化援助方式提升援助效果，而主要是一种责任转移和分散，美国出于对阿富汗的轻视，不欲独自担负援助的代价。联系当时的世界局势，美国借助联合国等国际组织或欧洲盟国共同向阿富汗提供援助的现实性是不大的。刚刚成立的联合国面临资金和人员短缺、介入国际事务经验不足、内部机制未理顺、美苏矛盾的掣肘等诸多难题；而西欧盟国仍处于复兴过程，也没有多余的精力和物资援助阿富汗。因而，杜鲁门虽然提出了多边和双边相结合的方式援助阿富汗，但其象征意义远远大

---

① *FRUS*, 1951, Vol. Ⅵ, Part 2, p. 2010.

于实际意义。欧洲盟国和亲美的中东穆斯林国家都很难与美国在援助阿富汗问题上形成合力。

美国对阿经济援助主要表现为农业援助和发展援助。

1. 美国对阿富汗的农业援助

农业是阿富汗国民经济的支柱性产业，也因其关系到普通民众的日常生活而具有广泛影响。"二战后初期，农业产值占据了阿富汗 GDP 的 80% 和出口货物的 87%。此外，85% 的人口以一种或多种方式依赖于农业生产。"[①] 美国对阿富汗在农业领域的援助就投资规模和持续时间而言都是最大、最长的。美国对阿农业援助的基本着眼点是提高阿富汗的粮食供给能力，解决其国内温饱问题。在 1951 年 2 月的对阿富汗政策声明中，美国国务院表示，要"支持美国进出口银行认真考虑用以提高阿富汗农业产量——尤其是小麦产量——的个体生产项目贷款"[②]。美国对阿提供的农业援助主要有两种形式：一是直接的粮食援助，二是支持农业设施建设。

阿富汗自然和气候条件较恶劣，位居大陆性气候带，"全年干燥少雨，年温差和日温差均较大……全国年平均降雨量仅 240 毫米左右"[③]。因而，良好的农业水利设施和灌溉系统建设是提高农业产量的主要保障和条件。这方面最具代表性的例子是美国援建的、毁誉参半的赫尔曼德河谷工程。1946 年 3 月，阿富汗政府与美国摩里逊—努得逊公司达成一项总额为 1700 万美元的合同，建设阿富汗西部的赫尔曼德河水利工程。但事与愿违，工程效率低，造价昂贵，成为阿富汗的累赘，遭致阿富汗的不满，影响了美国的声誉。美国大使德雷福斯认为，莫里森公司不过是阿富汗糟糕的经济状况的替罪羊。[④] 由于工程进展缓慢，建设资金需要源源不断地投入，阿富汗财政吃紧。1949 年 3 月，阿富汗国民经济部长曾向美国进出口银行提交了一份非正式贷款申请，8 月 15 日，阿富汗政府又提出一份正式申请，

[①] Tom Lansford, *A Bitter Harvest: U. S. Foreign Policy and Afghanistan*, Aldershot, Hants: Ashgate, 2003, p. 81.

[②] *FRUS*, 1951, Vol. VI, Part 2, p. 2006.

[③] http://news.xinhuanet.com/ziliao/2002-06/12/content_437219.htm.

[④] *FRUS*, 1949, Vol. VI, p. 1778.

请求 1.18 亿美元的贷款。①但美国进出口银行以经济不可行为由拒绝了这一申请,在 11 月 23 日最终只同意给予 2100 万美元的贷款,"涉及卡贾卡伊大坝(Kajakai Dam)的建造费用、完成博加拉运河系统(The Boghra canal system),以及其后的赫尔曼德河谷和阿尔甘达河谷(Arghandab valleys)等地的类似水利建设和灌溉工程"②。阿富汗人对此甚为不满,但也无可奈何。且阿富汗将美国的经济援助作为加强两国政治关系的重要纽带和象征,因而,阿富汗最终接受了大打折扣的美国贷款。8 月,阿富汗驻美使馆代办会见美国国务院官员,表达阿富汗对美国贷款的感激,及加强与西方民主国家关系的强烈愿望,特别是对美国的善意。"美国驻阿外交官员在给国务院的呈报中指出,对于美国的贷款,阿富汗政府不仅重视其经济意义,而且还重视其政治意义,特别考虑到明显增强的苏联利益和向阿富汗提供援助的可能性时更是如此。"③

2. 经济发展援助

为增强阿富汗经济实力,美国向其提供了多项发展援助。

第一,鼓励阿富汗勘探开发国内自然资源。阿富汗国内矿产资源丰富,主要矿产有天然气(储量约 1852 亿立方米)、石油(储量约 9500 万桶),还拥有世界上蕴藏量最丰富的铜矿、全球第五大铁矿脉,这些矿产总值超过一万亿美元。④如此丰富的矿产资源也引起了美国政府和企业的关注。1951 年美国国务院《美国对阿富汗政策》声明讲,阿富汗国内矿产资源的开发,"特别是铬、云母、铅锌矿等的开发,能够对美国私人企业产生吸引力"⑤。一方面,美国政府努力推动美国公司企业等私人资本向阿富汗扩展业务,扩大投资。美国企业参与阿富汗经济开发热情的增长会密切美阿间的经济联系,提升美国的潜在影响力。另一方面,美国政府以官方名义对于阿富汗在自然资源开发领域的投资计划表示"谨慎地支持"。美

---

① *FRUS*, 1949, Vol. Ⅵ, p. 1779; Douglas Borer, *Superpowers Defeated- Vietnam and Afghanistan Compared*, 1999, p. 74. 但关于阿政府申请贷款数额,不同学者的著作中存在分歧。《阿富汗史》(彭树智,陕西旅游出版社 1993 年版)载,向美国进出口银行申请 5500 万美元贷款,第 268 页;马阿鲁夫在著作中也认为这一数字是 1.18 亿美元。

② *FRUS*, 1949, Vol. Ⅵ, p. 1779.

③ *FRUS*, 1948, Vol. Ⅴ, Part 1, p. 494, p. 490.

④《各方争夺矿产权 可能引发阿富汗内战》,《联合早报》,2012 年 9 月 10 日。

⑤ *FRUS*, 1951, Vol. Ⅵ, Part 2, p. 2007.

国鼓励并支持阿富汗进行国内资源开发的动机是：增加阿富汗收入，扩大吸纳外国商品的市场容量；提升阿富汗经济实力，促进经济发展；国内石油资源的开发有助于降低对苏联等国石油供应、运输的依赖。为加强阿富汗矿产资源的开发能力，1951年2月，美国和阿富汗签订了技术合作协定，规定美国向阿富汗提供采矿机械，并派遣工程技术人员。

第二，改善阿富汗国内外交通运输状况。阿富汗崎岖的地形条件和弱小的经济实力导致国内交通状况甚为糟糕，全国没有像样的铁路和公路系统，这种局面严重制约了阿富汗经济的快速发展，二者极易形成恶性循环。美国在交通运输领域提供援助的意义在于：（1）有利于推动阿富汗经济发展和全国一体化，增强阿富汗中央政府对地方的控制，稳定阿富汗政权，并获取必要的民众支持。（2）交通运输系统具有军用、民用等多重性质。而且，美国援建的沟通各地的道路有助于加强美国在阿富汗民众中的良好印象。（3）作为内陆国家，阿富汗的海外贸易必须经由周边国家领土作为过境贸易通道。所以，阿富汗交通运输设施的建设不仅局限于国内，还包括如何改善阿富汗国内线路与巴基斯坦交通网络的对接。阿富汗与巴基斯坦的地面（公路或铁路系统）交通系统的连接不仅具有经济和商业意义，更具有政治意义，它有利于在经济上更紧密地增强邻国的相互依赖，改善两国政治关系；同时，吸引阿富汗将外贸对象和对外贸易通道更多地转移到巴基斯坦方向，一方面可以降低阿富汗对苏联的依赖，另一方面也有利于加强阿富汗经由巴基斯坦与美欧等西方国家的联系，提升阿富汗与西方市场的联系，扩大阿富汗与西方国家的进出口贸易。"通过巴基斯坦连接外部市场和供应来源的通道对阿富汗发展和继续阿富汗倾向西方的外交立场来说是必不可少的，特别是没有这样一条通过伊朗的通道的时候。我们应继续鼓励阿富汗解决其与巴基斯坦的纠纷并促进地区合作。"[1]在实践中，美国支持修建的阿富汗国内交通系统主要是陆地交通运输设施，其次，美国还考虑了帮助阿富汗建设航空公司和航线。相比于陆地交通而言，航空运输更便利快捷。而且，美阿两国在此问题上的立场高度一致。阿富汗政府一直以来都对建设一条连接喀布尔、南亚和中东的航空公司有浓厚兴趣。"我们认为，更现实的方法是建立一个小型的阿富汗航空公司，

---

[1] *FRUS*, 1951, Vol. Ⅵ, Part 2, p. 2008.

这个公司能够在很少的设施下运转，以相对低廉的价格发展这一地区的航空运输。我们愿意在航线的开辟方面提供适当的外交和技术支持。"①

第三节　影响杜鲁门政府对阿富汗政策的主要因素

纵观杜鲁门时期美国的对阿富汗政策及双边关系发展状况，我们可以看到，杜鲁门政府在处理对阿富汗关系问题上的热情有限，立场保守。这一时期双边关系的发展情况与二战前的美阿关系一个最大的相似性是，阿富汗的积极、韧性和美国的消极怠慢。所不同的是，在冷战背景下，杜鲁门政府的对阿政策相比于二战前的美国政府而言，主动性有所上升，主要表现就是从政策规划和政策实施来说，有了更多实质性内容。我们可以将杜鲁门政府的对阿政策的基本特点概括为"不亲不弃"。在对阿政策的决策和实施方面，杜鲁门政府态度不积极主要受到以下因素的影响。

一　杜鲁门政府全球战略重点布局的影响

就全球层次而言，冷战爆发之初，美苏争夺的战略重点是欧洲。就地区层次而言，在中东—西亚地区，美国把伊朗、巴基斯坦和土耳其作为遏制苏联的主要军事基地。同属与苏联接壤的国家，与阿富汗相比，土耳其在美国对苏政策中的重要性非常突出。1947—1949 年，美国向土耳其提供了 1.75 亿美元军事援助，美土军事合作在各个领域展开。美国大力支持土耳其在黑海海峡问题上坚决顶住苏联压力，还派出军舰赴土耳其向苏联示威。美国甚至不顾苏联和西欧盟国的反对，1952 年把土耳其吸收进北约。②即使同为南亚国家的巴基斯坦，在美国的战略定位中也远远位居阿富汗之上。美国国家安全委员会 NSC98 号文件认定巴基斯坦在南亚的防御中是居于"首要地位的"；1951 年美国关于巴基斯坦的政策陈述中，再次承认了巴基斯坦在美国战略中的重要地位："巴基斯坦位于亚洲最大的非共产主义区域的东西两翼（即东巴和西巴）。……巴基斯坦拥有能援助近东国家阻止俄国通过伊朗进行侵略的军事上的人力资源。……而且，因为巴基斯

---

① FRUS, 1951, Vol. Ⅵ, Part 2, p. 2007.
② 张士智、赵慧杰：《美国中东关系史》，中国社会科学出版社 1993 年版，第 116—117 页

坦不堪忍受暴力的反西方主义及存在于印度的、阻止巴与美国及其盟国合作的根深蒂固的中立主义，巴基斯坦可能会被说服在印度洋海域向美国和英国提供军事基地。"① 与之相比，阿富汗在美国对苏冷战中的重要性大打折扣。杜鲁门政府对阿富汗定位不明，是将阿富汗纳入己方阵营还是保持并巩固其中立地位，在杜鲁门政府的相关文件中都少有涉及。

二 欧洲国家影响杜鲁门政府在阿富汗的利益和政策

近代以来，阿富汗与西欧大国的关系长期保持并不断加强。20世纪30年代后，继英国外，法国、德国和意大利等国势力纷纷涌入阿富汗。冷战爆发后，阿富汗与西欧大国的历史传统关系在新背景下进一步延续，使美国在对阿政策的决策和实施过程中面临复杂的大国因素。虽同为盟国，在基本战略利益上是一致的，但美国和西欧大国在阿富汗的具体利益、发展对阿政策的主要目的等方面还是有一定差异、甚至是矛盾的。

影响美国对阿政策的首要因素是英国。英国在阿富汗的外交活动历史悠久，虽然1947年后英国自南亚撤出，但不可能完全对南亚事务置之不理，很多南亚遗留问题都与英国有极密切的关系。杜鲁门政府时期的"阿富汗被美国认为是处于英国影响和责任的边缘地带"②。杜鲁门政府在军事援助阿富汗问题上不积极的原因之一，就是美国出于对英关系的考虑。二战结束后，美国在决策对阿政策时，不得不将其与英国在南亚的利益、地位和声誉联系起来，避免对阿政策冲击和削弱美英关系。毕竟，英国对于美国的战略重要性是阿富汗远不能及的。1944年美国驻伦敦外交代表即提出一种观点，即：如果不事先与英国协商，美国武器不会出售给阿富汗。然而，这只是非正式协议，国务院无疑觉得有必要与英国当局讨论阿富汗购买武器的任何请求。其他如制服、通讯设施、库存等军事物品等的销售不必事先与英国磋商，虽然事先磋商可能是妥当的礼貌做法③。1946年3月21日，国务—战争—海军协调委员会（the state - war - navy coordinating committee）的一份报告也赞成这样的观点，报告明确指出，战后美国对阿

---

① *FRUS*, 1951, Vol. Ⅵ, p. 2208.
② Abdul-Qayum Mohmand, *American Foreign Policy toward Afghanistan*: *1919 - 2001*, A Dissertation for Doctor of Philosophy, University of Utah, 2007, p. 7.
③ *FRUS*, 1946, Vol. Ⅰ, p. 1157.

政策的基本目标和决策过程必须注意英国因素。该份报告在谈及对阿富汗军事援助时说，使问题复杂化的因素是英国，它不愿意在未经其同意的情况下向阿富汗移交军事装备，因为印度西北部的安全与阿富汗密切相关。

英国—阿富汗关系是非常敏感的。两国历史恩怨不断，阿富汗对英国的敌意一直存在。美国也不愿与阿富汗走得太近，以免影响到美英关系大局。因而，美国在南亚政策和阿富汗问题上与英国保持密切交流。1951年2月6—10日，肯尼迪在伦敦会见了英国外交部、联邦关系办公室、财政部、国防部官员，双方就有关美英经济和军事援助南亚、克什米尔冲突、阿富汗—巴基斯坦冲突以及印度对美国小麦的要求等问题进行了协商。1951年美国国务院的对阿富汗政策声明指出，阿富汗对英国是不信任的，特别是在与巴基斯坦纠纷问题上，英国站在巴基斯坦立场上并向其提供支持。声明建议："在与英国就关于阿富汗的共同利益的持续会谈中，我们应承认它在阿富汗南部邻国的特殊利益。"①

其次，美国也注意协调与法国等其他西欧国家在阿富汗的利益和外交活动。在1951年国务院的对阿政策声明中，美国政府指出，法国在阿富汗的利益在扩大，阿富汗—法国关系发展迅速。"法国在阿富汗的活动迅速复苏。在诸多外国势力中，阿富汗欢迎法国在医药、教育和建筑领域压倒性的优势地位。"盟国在阿富汗影响力的上升从理论上说对美国的阿富汗政策是有利的，它们共同构成西方影响在阿富汗的扩大，有助于抵制苏联在阿富汗的渗透。但现实情况却并非如此，美、法在阿富汗的关系是不协调的。"已有迹象表明，法国（在阿富汗）倾向于贬损美国文化和技术成就。"② 此外，德国等欧洲盟国在阿富汗的活动对美国在阿富汗的形象树立也构成一定妨碍，"部署德国、奥地利和意大利技术人员的低成本和他们准备接受阿富汗的待遇使得他们在一些曾在欧洲受过教育的阿富汗人中有了超过美国人的优先权"③。

三 苏联和共产主义势力在阿富汗发展迟缓

导致杜鲁门政府对阿富汗政策不积极的最重要的因素是阿富汗国内共

---

① *FRUS*, 1951, Vol. VI, Part 2, p. 2010.
② *FRUS*, 1951, Vol. VI, Part 2, p. 2011.
③ *FRUS*, 1951, Vol. VI, Part 2, p. 2011.

产主义发展的缓慢。阿富汗共产主义力量的发展动力主要有两个：一是外部苏联的促进和推动，二是阿富汗内部的自生。首先，长期以来，苏阿关系的发展总体是有限的、平淡的。20世纪40年代末冷战爆发后，苏联势力没有大规模扩展到阿富汗。由于阿富汗谨守中立立场，没有表现出与西方的过度亲热，冷战发生后，"阿富汗奉行基于孤立的中立主义外交路线"。同时，苏联对阿富汗政策是较为保守和消极的，"斯大林没有在阿富汗建立共产党组织"①。20世纪50年代初，苏联—阿富汗关系没有出现飞跃式发展，苏联没有向阿富汗"扩张势力"的意图。相对而言，这一时期，苏联对阿富汗的政策更多地倾向于维持现状、防止西方势力在阿富汗的壮大。1952年8月，针对西方石油公司在阿富汗北部的活动，苏联就向阿富汗政府表示，"在苏联边境地区由属于侵略性的北约的外国公司和专家进行的石油开采和勘探活动，是对苏联有敌意的犯罪行为，会威胁到苏联边界的安全，还会破坏苏联—阿富汗既有的睦邻友好关系"②。

由于上述原因，杜鲁门政府没有意愿在阿富汗投入过多资源，分散在欧洲的力量。正如美国一位苏联问题专家莫里斯·麦凯恩（Morris Mccain）所认为的，苏联在阿富汗的利益比通常人们想象的要有限。"苏联的目标是防止其南部边界出现一个敌对政府。阿富汗不可能成为苏联的第16个加盟共和国，因为苏联已经有了5000万穆斯林。"③其次，阿富汗本土共产主义势力的发展及其政治和社会影响同样微乎其微。1951年2月的美国国务院对阿富汗政策声明在谈到这个问题时说："众所周知，在阿富汗没有公开的或秘密的内生的共产主义组织，部分原因是由于阿富汗现政府的警惕。"④对于以反对共产主义、遏制苏联为首要战略原则的杜鲁门政府来说，阿富汗国内左翼激进力量的微弱状况大大削弱了阿富汗在杜鲁门冷战战略中的地位，也直接导致美国在考虑对阿富汗的各项援助计划时，动力不足。

1952年12月1日，一份名为《美国政府关于当前国家安全的政策》

---

① Barnett R. Rubin, *The Search for Peace in Afghanistan: From Buffer State to Failed State*, New Haven and London: Yale University Press, 1995, p. 22.
② *FRUS*, 1952–1954, Vol. XI, Part 2, p. 1447.
③ Hafeez Malik, *Soviet-U. S. Relations with Pakistan, Iran and Afghanistan*, MacMillan, 1987, p. 5.
④ *FRUS*, 1951, Vol. VI, Part 2, p. 2005.

(Current Policies of the Government of the United States of America Relating to the National Security) 的国家安全委员会文件再次确认说,"阿富汗不存在共产党",虽然"共产主义鼓动的颠覆性活动(subversive activities)据信正在增长"[①],但阿富汗独特的政治体制、政治结构及浓厚的宗教信仰和传统文化对共产主义的传播是很大的障碍,在一定时期内,共产主义在阿富汗不会有大的影响,更不可能在政治上有什么作为。在这样的背景下,美国基本没有必要在阿富汗开展如1947年在希腊、土耳其采取的行动。

本章小结

杜鲁门政府是冷战开始后美国对阿富汗政策的开创性时期,是一个历史转折时期。冷战初期,杜鲁门政府的对阿政策具有了初步框架,但也受到诸多因素的制约,尚待完善和成型,其最突出的地方就在于,杜鲁门政府对阿政策缺乏明确的战略目的,导致在实践中对阿政策实施的不系统和散漫,也因而招致了诸多批评,很多学者指责杜鲁门政府错失了战后加强与阿富汗关系的良机。不过,杜鲁门政府的对阿政策也有值得肯定的地方,如对阿富汗进入国际社会政策的支持赢得了阿富汗很大的好感、开始思考对阿援助的多边化问题等,这些政策在不同程度上为艾森豪威尔的对阿政策奠定了一定基础。

---

① *DDRS*, Current Policies of the Government of the United States of America Relating to the National Security, Volume I, Geographical Area Policies, Part IV, South Asia-Afghanistan, Document Number: CK3100265668.

第三章 第一届艾森豪威尔政府对阿富汗政策的新阶段

1953年1月，德怀特·艾森豪威尔（Dwight David Eisenhower，1890—1969年）就任美国总统。艾森豪威尔任职后，对美国的国家安全战略、外交政策、对外援助政策、盟国政策等进行了大幅度调整，这些调整在很大程度上影响到了20世纪50年代的美国对阿政策和美阿关系。

第一节 艾森豪威尔政府对阿富汗政策的新探索

1953年后，在批评杜鲁门外交政策的同时，艾森豪威尔政府延续了杜鲁门外交的基本原则，即对苏联的遏制战略。只是在如何推行并实现遏制战略效果最大化的问题上，艾森豪威尔对杜鲁门的外交政策进行了较大程度的修正。艾森豪威尔政府的内外政策表现为如下新特点：（1）强调美国外交义务和国内经济安全的平衡。（2）强调建立集体安全机制和多边军事同盟，一方面构筑更完善的对苏包围圈，强化对苏联的遏制；另一方面要求各地区盟国分担美国的责任和负担，减少美国财政压力。

相对于杜鲁门而言，艾森豪威尔政府还面临一个更复杂的国际政治形势，即第三世界力量的发展壮大。冷战的一个突出特点是"侧翼不断升级的行动从欧洲深入世界其他地区"[1]。杜鲁门时期是第三世界形成的开端，艾森豪威尔时期则是第三世界的壮大期。20世纪50年代中期后，第三世界进入大规模发展时期，更多的新兴独立国家出现在国际舞台。而且，第三世界国家加强了团结协商，有意识地提高在国际政治中的地位，如1955

---

[1] ［美］保罗·肯尼迪：《大国的兴衰》，梁于华等译，世界知识出版社1990年版，第426页。

年第三世界国家筹划举行的亚非会议。美国和苏联都以新的眼光审视国际政治的这一新态势,更多地思考如何将第三世界国家拉入己方阵营,或利用第三世界实现本国利益。"两个超级大国都认识到,能否'赢得'第三世界,关系到它们各自的思想体系、经济制度和战略系统拓展的范围和成效。"① 在此背景下,艾森豪威尔政府比较重视第三世界在美苏力量对比中的作用。1953年10月30日,美国国家安全委员会制定通过的NSC162/2文件"注意到欠发达地区或第三世界在美苏冷战中的重要性"。② 艾森豪威尔政府重视第三世界的主要表现是,加强了针对广大第三世界国家的对外援助规模和管理,提升了援助效果,同时加强了对第三世界国家的经济军事援助,组建包括第三世界在内的地区性政治军事同盟等,将新独立国家编织进美国的冷战网络中。"1953—1957年,(美国对外经济援助总额)则有3/4流向了发展中国家,到1961年,美国援助的90%以上提供给第三世界。"③ 艾森豪威尔政府的上述政策调整,有很多方面都直接或间接地反映在阿富汗问题上。

一 美国—苏联—阿富汗政权变更及其政策调整

世界历史中的1953年不是有里程碑意义的年份,但1953年对于美国对阿政策、美苏在阿富汗的关系等却是一个具有转折意义的时间点。在这一年,美国、苏联和阿富汗领导人同时发生变更,政权更迭,各国对内、对外政策也随之发生变化。这种变化使美国外交面临着更复杂、更新颖的世界和地区格局,美阿关系发展前景充满更多变数,给艾森豪威尔政府的对阿富汗政策带来了诸多机遇。

(一) 艾森豪威尔政府的国家安全战略及南亚战略

国家战略事关国家生存和长久发展的最高层次的战略谋划,"国家战略是综合利用国家资源和力量,包括政治、经济、军事、意识形态等实现国家目标,促进国家利益的整体计划。国家战略是制定各项具体战略的依据又是通过各条战线、各个方面战略的实施来体现。……国家战略是带有

---

① 郭培清:《论艾森豪威尔政府对第三世界援助政策的演变》,《中国海洋大学学报》(社会科学版) 2004年第4期,第65页。
② 王玮、戴超武:《美国外交思想史,1775—2005年》,人民出版社2007年版,第361页。
③ 同上。

全面性、指导性的而且具有相对稳定性的"①。国家安全战略是国家战略的重要领域和组成内容。在冷战的特殊时期，安全战略在国家战略中的地位是居于首位的，对其他领域的国家战略有压倒性的优先权。

关于艾森豪威尔政府国家安全战略的确立、内容及特点，已有博士论文进行了系统、深入的研究，此处不再赘述。② 本书着重关注的是可能会对美国的阿富汗政策造成直接影响的安全战略。艾森豪威尔政府的国家安全战略集中体现在 NSC162/2 等一系列国家安全委员会文件中。NSC162/2号文件最终形成于 1953 年 10 月，成为艾森豪威尔 8 年任期的头号安全战略文件。文件认为，"苏联似乎不可能在当前估计的时间内（到 1954 年）有意对美国发动一场全面战争"。在"不发动全面战争的情况下，将会出现一个较长的紧张时期"。这期间，苏联的重点扩张方向将会转向主要由第三世界国家构成的"边缘地区"，而南亚由于其靠近苏联的地理位置将会首当其冲。在扩张手段方面，苏联会搁置直接的战争方式，将主要依靠"分裂和颠覆活动"来"削弱自由世界联盟及其抵抗苏联力量的信心"。

艾森豪威尔政府的安全战略原则可以概括为"大平衡"战略，该战略的主要内容是"应付苏联对美国安全的威胁，同时，要避免严重削弱美国经济或损害我们的基本价值和制度"③。具体而言，一是"大规模报复战略"，二是维护国内经济安全和经济平衡战略。"大平衡理论的另一个逻辑结果就是地区主义的上升。……艾森豪威尔政府在制定'新面貌战略'时将地区安全保障体系作为重大原则之一。通过组建地区性的军事集团和政治经济组织，以完成对共产主义国家的战略包围，成为实施地区主义原则的主要手段。"④ 而地区主义政策的逻辑结果必然是美国广泛的结盟政策——结盟对象从杜鲁门政府时期的西欧大国扩大到世界各个地区，主要是第三世界国家。1953 年 1 月 20 日，艾森豪威尔在其就职演说中就明确表示，"没有任何地区遥远得可以忽视，与此相同没有任何自由国家卑微得可以遗忘"⑤。不仅如此，盟国或准盟国在美国安全战略中的作用也在发

---

① 刘金质：《美国国家战略》，辽宁人民出版社 1997 年版，第 5 页。
② 郭培清：《艾森豪威尔政府国家安全政策研究》，博士学位论文，东北师范大学，2003 年。
③ *FRUS*，1952 – 1954，Vol. II，p. 582.
④ 纪胜利：《美国对芬兰政策》，博士学位论文，东北师范大学，2008 年，第 55 页。
⑤ *Public Papers of Presidents*：*Dwight Eisenhower*，1953，p. 6，转引自［美］约翰·加迪斯《遏制战略：战后美国国家安全政策评析》，第 138 页。

生悄然改变，这是艾森豪威尔政府国家安全战略不同于杜鲁门政府战略的一大调整，"艾森豪威尔的国家安全战略要比杜鲁门政府更加重视盟国的作用"①。美国著名冷战史学家约翰·加迪斯（John Gaddis）在比较杜鲁门政府和艾森豪威尔政府如何认识和对待盟国的态度时也指出，杜鲁门政府是将其联盟当作战争工具来组织："它们被局限于地理位置使之对美国防务至关紧要……艾森豪威尔和杜勒斯更着重于同盟的威慑力：国务卿渴望以一个多国环带包围苏联和中国……它根本不指望所涉各国能够直接对美国防务做出贡献，而是希望美国给它们提供的安全'伞'将打消苏联人或中国人的进攻意图。……在关于这些同盟应当被延伸到多远的问题上，总统和国务卿之间有重大歧义。"②加迪斯对杜鲁门和艾森豪威尔政府不同安全战略及联盟政策的解析有利于我们更好地认识两位总统对阿富汗政策的差异。就"战争工具"来说，阿富汗是远远不合格的，杜鲁门政府对其漠视也在情理之中。不过，作为反苏包围圈的一个环节，阿富汗还是有其必要意义的。

与此同时，艾森豪威尔政府的地区战略也迅速形成。1954年2月，国家安全委员会审议通过的NSC5409号文件系统论述了艾森豪威尔政府的南亚战略，其中的D部分则表明了美国政府对阿富汗的相关考虑和政策计划。

与杜鲁门的南亚战略一致的是，NSC5409号文件也以抵制共产主义在南亚的扩张为出发点，设想一旦共产主义在南亚某个国家掌握政权时，美国的应对之道。"一旦有共产主义者试图夺权南亚某一国家的政权，美国应该：（1）继续支持其他非共产主义政权，并试图从其他自由世界国家获取支持；（2）考虑在必要和有效情况下提供军事支持。"③与杜鲁门政府南亚战略的比较，NSC5409号文件对美国的南亚战略的表述更系统、集中，目标更明确，支撑目标实现的政策方针更具体。国务院负责近东亚、南亚和非洲事务的助理国务卿乔治·艾伦（George V. Allen）也说："作为一个关键地区，它（南亚）连接着近东和远东。它控制着欧洲和远东之间至关

---

① Odd Westad and Melvyn Leffler, *The Cambridge History of the Cold War*, Vol. I, Cambridge University Press, 2010, p. 294.
② ［美］约翰·加迪斯：《遏制战略：战后美国国家安全政策评析》，第158页。
③ *FRUS*, 1952–1954, Vol. XI, Part 2, p. 1093.

重要的交通线。南亚国家占世界近五分之一的人口。它与亚洲共产主义统治的国家有 3000 英里的共同边界。"[①] 阿富汗作为美国南亚战略的组成部分，在美国地区战略中的地位已然上升。

基于 NSC5409 号文件的基本内容，1954 年 12 月 14 日，国家安全委员会执行秘书詹姆斯·莱（James Lay）向国家安全委员会提交了一份备忘录，对美国的南亚战略和对阿富汗政策进一步予以了阐释。备忘录讲道："美国深切关注南亚的未来发展，因为它的战略地位、丰富的人力、自然资源和在世界事务中不断增长的影响。南亚也是冷战的主战场……如果南亚沦于共产主义的控制——虽然不是迫在眉睫的——将是西方世界严重的心理和政治失败。"[②] 备忘录概括了美国在南亚地区的战略目标是："（1）强大、稳定和负责任的政府，对美国友好，有意愿和能力抵制内部和外部的共产主义。（2）南亚国家间及南亚国家与自由世界国家间更好的合作，它们自己充分认识到只有这样，它们的国家利益才能最好地得以实现。（3）南亚国家的经济状况得到显而易见的改善。（4）这一地区的军事力量对地区稳定和自由世界的防务做出贡献。"[③] 为实现这些目标，备忘录从政治、经济、军事等各方面提出了美国应遵循的行动方针，内容要点是加强南亚国家间的地区合作，美国提供广泛的援助，促进地区国家间及南亚国家与西方国家的军事合作关系，加强对南亚的心理宣传等。值得注意的是，NSC5409 号文件和国安会备忘录都非常明确地重申了杜鲁门政府当年提出的一个政策理念，即"借助联合国和其他可行措施，解决南亚不同国家间的纠纷"。美国要鼓励"本土和外国私人资本在诸如经济发展领域等的投资"[④]。艾森豪威尔政府对这些理念的重新提出和强调，反映了艾森豪威尔政府在推行地区冷战政策时可能会将此种理念付诸实践，锻造一种对阿政策新模式，即：突破美国政府作为对苏冷战的唯一行为体的局限，动员所有可资利用的资源，以美国政府为主导，协调多种行为体——无论是

---

① U. S. House of Representatives, Committee on Foreign Affairs, Mutual Security Act of 1955, Hearings before the Committee on Foreign Affairs, 84th Congress, 1st Session, p. 111. 转引自 Aftab Alam, *U. S. Policy towards South Asia*, Delhi: Raj Publications, 1988, p. 31；李晓妮：《美国对巴基斯坦政策研究，1941—1957》，博士学位论文，东北师范大学，第 59 页。

② *FRUS*, 1952 - 1954, Vol. XI, Part 2, p. 1089.

③ *FRUS*, 1952 - 1954, Vol. XI, Part 2, p. 1092.

④ *FRUS*, 1952 - 1954, Vol. XI, Part 2, p. 1093.

超国家行为体还是次国家行为体——的对外行为，使其共同为美国的冷战战略服务。

NSC5409号文件奠定了20世纪50年代艾森豪威尔政府对南亚政策和对阿富汗政策的基础，它规定的一些基本政策原则在很长时间内一直规范着艾森豪威尔的阿富汗政策。但该文件形成时间较早，对很多问题未能做出准确预判，因而，美国对阿富汗政策的很多内容在此份文件中没有体现出来。NSC5409号文件制定后不久，由于苏联对阿富汗的攻势行动，美国在阿富汗面临的局势日益紧张。

（二）苏联政权变革及赫鲁晓夫的对外新政策

1953年3月斯大林逝世后，格·马·马林科夫被选举为苏联部长会议主席，开始了对苏联外交政策的初步调整。苏联对第三世界国家的政策也因此发生重大变化。战后初期，苏联外交的基本目标是维护和巩固自身安全，"苏联当时无论在欧洲或亚洲的外交目标只是想尽力保证本国安全和既得利益，同时保证新解放的人民民主国家不致被帝国主义颠覆，即执行所谓'安全带'政策"[1]。在这一战略背景下，斯大林对第三世界国家、特别是第三世界的资本主义国家的外交和国际立场持否定态度，"直到1953年斯大林去世，他一直将所有的非共产主义的民族主义者视为资产阶级，并对共产主义者给予大力支持"[2]。显而易见，意识形态考虑是斯大林对外政策的一个主导性因素，深刻影响着他的世界观和国际关系理念。

马林科夫掌权后立即对苏联外交的人事安排做出调整，将被斯大林冷落的莫洛托夫任命为苏联部长会议第一副主席、苏联外交部长，[3] 预示了苏联对外政策将可能发生较大变化。维亚切斯拉夫·米哈伊洛维奇·莫洛托夫（Vyacheslav Mikhaylovich Molotov，1890—1986年）是苏联外交界的元老级人物，列宁时期他就出任过苏联中央委员，斯大林时期，莫洛托夫又紧密追随在斯大林左右，"1939—1949年及1953—1956年任外交人民委员

---

[1] 杨生茂：《美国外交政策史，1775—1989年》，人民出版社1991年版，第435页。
[2] Richard Crockatt, *The Fifty Years War: The United States and the Soviet Union in World Politics, 1941–1991*, Routledge, Chapman & Hall, Incorporated, 1996, p. 168.
[3] 沈志华：《苏联历史档案选编》第26卷，社会科学文献出版社2002年版，第372页，No. 06238："苏共中央、苏联部长会议和苏联最高苏维埃主席团联席会议记录。"

(1946年后改称外交部长),是斯大林国际谈判的主要代言人和顾问"[1]。

马林科夫不久又被赫鲁晓夫替代,短期内苏联政权的频繁变动,影响了其对外政策的成型。所幸赫鲁晓夫的统治很快巩固下来,他继续深化马林科夫启动的外交政策的变更。赫鲁晓夫外交政策的变化在两个主要领域都有体现。首先,在与西方国家关系方面,赫鲁晓夫明确表示,要缓和与西方的紧张对峙关系,提出著名的"三和路线"(和平共处、和平竞赛、和平过渡)作为处理与西方资本主义阵营关系的指导原则。对苏联情况的变化,西方国家也观察得很细致。1953年英国驻苏大使馆发回的报告说:"斯大林逝世后,在国际关系领域达成协议的可能性增大了。在没有解决内政问题前,苏联领导一致想减少外部摩擦。"[2] 苏共二十大报告是赫鲁晓夫外交政策调整的阶段性总结,赫鲁晓夫指出:"有人认为,似乎苏联提出和平共处原则,只是出于策略的考虑,权宜的考虑。但是人人知道,从苏维埃政权建立的最初几年起,我们就以同样的坚定态度主张和平共处。由此可见,和平共处不是策略措施,而是苏联外交政策的基本原则。"[3] 其次,是对第三世界国家的政策调整。赫鲁晓夫认识到了第三世界力量兴起的趋势,并试图加以利用。"在苏共二十大上,赫鲁晓夫改变了将众多不发达国家归入帝国主义阵营的做法,而是把他们看作两大阵营之间的广大'和平地带',进而把争取不发达国家当作与资本主义和平竞赛的重要内容。""在扩大苏联对'中间地带'的影响方面,以'和平共处'为旗帜,采取多种手法并用的和平渗透战略,对第三世界国家和地区以及中立国家采取了积极的外交战略。"[4] 有人认为,赫鲁晓夫此项政策是对列宁政策的回归,它"允许新生的第三世界国家选择同冷战的两大集团中任何一个建立严肃的同盟关系。这种设想认为,新独立国家的中立主义本质上包含了

---

[1] http://zh.wikipedia.org/wiki/%E7%BB%B4%E4%BA%9A%E5%88%87%E6%96%AF%E6%8B%89%E5%A4%AB%C2%B7%E7%B1%B3%E5%93%88%E4%BC%8A%E6%B4%9B%E7%BB%B4%E5%A5%87%C2%B7%E8%8E%AB%E6%B4%9B%E6%89%98%E5%A4%AB。

[2] [俄]《历史档案》1995年5—6期,第125页,转引自左风荣《致命的错误:苏联对外战略的演变与影响》,世界知识出版社2001年版,第125页。

[3] 人民出版社辑:《赫鲁晓夫言论》,世界知识出版社1965年版,第5集,第37页,转引自纪胜利《美国对芬兰政策》,博士学位论文,2008年,第66页。

[4] 纪胜利:《美国对芬兰政策》,博士学位论文,东北师范大学,2008年,第67页。

反对西方的理念"①。

"三和"路线意味着在国外、主要是第三世界与美国的竞争将主要不是以暴力方式直接或间接获取第三世界的控制权，而更侧重经济、文化、国家形象构建和现代化发展模式的塑造等和平方式。在这样的背景下，紧邻苏联、两国有较长历史传统的阿富汗成为苏联政策的首要目标和"试验田"。

（三）阿富汗政权变更及其政策调整

1953年9月，阿富汗政权也发生变化，穆罕默德·达乌德（Mohamed Daoud, 1909—1978）接替马茂德，出任阿富汗新首相，开始了为期十年的统治，他任命其兄弟穆罕默德·纳伊姆（Mohamed Naim）出任阿富汗副首相兼外交大臣。"达乌德是一个相当强势的人，可能是继阿卜杜尔·拉赫曼（Abdur Rahman）之后，阿富汗所见到的最具有活力的领导人。"② 领导人的变更不可避免地带来了阿富汗对外政策的变化。马茂德政府时期，阿富汗非常重视对美国的外交，"把加强阿美关系作为其对外政策的支柱。……谋求华盛顿的经济军事援助"③。有学者认为，战后初期，阿富汗政府之所以对美国寄予厚望，"是因为阿富汗对美国有一种本能的尊崇"④。与之相反，阿富汗与苏联的关系在马茂德任期内表现不佳，双边关系一直相当冷淡，阿富汗的不积极是重要原因之一。不过，马茂德政府的亲美立场没为阿富汗带来预期的收益，美巴关系反而急速发展，对阿富汗造成很大压力，因而，"在其任期的最后几年，阿富汗内部对马茂德政府西方化政策及加强与美国关系的不满情绪持续增长。在阿富汗的政治精英看来，马茂德政府的政策削弱了阿富汗国家在大国冲突中的传统中立，并使得国家周旋于敌对国家间的能力最小化"⑤。

达乌德在上台伊始没有表现出立即改变阿富汗外交立场的迹象，不过，他是一个民族主义倾向非常强烈的人，这一点马茂德是无可比拟的。

---

① Richard Crockatt, *The Fifty Years War: The United States and the Soviet Union in World Politics, 1941–1991*, Routledge, Chapman & Hall, Incorporated, 1996, p. 175.
② Martin Ewans, *Afghanistan: A New History*, Routledge Curzon, 2001, p. 110.
③ 彭树智、黄杨文：《中东国家通史·阿富汗卷》，第231页。
④ Martin Ewans, *Afghanistan: A New History*, p. 108.
⑤ Tom Lansford, *A Bitter Harvest: U. S. Foreign Policy and Afghanistan*, p. 94.

达乌德虽然是第一个受过西方教育而就任阿富汗首相的人，但他将阿富汗的国家利益置于首位，不太注重意识形态问题。在阿巴关系恶化、美巴结盟、阿富汗对美国示好连遭挫折等一系列事件的刺激下，1955年后，达乌德毫不犹豫地将阿富汗的外交重点转向了苏联，逐渐形成了与苏联的一种"特殊关系"。达乌德的外交政策变更具有重大的历史意义，它全面地、长久地影响了阿富汗、苏联和美国的外交政策及彼此关系，体现出在国际关系、特别是大国和小国关系中，小国并非是完全被动的，它可以通过正确把握大国间关系和国际政治的发展趋势，通过调整自身外交立场，对本国的对外政策和他国间的关系产生深刻影响。

总之，1953年，美、苏、阿三国政权的变更及外交政策的调整使艾森豪威尔的对阿政策面临着巨大的挑战和机遇。机遇主要是美苏关系有了缓和的机会，但这样的机遇没有真正地被有关国家充分利用，推动冷战局势向好的方向发展。相反，各国政策的调整和互动使艾森豪威尔政府在阿富汗切实感受到的是苏联外交造成的更大的压力和挑战，美苏在阿富汗的全面竞争格局开始形成。

二 艾森豪威尔政府对阿富汗政策的新变革

在总的国家安全战略和地区冷战战略主导下，艾森豪威尔政府试图澄清杜鲁门政府一直未能明确阐明的一个根本性问题：阿富汗在美国的全球或地区冷战战略中究竟占据何种地位，美国欲在阿富汗实现何种战略目的。美国得出这一问题的答案经历了较复杂的过程。

（一） 从"中东防御组织"到"北层防御集团"

在冷战气氛炙热的环境下，艾森豪威尔政府的主要外交官员对国际关系形成了一种"非友即敌"的思维方式，强调世界的两极化，认为任何国家、尤其是美苏阵营之外的广大新独立国家都应在西方阵营和苏联阵营间做出明确的选择，表明立场，要么站在苏联一边，要么加入美国阵营，保持"中立"是不可能的，中立主义没有存在的空间。作为这一思想的反映，20世纪50年代，美国政府对"中立主义"表现出较强烈的否定态度，副总统尼克松、国务卿杜勒斯等政府高级官员都在不同时间和场合严厉抨击一些国家奉行的"中立"政策和中立主义外交理念。如杜勒斯曾说，"中立在实践中意味着对侵略的纵容"；"它是一个过时的……概念"。美国负责中东与非洲事务的助理国务卿麦吉也讲，在中东，"美国决不能让中立主义存在"①。不过，加迪斯认为，相比于杜勒斯，艾森豪威尔总统对中立主义更为宽容，"他指出，'中立'只意味着不愿参加军事同盟，而不是对于是非问题无动于衷"②。以中立主义为外交传统的阿富汗面临美国新政府的无形压力。对于美国的指责，阿富汗政府曾进行了解释。"阿富汗领导人批评了那些将中立主义看作逃跑主义的人，并反复强调，'我们的中立不是被动的，而是积极的，我们应保持对于国际重要问题的自我判断的自由。'"③但阿富汗政府的回应没有改变所有美国高级官员的观点。其实，在冷战爆发之初，美国政府对他国的中立主义外交立场就持否定态度。如杜鲁门强调的世界上两种生活方式的对立就有将世界各国一分为二、没有其他选择的思路，在此意义上，"杜勒斯对中立主义的抨击，与杜鲁门关于所有国家必须在两种生活方式之间做出选择的声明如出一辙"④。

在外交政策的具体实施方面，艾森豪威尔非常注重强调以集体安全的方式推行遏制战略。与冷战全球化同步进行的，是美国反苏军事同盟体系的全球化。在这一理念主导下，艾森豪威尔执政后，开始谋求在全球范围而不仅在欧洲建立反苏军事同盟，欲把更多第三世界国家纳入美国的反苏军事体系中，并迅速开始在苏联南翼的广大地区——东南亚、西亚、中东——筹组地区性军事同盟，和北约一起，对苏联形成扇形包围。为此，艾森豪威尔政府积极在中东展开活动，意图建立包含"北层"（Northern Tier）国家在内的中东军事组织。⑤"北层"国家是美国国务卿约翰·杜勒斯率先提出的一个基于地理范围的概念，也是一个地缘战略概念，指位于

---

① Mohammad Ma'Aroof, *Afghanistan in World Politics*, p. 87；张士智、赵慧杰：《美国中东关系史》，第 164 页。
② [美] 约翰·加迪斯：《遏制战略：战后美国国家安全政策评析》，第 159 页。
③ Mohammad Ma'Aroof, *Afghanistan in World Politics*, p. 10.
④ 王玮、戴超武：《美国外交思想史，1775—2005 年》，第 361 页。
⑤ 世界知识辞典编辑委员会：《世界知识辞典》（世界知识出版社 1959 年版，第 170 页）。对"北层"的解释是：美帝国主义于 1951 年组织"中东司令部"失败后，1953 年又企图把接近苏联边境、位于中东北部的土耳其、伊拉克、伊朗、巴基斯坦等国组成"北层联盟"（简称"北层"），作为组织中东军事侵略集团的第一步，然而再将其他阿拉伯国家一个一个拉入。美国建立"北层"的意图是在反苏反共的烟幕下，分裂阿拉伯国家的团结，镇压民族解放运动，排斥其他殖民国家势力，并企图通过它将"北大西洋公约"集团与当时正在进行组织的"东南亚集体防务条约"集团连成一条锁链，以达到独霸中东的目的。

苏联南部、与苏联有领土接壤的系列国家，主要指土耳其、伊朗、阿富汗等伊斯兰"北层"三国。美国政府认为，这三国将构成阻遏苏联扩张的"北层防线"或"北层防御集团"。但仅凭三国之力，即使有美国支持，仍难以抗拒苏联的强大军事实力。因而，艾森豪威尔政府的构想是，在中东、南亚地区组建一个更大范围的军事同盟，但应将"北层"国家包容进来，并使其发挥"前沿存在"的作用。

在此过程中，阿富汗与苏联漫长的边界线引起艾森豪威尔政府的极大兴趣。基于反对中立的外交立场，美国意图将阿富汗纳入美国的地区同盟体系中。这一政策变化是艾森豪威尔政府对杜鲁门时代的阿富汗政策最大的修正。

在中东地区建立军事同盟体系的想法在杜鲁门时期就已产生。不过，"建立某种包括英国、美国和某些中东国家在内的中东防御协定的想法最早是英国在二战后考虑的"[①]。1951年10月，美国接受英国的倡议，联合英、法等欧洲国家，向土耳其、伊拉克、叙利亚和埃及等中东、北非国家发出了建立"中东司令部"的征询意见。但由于诸如英国和埃及等国和阿拉伯、以色列间的矛盾等种种原因，这一倡议未能实现，"中东司令部"计划失败。1952年10月，美国又提出一个名为"中东防御组织"的联盟计划，"企图把阿拉伯各国以及伊朗、阿富汗等国都拉进这个组织，但再次遭到中东国家的反对"[②]。

艾森豪威尔继任后，更积极地推进中东军事同盟构想。为了解中东各国的真实想法，1953年5月9—29日，国务卿杜勒斯对以色列、印度、巴基斯坦、希腊、土耳其等中东多国进行了连续访问。回国后，杜勒斯对此次访问的成效进行了总结，并将总结报告提交给艾森豪威尔总统审查。在报告中，杜勒斯正式提出组建一个新的，包括土耳其、巴基斯坦、伊拉克、伊朗等北层国家在内的军事组织的构想。杜勒斯的报告试图确立美国对中东事务的主导权，推行更独立的中东政策。"虽然国务院继续支持'中东防御组织'（The Middle East Defence Organization，MEDO）概念，但

[①] Behçet K. Yeşilbursa, "The American Concept of the 'Northern Tier' Defence Project and the Signing of the Turco-Pakistani Agreement, 1953-54", *Middle Eastern Studies*, Vol. 37, No. 3（July, 2001）, p. 59.

[②] 冯基华：《美国中东政策的战略支点——土耳其》，《亚非纵横》2012年第4期，第44页。

它开始推行自己的中东政策"[1]。杜勒斯报告的主要内容是更多依靠地区国家的联合，缔造和支撑一个反共同盟，美国主要对其提供军事、外交等方面的支持，并且美国主要以多个双边条约的形式将不同国家胶合到一起。这一构想又被称为"杜勒斯计划"。

其后，美国国家安全委员会讨论并肯定了杜勒斯的报告，正式形成了名为《美国关于中东地区的目标和政策》（United States Objectives and Policies with Respect to the Near East）的国家安全委员会第 155 号文件（NSC155）。1954 年 7 月，国安会又通过一份新文件 NSC5428，进一步发展和深化了对美国中东政策的表述。文件指出，美国"要提升地区稳定，加强地区安全，推动基于'北层'概念的地区防御安排的发展"[2]。

1954 年，在美国支持和撮合下，土耳其和巴基斯坦率先签订了防务协定，迈出了建立"中东防御组织"的第一步。此后，美国又分别与土耳其、巴基斯坦等国签订双边条约，明确了美国对地区反共组织及相关国家的义务。

（二）"杜勒斯计划"与阿富汗

在美国筹组"中东防御组织"的"杜勒斯计划"中，阿富汗的地位较为特殊。在西亚—中东地区，有的国家是美国从一开始就明确列入结盟对象的，如伊朗、伊拉克、巴基斯坦等；而有的国家始终没有进入过美国决策者的视野。阿富汗的特殊之处就在于，美国对它的态度是摇摆不定的，显得信心不足。美国既要争取阿富汗，立场又不是很坚定，给人留下了较多困惑，以至于对此问题的研究呈现矛盾的结论。美国国务院文件讲，美国欲将阿富汗拉进"杜勒斯计划"，但没能成功。也有的研究者认为，是阿富汗主动要求加入这一计划以寻求美国的军事援助，但美国兴趣不大。如 2003 年曾出任美国驻阿富汗大使的扎尔梅·哈利勒扎德认为："阿富汗也希望加入类似的联盟但没有成功，很大程度上是因为一旦苏联入侵或进

---

[1] *Department of State Bulletin*, 9 Feb. 1953, pp. 213-14, 转引自 Behçet K.Yeşilbursa, "The American Concept of the 'Northern Tier' Defence Project and the Signing of the Turco-Pakistani Agreement, 1953-54," *Middle Eastern Studies*, Vol. 37, No. 3（Jul., 2001）, p. 63。

[2] *FRUS*, 1952–1954, Vol. Ⅱ, Part 1, p. 751.

行颠覆活动时，美国不愿向其提供安全保证。"①

NSC5409号文件在陈述美国反制共产主义扩张威胁的军事措施时讲道，美国应"鼓励南亚国家与邻近地区国家合作参与地区防务安排"②。文件没有详细列举哪些国家间的防务合作会得到美国支持，但美国也没有明确将某一个南亚国家排除，其中隐含了对阿富汗加入这样的地区防务协定的支持。而且，在文件的后半部分还讲道，"当巴基斯坦和阿富汗通过多种合作方式联合到一起时，巴基斯坦的力量和北层防御体系都可能得到增强"③。这句话直接点出了"阿富汗"的名字，对于阿富汗加入"北层防御组织"可能产生积极意义这一层意思表达得更明确。

"杜勒斯计划"关于阿富汗的政策主要涉及两方面内容，一是直接向阿富汗发出邀请，希望其参与地区性防务集团；二是在吸纳某些地区国家，如巴基斯坦时，顾虑到其可能对阿富汗外交立场和美阿关系的影响。

第一，美国吸引阿富汗参加"杜勒斯计划"。阿富汗与苏联直接接壤的地理特点是引起美国政府重视阿富汗在未来的反共同盟体系中作用的最直接原因。阿富汗对苏联历史遗留的传统不信任和恐惧促使阿富汗不断寻找外部力量的介入也是促使美国积极拉拢阿富汗的动因。在"零和博弈"的冷战思维背景下，美国试图说服阿富汗放弃传统的中立政策，加入美国的地区性反苏军事联盟体系。艾森豪威尔政府建立之初，美国政府就开始了此项努力。因而，美国在最初设想"北层防御集团"时就已把阿富汗考虑在内。1953年2月，美国国务卿杜勒斯在致美驻阿大使安格斯·沃德（Angus I. Ward）的电报中讲道，美国意图主持建立"中东条约组织"，"该组织建立时，可能邀请地区内的其他国家如阿富汗或巴基斯坦加入，如果它们有兴趣"。美国国务院要求沃德大使尽快与阿富汗政府接触，以探寻阿富汗政府对该组织的立场，特别是"国务院想知道阿富汗政府是否有兴趣加入'中东防御组织'"④。这是美国国务院已公开的外交资料中最早记录美国争取阿富汗加入"中东防御组织"、欲与阿富汗建立联盟关系的

---

① Zalmay Khalilzad, "The Superpowers and the Northern Tier," *International Security*, Vol. 4, No. 3 (Winter, 1979 – 1980) p. 8.

② *FRUS*, 1952 – 1954, Vol. XI, Part 2, p. 1093.

③ *FRUS*, 1952 – 1954, Vol. VI, Part 2, p. 1156.

④ *FRUS*, 1952 – 1954, Vol. XI, Part 2, p. 1465.

文件内容。

此后，美国继续就此问题不断向阿富汗表达希望其加入的意愿。1953年9月，美国副总统理查德·尼克松访问中东多个国家，阿富汗是访问对象之一。尼克松此次中东之行主要是为了争取有关国家支持筹组"北层防御集团"的"杜勒斯计划"。在与阿富汗官员会谈中，尼克松表示，美国愿意加大对阿富汗的经济援助力度，并保证继续支持赫尔曼德河工程。但他同时希望阿富汗能与巴基斯坦、伊朗等国一起，加入美国主持下的反苏军事同盟。1953年12月，尼克松就他此次访问阿富汗给国家安全委员会的报告讲道："我觉得阿富汗将持久地反对共产主义。我与首相和国王讨论了给巴基斯坦的援助问题，他们认为，如果巴基斯坦、阿富汗、伊拉克、伊朗和土耳其加入一个类似大西洋联盟的组织将是一个好主意。"[1] 在此前后，参议员威廉·诺兰、助理国务卿约翰·杰尼干等也访问了阿富汗，表达了同样的意见，劝说阿富汗加入军事集团。[2] 为促成阿富汗接受美国的建议，美国施以物质利益的诱惑。1953年11月，美国向阿富汗提供了1850万美元的商业贷款。

第二，阿富汗对"杜勒斯计划"的认识和应对政策。有学者认为阿富汗曾意图以放弃中立政策为代价换取与美国的结盟，"阿富汗也希望加入类似的联盟但没有成功，很大程度上是因为一旦苏联入侵或进行颠覆活动时，美国不愿向其提供安全保证。据说美国的不情愿建立在美国设想的短期内向阿富汗提供实质性帮助的有限能力基础上"[3]，结合冷战之初的美苏关系、阿富汗与美苏等国的关系及相关文件可以发现，对于与美国的结盟问题，阿富汗政府在不同历史时期的立场是有差别的，其对于是否搁置或放弃中立外交的政策是前后变动的。马茂德任首相时期，阿富汗对阿美关系看得很重，多次向美国要求过军事援助，为了促成美国的军事援助，根据美国人的说法，马茂德政府曾提出过一个构建地区防务和约的建议，但参加者都是南亚、中东国家，美国并不是成员国。1948年3月12日美国

---

[1] *FRUS*, 1952–1954, Vol. VI, Part 2, p. 1407.
[2] 黄民兴：《达乌德第一次执政时期阿富汗与苏美的关系（1953—1963年）》，《西亚非洲》1985年第4期，第35页。
[3] Zalmay Khalilzad, "The Superpowers and the Northern Tier," *International Security*, Vol. 4, No. 3 (Winter, 1979–1980), p. 8.

国务卿乔治·马歇尔在致杜鲁门总统的备忘录中讲道，阿富汗认为"一个包括土耳其、巴基斯坦、阿富汗、伊朗的地区安全合作条约是有现实可能性的。如果向以上几国提供援助，美国就能以较小的代价而得到一个穆斯林国家组成的屏障"[1]。这表明阿富汗确实有过军事联盟的意图，但对象不是美国，而是美国的盟国，阿富汗希望通过这种间接的方式，与美国建立密切的军事联系。阿富汗没有明确表示过同美国结盟。

在美国筹组"北层防御集团"的过程中，阿富汗政权发生变更，达乌德政府是现实主义的，对美国的亲近感远没有马茂德那样热切。在美国不能给阿富汗带来丰厚利益的情况下，阿富汗更不能加入美国的地区性军事联盟，以至于绑住自己的手脚。达乌德政府主要关注的是美国与巴基斯坦结盟和大规模援助巴基斯坦可能给阿富汗带来的安全压力，以及在阿巴争端中阿富汗可能处于的不利地位。在此意义上，阿富汗不可能与巴基斯坦同时加入一个地区军事组织，也反对美国将巴基斯坦纳入这样一个组织。

本质上，阿富汗对于某种形式的地区合作或地区组织并不是排斥的。早在20世纪30年代，阿富汗就与伊朗、伊拉克等国签署了萨阿达巴德条约，"设立中东四国常设会议"[2]，开展经济贸易合作，加强在国际事务的声音。但阿富汗对于参加地区组织始终有一个底线，即：不破坏其传统中立政策，不加入具有对抗性的军事集团。

因而，面对美国推行的以反苏反共为宗旨的"杜勒斯计划"及希望阿富汗参加的要求，阿富汗态度消极，予以拒绝。至此，在争取阿富汗参加"北层防御同盟"或"中东防御组织"等地区性防御组织问题上，经过一段时期的试探和受挫后，美国政府意识到此问题的不可行。1954年12月，美国政府得出结论认为："目前，坚持阿富汗应加入'中东防御组织'系统将导致阿富汗地位的恶化，并削弱中东防御系统本身。因此，我们应避免给人留下一个印象，即：目前美国支持阿富汗加入地区防御协定，但不排除阿富汗以后加入的可能性。"[3] 1955年6月，在一份名为《中东防御问题及其前景》(Midddle East Defense Problems and Prospects) 的《国家情报评估》(National Intelligence Estimate, NIE 30 - 55) 报告中，美国政府再

---

[1] FRUS, 1948, Vol. V, Part 1, p. 493.
[2] 彭树智、黄杨文：《中东国家通史·阿富汗卷》，第220页。
[3] FRUS, 1952 - 1954, Vol. XI, Part 2, p. 1158.

次确认:"在可预见的将来,阿富汗不大可能成为任何'北层防御组织'的成员国,因为它暴露和孤立的地理位置,阿富汗长期信奉的不对俄国或西方做出承诺的智慧,及其与巴基斯坦在普什图尼斯坦问题上的纠纷。"①

阿富汗的拒绝没有使美国政府感到惊讶。艾森豪威尔政府熟知阿富汗中立主义的外交传统,因而在实施"杜勒斯计划"中,对阿富汗加入的可能性并没有抱太大期望,没有为此开展大力度的外交活动;没有投入太多资源予以争取,只是进行了试探性接触后就回缩了。美国政策的不彻底表现在多个方面,一是美国对于阿富汗和巴基斯坦等国的重视程度不同。杜勒斯计划非常明确地列出了四个北层国家为将来地区组织的成员国——巴基斯坦、伊朗、伊拉克和土耳其,阿富汗一直游离于美国的名单之外。二是在是否给予阿富汗关于中东军事同盟的知情权问题上,美国态度消极。例如,在土耳其与巴基斯坦签订共同防御协议过程中,土耳其极为重视土巴结盟可能对阿富汗造成的冲击,因而向美国建议,在正式公开土、巴会谈内容及签署协议前,应将相关情况事先告知阿富汗、印度等国。"土耳其特别忧虑,因为土耳其与阿富汗有非常密切的关系,在土耳其看来,从维护中东安全的角度出发,阿富汗也占有重要的地理位置。土耳其政府想向阿富汗保证,土耳其将对巴基斯坦明确表示,土耳其在普什图尼斯坦争端中不站在任何一方,并建议有必要向阿富汗提供一份书面保证,甚至与阿富汗签订一个友好条约。"但对于土耳其提出的关于事先通告阿富汗的建议,"美国国务院持有保留意见"②。

(三) 苏联对美国构建 "北层防御联盟" 的反应

面对美国政府在苏联南翼的结盟举动及其给苏联本土安全造成的压力,苏联展开了系列行动予以回击,力图破坏美国的努力,阻止地区性反苏、反共同盟体系的建立。从1951年开始,苏联就多次发表对外声明,表明对美国和一些地区国家的不满,"苏联指责'北层'国家允许其领土被用于反对苏联的入侵活动的基地。阻止这一地区国家与西方形成密切关系特别是联盟关系是苏联最重要的目标"③。同时,苏联对一些地区国家开展

---

① FRUS, 1955–1957, Vol. Ⅱ, p. 89.
② FRUS, 1955–1957, Vol. Ⅱ, p. 80.
③ Zalmay Khalilzad, "The Superpowers and the Northern Tier," International Security, Vol. 4, No. 3 (Winter, 1979–1980), p. 8.

针对性外交活动，在向其发出警告、施以压力的同时，利用军事援助、经济贸易、新闻宣传等多种手段，恩威并施，达到弱化美国与北层国家关系、破坏西方联盟体系的目的。但苏联政策的效果不明显，土耳其、伊朗与美国结盟的速度并未因苏联的反对而下降。一筹莫展的苏联政府遂将政策重点置于阿富汗。"北层国家之一的阿富汗的表现给了苏联以巨大希望。阿富汗以其极弱的军事实力、对苏联的高度经济依赖和横跨美国正努力筹建的"北层防线"的战略地位，给予了苏联一个便利的舞台，采取反措施以阻止附近的地区国家进一步与西方防务计划合作，并抵消西方这一区域的得益。"①

对阿富汗拒绝参与美国主导的地区军事同盟，苏联表示了高度赞赏。1955年12月赫鲁晓夫和布尔加宁访问阿富汗时，多次称赞阿富汗做出了明智的选择。12月16日，布尔加宁在喀布尔出席宴会时发表讲话说："苏联对阿富汗爱好和平的独立外交政策、反对建立集团的政策的态度……给予高度评价。""我们认为，中立和不参加集团的政策最符合保障各国人民安全和维护他们国家独立的利益，并且有助于巩固和平事业。"②

（四）艾森豪威尔对阿政策的重新定位

在结盟要求被阿富汗拒绝后，经过综合衡量利弊得失后，艾森豪威尔政府最终决定，不将阿富汗纳入中东—南亚地区的军事反苏同盟体系中。美国的拉拢政策由于没有得到阿富汗的积极响应而失利，艾森豪威尔政府在阿富汗遭遇上任后的一个重要外交挫折。阿富汗的拒绝令美国不快。但阿富汗的地缘重要性又使得美国无法完全放弃阿富汗，没有断绝与阿富汗的关系，只是削减了对阿援助规模。1955年美国拒绝了阿富汗1亿美元的贷款请求。与此同时，美国的经济援助和军事援助大规模进入巴基斯坦。1954—1955年，巴基斯坦因加入"东南亚条约组织"和"巴格达条约组织"这两个反苏军事集团，得到价值9700万美元的谷物和3700万美元的发展援助；而阿富汗仅得到价值210万美元的技术援助和价值260万美元的谷物。③对美国的立场，阿富汗只能表示"愤怒、担忧"而又无奈，对

---

① *FRUS*, 1952–1954, Vol. XI, Part 2, p. 1491.

② 人民出版社辑：《布尔加宁、赫鲁晓夫访问印度、缅甸和阿富汗期间的讲话》，人民出版社1956年版，第199—200页。

③ Douglas A. Borer, *Superpowers Defeated: Vietnam and Afghanistan Compared*, p. 81.

美国的期望值也随之降低。此次结盟外交努力受挫后，美国历届政府都没有再策划过类似的与阿富汗结盟的计划和行动。

阿富汗拒绝美国关于参与地区性防务协定出于以下几个原因。首先，阿富汗坚持其传统的中立政策，不与任何大国或大国集团结盟。美国的意图违背了阿富汗"中立"传统。阿富汗虽希望得到美国的经济军事援助，但决不想因此而放弃中立政策。其次，是担心与美国的军事协定会刺激苏联，加剧地区紧张关系，使其处于同苏联直接对抗的状态，反而使国家处于更不安全的状态。数十年的交往历史使阿富汗感觉到苏联对自身安全利益的敏感，毗邻苏联、拥有漫长共同边界的地缘政治特点使得阿富汗在涉及苏联的问题上非常谨慎。更主要的是，阿富汗与苏联早在20世纪20—30年代签署的系列条约中都明文约定，两国互不参加针对对方的军事集团。1931年条约的有效期几经延长，一直有效。阿富汗拒绝美国的建议，既是对条约义务的遵守，同时也是不愿给苏联公开指责、进而有可能直接干预阿富汗内政外交事务的理由。第三，美国对阿富汗参与地区防务协定后不愿提供军事保护和军事援助，阿富汗自感这样的防御协定对阿富汗来说"有名无实"。美国将建立"北层防御联盟"的重点置于其他地区国家身上，阿富汗的作用并不突出，美国只是想凭借阿富汗与苏联接壤的地理特点向苏联施加更大压力，并无意加强阿富汗军事实力，也不计划在地区防务框架下向阿富汗提供实质性军事援助。例如，国务卿杜勒斯曾建议，美国应提供5000万美元军事援助以加强"北层"国家的合作。"1953年8月11日，美国参谋长联席会议向国防部长查尔斯·威尔逊（Charles Wilson）提交了他们对于"北层防御"概念和美国对中东国家军事援助的评估和建议。美国驻中东各国外交人员建议在1953年7月由国会拨款3000万美元，特别用于对中东的军事援助，尽可能快地提供给伊拉克、叙利亚、沙特阿拉伯、约旦、黎巴嫩和以色列。他们还建议应向巴基斯坦、埃及和伊朗提供额外的军事援助。"[1] 很明显，美国军方和国务院所考虑的军事援助对象没有包括阿富汗在内。第四，阿富汗未能成为美国主导的地区防务组织的成员，除阿富汗、美国方面的原因外，巴基斯坦因素也是不可忽视的。巴

---

[1] Behçet K. Yeşlbursa, "The American Concept of the 'Northern Tier' Defence Project and the Signing of the Turco-Pakistani Agreement, 1953-54," *Middle Eastern Studies*, Vol. 37, No. 3 (Jul., 2001), p. 72.

基斯坦政府一直反对美国邀请和接纳阿富汗进入地区性军事组织中。巴基斯坦政府认为，在同阿富汗的矛盾顺利解决之前，如果与阿富汗一同加入地区防御组织，会直接影响美国介入阿巴纠纷时的态度，不能对巴基斯坦给予大力支持；此外，阿富汗加入这样一个具有军事同盟性质的组织，美国对阿富汗的军事援助必然会增加，这也不利于巴基斯坦。因而，在与美国的接触中，巴基斯坦多次向美国表示了这样的意思。鉴于巴基斯坦对美国地区战略的重要意义，1954年10月，在与巴基斯坦的会谈中，美国官员正式告知巴基斯坦，"我们已经通知阿富汗人，现在不是他们加入中东联盟的合适时机。……我们也告知阿富汗人，我们怀疑任何由美国向阿富汗提供军事援助协定的明智性"[①]。

虽然阿富汗被排除在美国援助名单之外，但美国在执行对相关国家的军事援助时也关注阿富汗的反应，如在向巴基斯坦提供军援时，美国参谋长联席会议就提出应以妥当方式援助巴基斯坦，"以免在印度和阿富汗引起不良反应"[②]。因而可以认为，美国在构建"北层军事防御组织"过程中，阿富汗属于可以争取、不能失去但并非重点争取的对象。

阿富汗对美国"杜勒斯计划"的拒绝，使美国的对阿政策趋于平稳，美国不再谋求对阿政策的突破性发展。以1954年10月19日的《国家情报评估》为主要标志，美国政策的稳定也意味着美国对阿富汗政策的日益成熟与成型。该文件认为，阿富汗的战略重要性在于其缓冲国地位，将北方的苏联与南方非共产主义的巴基斯坦与印度隔离开；苏联的经济渗透极有可能导致阿富汗逐渐进入苏联轨道。"然而，我们不相信苏联将控制阿富汗；阿富汗愿意加入有本地区其他国家共同组成的防御协定，如果该协定得到美国支持和美国军援。然而，阿富汗不会接受这样一个西方支持下的区域防御协定的成员国资格。"[③] 1958年达乌德访问美国时，艾森豪威尔已公开表示美国尊重阿富汗的中立立场。

不难发现，艾森豪威尔政府对阿富汗政策的进取性、主动性相比于杜鲁门政府而言大大加强。同时，由于艾森豪威尔政府对其外交对象的认知失误及强烈的冷战情绪，也导致其阿富汗政策的波动性强于杜鲁门政府。

---

① *FRUS*, 1952-1954, Vol. VI, Part 2, p. 1425.
② *FRUS*, 1952-1954, Vol. IX, Part 2, pp. 430-433.
③ *FRUS*, 1952-1954, Vol. XI, Part 2, pp. 1482-1484.

第二节　与苏联全面竞争的开始和阿富汗缓冲国地位的重新确立

1955年苏联为打破美国在其南翼构建的军事包围体系，发展与阿富汗的关系，向阿富汗提供了大规模经济及援助，在政治上猛然拉近了两国的距离，阿富汗的现代化进程和军队建设、海外贸易等都出现依赖苏联或向苏联转移的趋势。苏联对阿富汗日益扩大且全方位的援助引起美国的不安，在第一任期内，艾森豪威尔政府的阿富汗政策改变了杜鲁门时期的冷淡态度，也相应地提升了对阿富汗的援助力度，美国和苏联在阿富汗全面竞争局面的新篇章由此揭开。

伴随美苏竞争格局的形成，阿富汗的缓冲国地位再次正式确立，美苏阿三方正式、公开地接受并认可了阿富汗的缓冲国地位，任何一国都不谋求改变这一地位，并努力加以维持。从理论和实践角度看，各国对缓冲国地位一致认可预示着缓冲国形成的基本条件完全成熟。美国和苏联在阿富汗的竞争塑造了一种均衡格局。

一　20世纪50年代中期阿富汗—苏联关系的密切

（一）苏联—阿富汗关系的历史演变

苏阿关系的历史漫长，"阿富汗自1747年成为一个近代国家后，就与俄国有了双边关系"[1]。不过，俄国对阿富汗干涉与渗透始于19世纪。当时，沙俄在南下印度洋思维的主导下，加紧向阿富汗扩张，与英国势力的北向扩展发生直接对峙。经几十年较量，英俄达成妥协，划分了在阿富汗及周边地区的势力范围。但俄国为取得南下通道而意欲控制阿富汗的企图及实践给阿富汗留下了深刻的历史印象，极大增加了阿富汗对俄国的畏惧和疑虑。囿于地理位置的束缚，阿富汗又不得不与北方的庞然大物打交道，千方百计降低其对自身生存的威胁。

1917年俄国十月革命胜利后，苏俄政府奉行新的对外政策和新的对阿政策，大大缓解了阿富汗内心的不安。1919年，阿富汗真正取得独立自主

---

[1] Mohammad Amin Wakman, *Afghanistan at the Crossroads*, ABC Publishing House, 1985, p.25.

的主权国家地位,"两个新政权很快走到了一起,阿富汗希望依靠苏俄来共同反对帝国主义和殖民主义,而苏俄也愿意看到在它的中亚边界地区有一个对苏友好的独立的国家,这对它的安全有利"①。3月,苏俄政府在世界上最先对阿玛努拉政权予以了外交承认,为阿富汗的抗英斗争提供了可贵的外交支持,阿苏关系由此开始了新的一页。1921年2月28日,苏俄与阿富汗在平等基础上签订友好条约,双方承诺相互尊重彼此的独立,不参与反对对方的军事、政治活动等,同时苏俄向阿富汗提供了大量军事、财政援助。"1921年苏阿友好条约是阿富汗与外国签订的第一份平等条约。"② 1931年6月24日,两国关系在经历一些曲折后,阿富汗与苏联又签订一份中立和互不侵犯条约,这两份条约"在巩固我们两国友好关系具有重大的意义"③。相继签订的一系列双边条约,奠定了双边关系的良好基础。1931年苏阿条约的有效期经多次延长,对推动苏阿关系健康发展发挥了极其重要的作用。

第二次世界大战期间,苏联自顾不暇,大大降低了对阿富汗事务的关注,双边关系一度陷入低潮;但并不意味苏联对阿富汗完全忽视了。美苏英等盟国一道,曾采取共同努力,试图阻止阿富汗发展与德国、日本等法西斯国家的关系。

二战结束后,苏联获得巨大的国际地位和国际影响力,双边关系虽有所恢复,但没有发生本质的变化。"斯大林从来不愿在发展中世界押注赌苏联的信用度。"④ 苏联对于美国的阿富汗政策的影响在冷战开始时即已显现,但在杜鲁门时期,苏联的影响是有限的,20世纪40年代末50年代初,"阿富汗与苏联的关系相当冷淡"⑤。1952年9月,阿富汗曾向美国表示,"阿富汗不会考虑苏联提供的技术援助,因为那将意味着苏联的控制","阿富汗只把美国作为真正的朋友"⑥。战后初期,苏联对阿富汗的冷淡政策与斯大林对第三世界国家的认识有密切关系。在斯大林看来,"只

---

① 刘从德:《地缘政治学:历史、方法与世界格局》,华中师范大学出版社1998年版,第190页。
② Ram Rahul, *Afghanistan, the USSR and the USA*, ABC Publishing House, 1991, p.4.
③ 人民出版社辑:《布尔加宁、赫鲁晓夫访问印度、缅甸和阿富汗期间的讲话》,第198页。
④ [美]亨利·基辛格:《大外交》,顾淑馨、林添贵译,世界知识出版社1998年版,第474页。
⑤ 彭树智:《阿富汗史》,陕西旅游出版社1993年版,第274页。
⑥ Mohammad Ma'Aroof, *Afghanistan in World Politics*, p.49.

要一个国家是非共产主义的,并有过曾隶属于美国的殖民地国家经历,即使他们宣称中立,但它们的政治独立也是虚假的。苏联几乎没有做出努力研究后殖民时代的世界局势"①。从二战结束到斯大林病逝,虽然苏联试图加强与阿富汗的关系,包括割让阿穆尔河中的岛屿给阿富汗等,受战后初期斯大林总体对外政策的约束,苏联—阿富汗关系的发展平淡无奇。1948年8月19日,苏联与阿富汗签署了两国间第一个贸易协定,"根据协定,阿富汗以其农产品、水果、棉花、卡尔卡拉羊毛等交换苏联的汽油、糖、纺织品和其他商品"②。但两国贸易规模不大,贸易结构单一,政治影响有限。此外,随阿巴关系的紧张和巴基斯坦贸易通道的困难,苏联在1950年就开始向阿富汗提供备选的海外贸易通道。相对于两国的易货贸易,苏联提供的贸易通道对阿富汗来说更为重要,它直接预示了阿富汗海外贸易方向将从西方转向苏联,这对于加强阿苏经济联系和阿富汗对苏联的依赖性,具有长远意义。但从总体上说,"在两次世界大战期间和冷战早期,莫斯科对阿富汗的兴趣不大"③。

(二) 1955年苏联—阿富汗关系的转折

苏阿关系在1955年发生了实质性变化,苏联大规模援助阿富汗的帷幕开始拉开。实际上,苏联对阿富汗的援助在1953年开始已经逐渐增加,1954年后更加明显,经济援助是苏联向阿富汗施加影响的重要手段。"苏联向阿富汗提供了800万到1000万美元贷款,用于建设数个主要工程,包括石油储存设施,粮食仓库和以苏联技术和材料铺设喀布尔街道。"④ 不过,上述数额只是美国的认识,实际上,1954年,苏联对阿富汗的贷款援助远未达到这一水平。1954年1月27日,苏联与阿富汗在莫斯科签订了两国第一份合作协定。根据协定,苏联向阿富汗提供350万美元贷款,用于修建粮食储备设施、面粉厂等,阿富汗可以用本国货物偿还贷款。"这

---

① Jerry Hough, *The Struggle for the Third World: Soviet Debates and American Options*, Washington D. C.: The Brookings Institution, 2003, p. 37.
② Ram Rahul, *Afghanistan, the USSR and the USA*, ABC Publishing House, 1991, p. 15.
③ Tom Lansford, *A Bitter Harvest: U. S. Foreign Policy and Afghanistan*, p. 2.
④ *DDRS*, Afghanistan, Expansion of Soviet Influence in Afghanistan, and U. S. Countermeasures, NSC5409, May 11, 1956, Document Number: CK3100428290.

第三章　第一届艾森豪威尔政府对阿富汗政策的新阶段　113

是苏联第一次向非共产党国家提供的贷款。"① 此后，苏联的援助源源不断进入阿富汗，开始引起美国政府的高度关注。苏联对阿富汗的支持除物质性援助，还从一开始就注重人员援助。1956年3月，随苏阿一系列协定的开始生效，一批负责援建工程的苏联技术人员和负责训练阿富汗军队操作苏式武器装备的军事顾问等相继进入阿富汗。

20世纪50年代中期，苏联突然加强了对阿富汗外交力度，主要是受到美国在中东—西亚组建地区性军事同盟体系的活动的刺激。"苏联重新评估了对阿富汗和其他中东、南亚国家的政策，并使阿富汗成为它在这一地区政策目标的焦点。"② 为打破美国包围圈，拓展安全空间，苏联在1955年后选择了有中立传统的阿富汗作为突破口，因此开始了冷战期间苏联对阿富汗长达几十年的物质援助和势力扩展活动，苏阿特殊关系逐渐形成。另外，苏联政策的变化也与赫鲁晓夫新的第三世界政策密切相关。苏联领导人变更后，苏联政府和学界的政策倾向都出现变化趋势。政府层面的变化前文已有所叙述，在苏联学术界，学者们关于政府对第三世界的观点也不同于斯大林时期，"学者们普遍认为第三世界的资本主义国家也可以有自己独立的外交政策"③。

1955年12月，苏联最高苏维埃主席团委员赫鲁晓夫、苏联部长会议主席布尔加宁访问南亚三国，15日到达阿富汗，19日结束在阿富汗的访问，回到苏联。这是苏联和阿富汗建立外交关系以来，苏联最高领导人第一次访问这个南部邻国，重要意义不言而喻。布尔加宁在喀布尔机场欢迎仪式上的声明指出，"苏联领导人这次到阿富汗的访问，将会使得他们有可能进一步了解这个国家，并且同它的政治家建立直接的接触"④。领导人的直接交流对建立最高领导间良好的个人友谊和增加国家间的相互了解和互信非常重要，对此，12月18日，布尔加宁在他和赫鲁晓夫于喀布尔举行的招待会上的讲话中说："国家领导人的直接接触在很大的程度上有助

---

① Ram Rahul, *Afghanistan, the USSR and the USA*, ABC Publishing House, New Delhi, 1991, p. 16.
② Abdul-Qayum Mohmand, *American Foreign Policy toward Afghanistan: 1919 – 2001*, p. 101.
③ Jerry Hough, *The Struggle for the Third World: Soviet Debates and American Options*, Washington D. C.: The Brookings Institution, 2003, p. 232.
④ [苏] 茹科夫:《布尔加宁、赫鲁晓夫在印度、缅甸和阿富汗通讯集》，人民出版社1956年版，第161页。

于各国之间和我们两国之间的友好关系。"①

访问期间,赫鲁晓夫、布尔加宁与阿富汗查希尔国王、达乌德首相等最高层统治者进行了会谈,并参观了喀布尔军事学校,认真了解了学校的训练、学习情况,表现出苏联对加强与阿富汗在军事领域合作的强烈意愿。同时,对于阿富汗与巴基斯坦间的纠纷,赫鲁晓夫对阿富汗的立场予以了外交支持。而且,为实质上增强阿富汗抗衡巴基斯坦的能力,1955年,苏联再次与阿富汗缔结了过境贸易协定,给予阿富汗经由苏联领土的过境贸易权利。此前,阿富汗的海外贸易通道主要依赖巴基斯坦,成为阿富汗捏在巴基斯坦手中的"软肋"。赫鲁晓夫还代表苏联政府向阿富汗首相达乌德发出了访问苏联的邀请,达乌德接受了邀请并预计1956年访问苏联。两国领导人的互访和会晤为阿苏关系的发展又提供了一条新的、高效率的渠道。

访问即将结束时,阿富汗与苏联就两国关系达成了一系列协议,发表了联合声明及《关于苏联和阿富汗经济关系》的联合公报。发表于1955年12月18日的联合公报指出,"两国政府注意到:苏联和阿富汗两国以互利为基础的贸易和经济联系日益扩大。它们同时一致认为:为了两国的利益,必须进一步发展和扩大这些联系。"双方约定,两国政府代表将就发展阿富汗农业,建设电力站、水利工程和汽车修配厂、改建喀布尔机场等问题进一步讨论两国间的"经济和技术合作方式,并缔结相应的协定"。苏联政府原则上同意,"在上述各方面发展阿富汗经济的工作计划中给予阿富汗技术援助和贷款形式的财政援助"②。苏联以较低利率向阿富汗提供了1亿美元贷款。"阿富汗成为第一个接受苏联经济援助的非共产党国家。"③

此外,为加强两国政治和外交关系,为两国关系的全面发展铺平道路,苏联和阿富汗政府还签订了《关于延长苏联和阿富汗1931年6月24日签订的中立和互不侵犯条约有限期限的议定书》。根据此项规定,1931

---

① 人民出版社辑:《布尔加宁、赫鲁晓夫访问印度、缅甸和阿富汗期间的讲话》,第207—208页。

② 人民出版社辑:《布尔加宁、赫鲁晓夫关于访问印度、缅甸和阿富汗的报告》,人民出版社1956年版,第243页。

③ Rosanne Klass, *Afghanistan*: *The Great Game Revisited*, Freedom House, 1990, p.102.

年条约延长到了 1966 年。

访问结束后,赫鲁晓夫和布尔加宁向苏联最高苏维埃汇报了此次南亚之行的情况,访问取得的有形和无形成就得到了肯定性评价。布尔加宁在讲话中表示,"我们作为阿富汗王国政府的客人访问阿富汗的意义和成果是怎样估计也不会过高的"。其后,赫鲁晓夫也结合国际形势、东西方关系及大国与第三世界的关系等问题做了讲话。苏联最高苏维埃讨论了赫鲁晓夫和布尔加宁的访问报告,"对这次访问的结果表示完全满意"[1]。

赫鲁晓夫的访问不仅打开了苏联在政治、经济等领域对阿富汗援助的大门,军事援助也在此后数十年间成为苏联对阿政策的核心内容之一。在阿富汗向美国屡次寻求军事援助的请求遭拒后,迫于无奈,阿富汗转向苏联获得国防和军队现代化必需的外部支持。苏联痛快地满足了阿富汗的需求,并动员东欧盟国共同向阿富汗提供军事支持。阿富汗从苏联集团获取的第一批军事援助是来自捷克斯洛伐克的。同时,更大规模的武器装备供应及相应的人员训练则依赖苏联,"从 1955 年到 1981 年,苏联向阿富汗提供的军事援助超过 6 亿美元,供应了阿富汗军事装备的 95%"[2]。苏联在阿富汗投入如此巨大,究竟是要达成什么样的目的? 对此问题,有外国学者进行了解答。美国学者罗伯特·唐纳森主编的《苏联在第三世界的得失:成功和失败》收录了西林·塔海尔·凯里的论文《苏联在阿富汗:收益与代价》。凯里在文中总结了 20 世纪 50 年代后苏联在阿富汗欲实现的四个目标:(1) 继续使阿富汗游离于西方势力范围和轨道之外;(2) 利用其与阿富汗的关系,为作为美国的盟国和针对苏联进行间谍活动基地的巴基斯坦制造困难;(3) 表明苏联的"睦邻"政策("good neighbourly" policy)。"苏联意图借助阿富汗的实例,向其他第三世界国家宣示,游离在美国势力范围之外是有好处的。"(4)"苏联的第四个目标要依据它对自身作用的认知的不断发展而进行界定。"苏联的目标是要使西南亚地区保持中立,如果可能,从此地区排除其他大国的势力。[3] 苏联对阿富汗的政策目标不是

---

[1] 人民出版社辑:《布尔加宁、赫鲁晓夫关于访问印度、缅甸和阿富汗的报告》,第 23、69 页。

[2] Robert Donaldson, *The Soviet Union in the Third World: Successes and Failures*, Boulder: Westviews Press, 1981, p. 219.

[3] Robert Donaldson, *The Soviet Union in the Third World: Successes and Failures*, pp. 217-219.

短期内确立的,它有一个较长的历史传承和积淀;在形成后也不是一成不变的,始终根据阿富汗内外形势的变化处于调整中。上述目标概括是明确的,不过应该说,苏联对阿富汗还有一个总的目标,即确保阿富汗在美苏间的中立。也就是说,这一时期,苏联同样尚没有控制阿富汗内外政策的构想和计划,美苏在这一点上有一致性。这一政策目标长期主导着苏联对阿富汗的政策。苏联无法接受阿富汗加入西方阵营,但基于多种原因的考虑,苏联认识到无法将阿富汗纳入己方阵营。在此背景下,一个倾向苏联或中立的阿富汗对苏联而言,是最能被接受的结果。

赫鲁晓夫和布尔加宁的此次访问给阿富汗带来巨额收益。此后,苏联在阿富汗的影响力日增,迅速超越了美国。"1954年以后,阿富汗成为苏联在第三世界重点援助的对象,到1959年援助额共达2.462亿美元,人均受援高居第一。援助领域主要包括工矿业、交通运输和水利工程。"① 阿苏特殊关系逐渐形成,为维护这种特殊关系,保持苏联在阿富汗强大而持久的影响,苏联对阿富汗的援助是不遗余力的,"在20年间,从1955到1975年,阿富汗是第三大接受苏联慷慨援助的不发达国家,仅次于埃及和印度"②。

关于"苏阿特殊关系"的具体含义,国内外学者没有进行过定义。不过,本书参考国内另一篇博士论文《美国对芬兰政策》,对"苏芬特殊关系"的界定,大致描述了"苏阿特殊关系"。该论文对"苏芬特殊关系"的界定是:"这种特殊关系,从芬兰方面来说,就是告别苏芬敌对的历史,承认在苏芬关系中苏联安全需要的优先位置,通过与苏联合作和发展正常的国家关系维护国家独立和主权完整。同时,制定国家内外政策时,在不损害国家独立和主权完整的情况下特别注意苏联的反应,照顾苏联的特殊要求,甚至在有些问题上根据苏联的态度调整自己的方针。……从苏联方面来说,就是在满足苏联安全要求的基础上,容忍芬兰游离在人民民主阵营之外,保持其西方民主制度,接受由芬兰资产阶级政党组成的政府。对

---

① 彭树智、黄杨文:《中东国家通史·阿富汗卷》,第235页。
② Orah Cooper and Carol Fogarty, "Soviet Economic and Military Aid to the Less Developed Countries, 1954–1978," Fourth Economic Committee of the U. S. Congress, October 10, 1979, pp. 648-662,转引自 Rosanne Klass, *Afghanistan: The Great Game Revisited*, Freedom House (revised edition), 1990, p. 77。

于芬兰共产党不采取公开的扶植政策。有时还容忍了芬兰接受美国和瑞典等西方国家贷款的行为。但是另一方面,苏联又保持着对芬兰的某种程度的控制。在苏芬特殊关系中,苏联是主导方,不仅在这种关系结构中选择的空间要大得多,而且规定着这种特殊关系的发展方向。而芬兰处于相对被动方的地位,虽然对这一关系演变的影响并不总是无足轻重的,但总的选择只能是顺势而为。"① 如果将上文中的"芬兰"一词换作"阿富汗",这段论述同样是可以解释"苏阿特殊关系"的。因为综合比较冷战时期的阿富汗和芬兰及其与美苏的关系,可以发现,两国在诸多方面有一致之处,以至于有人将阿富汗称为"亚洲的芬兰",认为:"由于地理原因,华盛顿的历届政府都认识到阿富汗不得不维持与苏联的友好关系。"②

阿富汗—苏联关系的突然加强是多方面力量共同作用的结果,既有阿、苏两国国内因素,也有美国和地区性国际关系的因素。赫鲁晓夫在其回忆录中分析了 1955 年苏联对阿富汗外交政策调整的原因,他将其归结为美国在阿富汗影响力的上升和侵略政策:"对我们来说很明显的是,美国人正在向阿富汗渗透,其特定目的是在阿富汗建立军事基地。……相比于我们以后将不得不为了对抗美国在阿富汗领土上的军事基地所付出的代价,我们现在对阿富汗的无偿援助就好像大海里的一滴水。"③ 不过,这种基于相互怀疑和戒备的指责在冷战期间的美、苏外交言行中是常见的,不一定有其真实性含义,也不具有很强的针对性。

首先,1953 年后阿富汗、苏联等国政权的变更及外交政策的调整为阿富汗、苏联接近奠定了基础。苏联的对外政策、特别是对第三世界政策的变化在阿苏关系加强中起到了主要作用。苏联对阿政策最现实、最直接的动因是争取阿富汗对自己的支持,打破美国的包围圈。苏联要将阿富汗建设成一个对日益壮大的广大第三世界国家进行援助的橱窗,和尝试以经济援助手段影响对象国内政外交的试验场,树立阿富汗为苏联对外援助的典型,吸引其他国家仿效阿富汗的行为以获取苏联的支持。美国在东南亚、

---

① 纪胜利:《美国对芬兰政策》,博士学位论文,东北师范大学,2008 年,第 39—40 页。
② Thomas Hammond, *Red Flag over Afghanistan: The Communist Coup, the Soviet Invasion, and the Consequences*, Westview Press, 1984, p. 23.
③ Khruschev, *Khruschev Remembers*, Boston, 1970, pp. 560-562, 转引自 Martin Ewans, *Afghanistan: A New History*, Routledge Curzon, 2001, p. 113.

南亚和中东地区组织的多个反苏军事同盟逼近苏联南部边界,使苏联感受到沉重的安全压力。一个中立、友好、亲苏的阿富汗可以将苏联抵制美国军事压力的防线建立在国境之外,而且,苏阿关系的示范效应将可能对美国的军事联盟政策产生解构作用,"苏联鼓励'北层'其他国家在发展与苏联关系时效仿阿富汗模式"①。苏联最高苏维埃讨论赫鲁晓夫和布尔加宁访问效果的决议中也说,这次访问"在许多国家、特别是殖民地和附属国的人民中间得到了巨大的良好的反应"②。

其次,冷战开始后,美国政府的政策客观上也起到了将阿富汗"推进"苏联怀抱的效果。一方面,自杜鲁门政府到艾森豪威尔政府就任,美国对阿富汗的地位总体而言是轻视的,主要表现就是美国连续十余年多次拒绝阿富汗的军事援助请求。而阿富汗在面临苏联压力和与巴基斯坦发生纠纷的情况下,谋求外在力量的支持加强其国防力量建设是主权国家对安全利益的正常追求,美国的拒绝必然使阿富汗转向其他方面满足军事援助的需要。1954年,阿富汗向美国最后一次提出军事援助要求遭拒后,转向苏联寻求壮大国防实力的渠道。"美国拒绝向阿富汗提供武器,而供应阿富汗的地区对手巴基斯坦以武器,使苏联有了一个通过武器销售获得在阿富汗的影响的机会。实际上,在阿美关系受挫之前,苏联就积极通过提供武器寻找这种机会。1956年后,阿富汗在武器准备方面完全依赖苏联。"③

第三,阿富汗—巴基斯坦关系紧张与美国偏袒巴基斯坦。巴基斯坦独立后,因边界领土和民族纠纷与阿富汗产生摩擦和对抗。与此同时,艾森豪威尔任职后,美巴关系发展迅速,美国的经济、军事援助大量进入巴基斯坦,且与巴基斯坦正式结盟。美国的对巴政策给阿富汗以极大刺激,迫使阿富汗也要寻求一个强者的支持,以平衡美巴联盟的压力,在阿巴争端中维护本国利益。无论从全球还是从地区影响来看,苏联都是理想的选择。而正是在阿巴关系最紧张的1955年,苏阿关系有了突飞猛进的发展。虽然19世纪以来,阿富汗对俄国/苏联的疑虑、戒备始终没有消除,但现在面临新的威胁和压力,"两害相权取其轻",阿富汗仍然做出了加强阿苏

---

① *FRUS*, 1955–1957, Vol. Ⅷ, Part 2, p. 21.
② 人民出版社辑:《布尔加宁、赫鲁晓夫关于访问印度、缅甸和阿富汗的报告》,第71页。
③ Zalmay Khalilzad, "The Superpowers and the Northern Tier," *International Security*, Vol. 4, No. 3 (Winter, 1979–1980), p. 12.

关系、借助苏联力量强化自身发展和与巴基斯坦抗衡的抉择。1955年，阿富汗首相穆罕默德·达乌德决定接受苏联的军事资助和发展援助，阿富汗成为二战后第一个接受苏联武器援助的非共产党执政的第三世界国家。[①]在西南亚诸国中，只有阿富汗奉行不与大国结盟的"中立"政策，拒绝了艾森豪威尔上台之初的结盟建议。苏联因此把阿富汗作为反击美国在中东—南亚军事包围圈、缓解苏联南翼安全压力的突破口。

二 美国对苏联政策的反应和对阿富汗政策的形成

艾森豪威尔任总统后对杜鲁门国家安全战略和地区战略的调整中，变动幅度较大的应是包括南亚地区在内的第三世界政策。"1953年2月2日，艾森豪威尔在首次国情咨文中确认，美国不仅在欧洲和美洲，而且在亚洲都要承担所谓保卫'自由'的义务。"[②] 艾森豪威尔政府将所担负的责任从欧洲扩散到第三世界国家数量众多的亚洲，是其就任伊始的一个特点。美国政府注意到了苏联在阿富汗活动的加强和阿苏关系的快速发展，国家安全委员指出："自1954年以来，阿富汗一直接受苏联的技术援助，和以优惠条件取得用于有形项目（tangible projects）的物质供应和设备，例如道路和管道建设，石油和小麦储存设施。"[③] 美国对此感到不安，艾森豪威尔政府忧虑阿富汗的中立政策遭苏联破坏。不过，苏联在阿富汗的外交和援助活动的加强尚未达到促使美国立即采取针锋相对行动的程度。但1955年是美国对阿政策的一个重要转折，1955年12月赫鲁晓夫访问阿富汗及其后苏联集团对阿富汗政策的转变、经济和军事援助规模的巨大，都是前所未有的，美国因此面临的压力也是空前巨大的。1959年12月14日，美国驻阿使馆在给国务院的电报中深刻分析了苏阿关系加强及阿富汗倒向苏联的严重后果，"我们必须意识到，将阿富汗丢给共产主义国家将会：（1）对美国在整个自由世界的声誉是一个巨大打击；（2）可能导致苏联通过插入伊朗和巴基斯坦间的突出部而威胁北层国家的安全，并使苏联的影

[①] Hafeez Malik, *Soviet-U. S. Relations with Pakistan, Iran and Afghanistan*, Macmillan, 1987, p. 94.

[②] 杨生茂、刘绪贻：《美国通史·战后美国史》，人民出版社2002年版，第167页。

[③] *DDRS*, Operations Coordinating Board memo describing revisions to its report on the internal security situation in Afghanistan, including the feasibility of U. S. assistance and the relations between Afghanistan and Pakistan, Nov. 10, 1955, Document Number: CK3100109909.

响扩展到巴基斯坦边界;(3)在美国的政治舞台上产生严重的不良影响,在那里,丢失一个或几个国家给共产主义几乎会在选举年引发外交政策问题的辩论"①。

(一) 1954年后美国对阿富汗的政策构想

为应对苏联的行为,美国开始构想新的对阿政策。艾森豪威尔政府以国家安全委员会为核心,频繁地就南亚和阿富汗问题展开讨论,并形成了多份国家安全委员会和其他类型的政府文献,成为规范和指导艾森豪威尔政府对阿富汗政策的重要文件,如国安会NSC5409号文件、NSC5701号文件、1954年国家情报评估、1956年国际合作署关于阿富汗的政策报告等。

作为一项原则性、指导性政策文件,NSC5409号文件体现了美国对阿富汗政策的新气象。1954年2月19日,美国国家安全委员会制定通过了NSC5409号文件,3月份得到总统批准。NSC5409号文件的主题是"美国对南亚地区的政策"(United States Policy toward South Asia)。文件的第四部分(D部分)和附件的部分内容专题性讨论了阿富汗局势和美国对阿政策的走向。这是艾森豪威尔履职后第一份阐明对南亚和阿富汗政策的重要政策文件,它从总体上阐述了南亚对美国和西方阵营的重要意义、阿富汗在南亚的地位。NSC5409号文件首先表明,美国要"尽可能长久地支持阿富汗,直到它对美国不再友好,只要它不向苏联屈服"。在此基础上,"作为一种增强阿富汗抵制苏联压力的手段",美国需要向阿富汗提供技术和经济援助。文件表示,美国应采取多种措施,积极推动阿富汗改善与巴基斯坦和伊朗这两个重要邻国、也是美国重要的地区盟国的关系,和谐的地区关系"符合美国利益"②。

虽然美国已经在NSC162号等文件中很大程度上排除了苏联立即发动对外侵略的可能性,但美国也考虑了最坏的情况,即苏联对阿富汗的公开入侵。"如果苏联对阿富汗发动公开攻击,美国应努力通过外交渠道阻止侵略行动,并促使苏联尽快撤军;如果外交方式不成功,美国应根据当时

---

① *FRUS*, 1955–1957, Vol. Ⅷ, p. 211.
② *FRUS*, 1952–1954, Vol. Ⅺ, Part 2, p. 1152.

的局势决定是否通过联合国或其他渠道采取进一步行动。"①相比于杜鲁门政府在面临苏联入侵阿富汗时首选联合国介入的策略，NSC5409表明，艾森豪威尔政府在面临同样局面时将优先依靠自身的外交努力。显然，后者更具可操作性、更现实、更具实效性，它体现的其实是艾森豪威尔政府在将苏联的入侵作为一个真正的现实问题看待并做好了切实的应急准备。

NSC5409号文件出台后，国安会后续文件和其他各个政府部门机构的政策报告纷纷出现。这些政府文献主要关注以下几个问题。

1. 苏联在阿富汗的行动和政策意图

上述美国政府文献都以对苏联在阿富汗的行为及其意图的考察为分析的着眼点。1956年5月29日，"近东、南亚和非洲事务研究部"（Division of Research for Near East, South Asia, and Africa）准备的一份情报报告（Intelligence Report）系统考察了苏联在阿富汗的政策目标、苏联对阿富汗援助的范围、苏联在阿富汗的收益及阿富汗—巴基斯坦关系可能给苏联提供的机会等问题。在诸多文献中，该报告明晰地归纳了苏联在阿富汗意图实现的三个政策目标："（1）提供备选的援助，抵制阿富汗任何被迫加入北层组织或亲近西方的倾向；（2）通过消除阿富汗面对西方和巴基斯坦经济制裁的脆弱性，削弱西方在阿富汗的影响；（3）赢得阿富汗的友谊并减少其对苏联的怀疑。"②而它在阿富汗的目标是其更宏大的南亚—中东战略目标的一部分，这个目标就是"通过强调中立主义的优势来破坏西方倡导的防御协议"。具体而言，苏联鼓励阿富汗坚守其中立主义传统，为此，苏联会向阿富汗提供巨额的经济和军事援助作为奖励，以此向其他国家宣示，在东西方冷战中遵循和坚持中立主义会从苏联得到很多好处。"苏联人希望阿富汗和埃及从美苏双方获取好处的状况能对那些倾向西方的国家提供一个中立主义具有巨大优势的可信范例。"报告承认，苏联在阿富汗的行为很大程度上是对美国在南亚、中东地区组建军事同盟的反应。其次，报告总结了苏联为实现上述目标在阿富汗开展的各项援助情况。报告指出，"自西方倡导的'北层防御协定'公开组建以来，苏联就不断向阿富汗提出优惠的贸易建议，并给予技术和经济援助"。苏联的经济和技术

---

① *FRUS*, 1952–1954, Vol. XI, Part 2, p.1152.
② *DDRS*, The Future of Afghan-Soviet Relations, May 29, 1956, Document Number: CK3100442419.

援助主要表现为贷款、对外贸易和提供过境贸易通道。据估计，从1954年1月到1955年12月，苏联集团向阿富汗提供的各种贷款总计至少为1120万美元，甚至可能高达2100万美元。报告还详细列举了苏联提供的贷款的详细数额和用途。

经济手段或称"经济外交"是这一时期苏联对阿富汗最重要的外交举措。为在经济上加强阿富汗对苏联的依赖程度，苏联不断提升两国贸易水平，并为阿富汗的海外贸易提供过境通道的便利。美国资料显示，"苏联可能超过美国成为阿富汗商品最重要的市场，和最大的单一出口国"。1953年后阿富汗与苏联的贸易额持续上升，"1954年，阿富汗30%到40%的合法贸易是与苏联进行的"[1]。另外，阿巴争端在1955年激化后，为迫使阿富汗屈服，5月到9月，作为阿富汗传统对外贸易通道的巴基斯坦封锁了阿巴边界，切断了阿富汗的海外联系。这种行为不仅进一步推动了阿苏贸易的上升，而且使阿苏经济联系更加密切。1955年6月，阿富汗与苏联达成一项为期5年的协议，规定苏联以优惠条件为阿富汗提供过境贸易通道。海外贸易的转向对阿富汗是一个重要事件，最直接的后果就是阿富汗交通运输设施的重新规划和修建。为此，苏联不遗余力，投入了大量的人力和物力，资助阿富汗国内陆地和空中的交通运输建设。1956年3月1日，阿富汗与苏联签署了两国间的第一个工程协定，"捷克工程师被雇佣帮助重修道路，苏联准备为道路修建和维护提供援助。此外，1956年3月，一个高级别的苏联航空代表团访问喀布尔，谈判在苏阿间开通正常的航空业务问题"[2]。苏阿贸易关系的增长及苏联过境贸易通道的开辟，在增强阿富汗对苏联经济依赖性的同时，还使得阿富汗有了可以与巴基斯坦抗衡的资本，这些对美国都是非常不利的。

苏联在努力加强阿苏双边关系的同时，也将其东欧盟国拉入了对阿富汗的援助活动中。罗马尼亚、波兰、匈牙利和捷克斯洛伐克等国都参与了对阿富汗的经济、军事援助，帮助巩固苏联在阿富汗的地位，提升阿富汗政府和社会对社会主义阵营的亲近感。"1955年3月，罗马尼亚提供了石油开采援助；1955年4月，据报道，匈牙利为一系列工程提供了数百万美

---

[1] DDRS, The Future of Afghan-Soviet Relations, May 29, 1956, Document Number: CK3100442419.
[2] DDRS, The Future of Afghan-Soviet Relations, May 29, 1956, Document Number: CK3100442419.

元的长期贷款。1955年6月，波兰的商务专员（commercial attache）访问了喀布尔，据说提供了卡车和皮革制品，及在喀布尔敷设给水系统（water system）的材料、装备和技术人员。捷克斯洛伐克要比其他卫星国在加强与阿富汗的经济联系方面更成功。1954年10月，它给予500万美元贷款，在十年内以原材料偿还。……1955年10月，阿富汗工业部长前往布拉格，额外获得了1000万美元贷款，用于多个工厂的建设。相对可信的报告显示，至少有300万到500万美元贷款用于武器交易。1955年10月底，喀布尔宣布，接受捷克的邀请，派遣一个军事使团去布拉格，讨论武器出售。这个使团在1956年3月出发，访问了布拉格和莫斯科而不仅是捷克斯洛伐克，5月回到阿富汗。"[1] 相对而言，捷克斯洛伐克对阿富汗的援助力度在苏联—东欧阵营中是较突出的，除军事领域外，在经济领域，捷克斯洛伐克也"对阿富汗援建了一座水泥厂和其他工程"[2]。

在评估苏联对阿富汗的政策效果方面，美国政府的各种文献也都做出了大同小异的判断。其实，20世纪50年代中期苏联对阿富汗的援助尚处于起步阶段，此时就讨论"收益"为时太早，但它反映了美国政府对苏联在阿富汗行为的担忧。1954年10月14日，国家安全委员会召开会议，会上，来自国务院、军方情报机构和中央情报局的人员讨论了阿富汗局势和阿苏关系问题。作为讨论结果，1954年10月19日，一份名为《阿富汗的前景》（Outlook for Afghan）的《国家情报评估》（National Intelligence Estimate，NIE 53-54）报告出台。NIE 53-54对形势的估计比较严峻，它认为，"苏联对阿富汗的关注在经济援助方面在去年一年内显著增长。……苏联的经济渗透极有可能导致阿富汗逐渐进入苏联轨道"。不过，鉴于1954年苏联给阿富汗的经济援助规模有限，国安会又认为："我们不相信苏联将控制阿富汗，至少在未来几年里不会。"[3] 相对来说，上文提到的美国国务院"近东、南亚和非洲事务研究部"完成的1956年情报报告的语气比较平缓，"过去两年，苏联、阿富汗经济关系的巨大增长导致苏联集团获得相当大的政治收益"。这些收益主要有：降低了阿富汗对苏联不信任感和畏惧心理，加强了阿富汗对苏联的经济依赖，同时遏止了阿富汗与西方

---

[1] DDRS，The Future of Afghan-Soviet Relations，May 29，1956. Document Number：CK3100442419.
[2] Martin Ewans，*Afghanistan：A New History*，p. 112.
[3] *FRUS*，1952–1954，Vol. XI，Part 2，p. 1482.

建立亲密关系的潜在可能。

2. 阿富汗的政治、军事和安全问题

这个问题属于阿富汗内政范畴。美国政府文献对阿富汗的政治制度、政局稳定性、军队建设和实力等问题都进行了研究，重点内容是阿富汗国内共产主义力量的发展前景和达乌德政权的稳定性。因为这些问题会直接影响到美国对阿政策是否要长期持续或进行重大调整。1954年"国家情报评估"界定了阿富汗的国际地位和地缘政治意义："阿富汗接近苏联，远离西方力量中心，军力弱小，在贸易和技术援助贷款方面日益依赖苏联使它在苏联的压力面前非常脆弱。"[①] 面对苏联经济援助大量进入阿富汗的状况，美国政府有了一种新的忧虑，即担忧苏联有可能凭借其提供的经济援助和渗透，控制甚至颠覆阿富汗政权，在阿富汗建立亲苏政府。但经过综合分析，美国政府又排除了这种可能性。它们认为，至少在当前，阿富汗政权是稳定的、安全的。导致美国政府得出这个结论的主要原因是：（1）苏联暂时不会对阿富汗采取公开入侵或秘密颠覆活动。就苏联的武装入侵来说，美国认为这种情况出现的可能性并不大，美国得出这个判断基于多种因素。首先，赫鲁晓夫掌权后，当务之急是巩固其国内地位，仓促间对外发动侵略战争显然过于冒险；其次，苏联要在第三世界树立良好的国家形象和解放者角色，战争或武力威慑与此宗旨相悖；最后，苏联的国力、军力尚处于快速发展中，与美国比仍有较大差距，不占优势。而就秘密颠覆来说，美国判断，苏联在20世纪50年代中期也尚未形成系统的计划。有大批苏联工程技术人员随苏联经济援助的到来而开始进入阿富汗，总计大约460名，他们的存在"增强了苏联集团颠覆阿富汗的潜力"。经济依赖苏联、军事实力不济、国内安全能力差、大批苏联人的进入等因素导致阿富汗在面对外来的颠覆时是高度脆弱的。但美国政府也承认，根据目前的信息和资料，"没有证据表明苏联人的颠覆活动已经利用或试图利用这些技术人员。……他们迅速执行所分配的任务，当阿富汗不再需要他们的服务时，他们会尽可能快地回国"[②]。（2）阿富汗国内共产主义组织等激进力量是极其弱小的。"阿富汗国内没有众所周知的共产党、共产主义

---

① *FRUS*, 1952–1954, Vol. XI, Part 2, p. 1482.

② *DDRS*, The Future of Afghan-Soviet Relations, May 29, 1956, Document Number: CK3100442419.

组织，或其他颠覆性团体。"① 上述美国政府文献认为，阿富汗的政治和宗教文化结构不利于共产主义势力在阿富汗的发展。阿富汗王室仍牢牢掌握着国家的政治、经济和军队权力。达乌德是一个政治强势人物，虽然他与王室的部分人有分歧和矛盾，但达乌德对政府的控制是成功、有力的。对此问题，"行动协调委员会"（The Operations Coordinating Board，OCB）的概括具有代表性。行动协调委员会是艾森豪威尔任总统履职后对杜鲁门政府心理战行动委员会改编而成的一个新的对外政策机构，其主要职能是评估对象国国内社会舆情及对美国的态度，并制定和开展对外宣传等活动，以塑造和提升美国在别国的良好形象。"1953 年 9 月 2 日，艾森豪威尔总统正式签发了 10483 号行政命令，宣布建立行动协调委员会。它是一个跨部门实体。……主要职责是负责根据国家安全委员会确定的路线方针，制订有关心理战计划和项目，审查隐蔽行动项目，同时促使政府各部门全面实施国家战略目标和对外政策，协调政府各部门及非政府组织实施国家心理战计划和项目，以保证这些计划和项目有助于形成有利于美国国家安全和利益的外部环境。"② "行动协调委员会"的成员主要有副国务卿、国防部副部长、中情局人员和总统安全事务助理等人。1955 年 10 月 5 日，行动协调委员会提出一份关于阿富汗国内安全形势及美国政策的备忘录。备忘录着重分析了阿富汗国内政治结构和政治舆情和政局稳定性问题。备忘录指出，阿富汗王室控制着国家的一切权力，社会力量极其弱小，"目前，阿富汗国内不存在对于中央政府的持续统治的紧迫威胁"③。

3. 阿富汗政府的基本外交路线问题

作为美苏竞争的客体，作为弱小国家的阿富汗虽然主动性有限，但它在两大强国间奉行何种外交路线对美、苏的政策同样是有较大影响的。因

---

① DDRS, Operations Coordinating Board memo describing revisions to its report on the internal security situation in Afghanistan, including the feasibility of U. S. assistance and the relations between Afghanistan and Pakistan, Nov. 10, 1955, Document Number：CK3100109909.

② *American Foreign Policy, 1950 - 1955*, Basic Documents, Vol. II, Washington D. C.：U. S. Government Printing Office, 1957, 转引自史澎海、王成军《从心理战略委员会到行动协调委员会：冷战初期美国心理战领导机构的历史考察》，《陕西师范大学学报》（哲学社会科学版）2010 年第 5 期，第 95 页。

③ DDRS. Operations Coordinating Board memo describing revisions to its report on the internal security situation in Afghanistan, including the feasibility of U. S. assistance and the relations between Afghanistan and Pakistan, Nov. 10, 1955, Document Number：CK3100109909.

而，美国政府非常重视对这一问题的分析。1954年10月14日，美国国家安全委员会会议对阿富汗政府的外交立场做了较准确的判断，这个判断主导了此后的美国对阿政策。作为会议结果的1954年"国家情报评估"（NIE 53-54）指出，"阿富汗领导人将试图获得更多的西方经济援助以平衡苏联的影响"，在外交路线上，"阿富汗试图从平衡两个超级大国集团的利益中寻求实现自身权益的最大化"①。作为这一政策的反映，阿富汗政府在接受苏联援助的同时，将继续寻求和接受来自美国的援助。不难发现，即使在1954年苏联援助规模有限的情况下，美国决策者对苏联凭借经济援助而控制阿富汗的危险一直很关注，相反，阿富汗对此却自信满满，相信自己完全可以在接受苏联经济援助的同时，抵制苏联的政治渗透和控制，保持国家独立。"达乌德认为，苏联不会对阿富汗采取侵略性行动，因为他相信，对于采取这种行动，俄国人不仅在军事上是胆怯的，而且这将破坏苏联的经济和国际声誉。"②而美国政府却认为，阿富汗人的自信是有问题的，"阿富汗领导人错误地判断了他们抑制苏联政治和颠覆活动的能力"。美阿两国在这个问题上存有较大的认知偏差，以至于几乎每次美国高级官员的交流会晤，关于苏联援助对阿富汗潜在影响的话题都会出现。对苏联渗透或控制阿富汗的忧虑可以看作美国政府心头的痼疾，难以去除；同时，也可认为是对阿富汗政府的提醒或警告。

行动协调委员会（OCB）1955年关于阿富汗政策的备忘录和1956年5月"近东、南亚和非洲研究部"的情报报告也对阿富汗外交政策的基本路线做出了类似判断和重申。如"近东、南亚和非洲研究部"的情报报告称，阿富汗热衷"周旋于敌对大国之间、挑拨其关系以获其利（play off）"。对阿富汗外交政策的这一特点，美国著名阿富汗问题专家巴尼特·鲁宾认为，这是阿富汗历史上形成的一种外交政策立场，"只有凭借周旋于不同集团之间并挑动它们相互对立，或者从更强大国家那里获取援助的外交策略，阿富汗统治者才能巩固他们的统治"③。阿富汗乐于保持和扩大与苏联的密切关系，因为阿富汗能够凭借这种关系，"增强其向西方获取

---

① *FRUS*, 1952–1954, Vol. XI, Part 2, pp. 1483–1484.
② Martin Ewans, *Afghanistan: A New History*, p. 110.
③ Barnett Rubin, *The Fragmentation of Afghanistan: State Formation and Collapse in the International System*, New Haven: Yale University Press, 1995, p. 47.

更多援助时讨价还价、加强经济发展、在与巴基斯坦的普什图尼斯坦争端中以更大的自由度施加压力的能力"①。

阿富汗对外部援助的渴求如此迫切，是达乌德政府急于发展国内经济、推进国家现代化的要求使然。"只要不附加政治条件，来自任何方面的援助都将受到欢迎。"不仅如此，阿富汗还将来自不同国家和阵营援助工作汇合到一起，造成一种"美苏合作"援助阿富汗的现象。"国际合作署——特别是在尼泊尔和阿富汗的——计划被东道国考虑用以与苏联竞争，而且在某些情况下，苏联和美国的技术人员在阿富汗正在被要求一起工作。"② 对于阿富汗的这种外交路线，美国政府虽然清晰、正确地认识到，却是无法改变、不能改变的。因为美国不想失去阿富汗，所以，即使美国政府认识到这种"游戏"的最大获益者是阿富汗，但在对本国利益的综合考量下，美国政府仍然愿意继续这一"游戏"，也体现了美国对阿富汗的一种无奈。这种例子也是国际政治中小国"绑架"大国政策的一个经典个案。

NSC5409号及其他文献提出于1955年赫鲁晓夫等访问阿富汗之前，其对于阿苏关系的急速增长虽然有所认识，但毕竟缺乏现实的印证，因而，在实施过程中存在一定问题和不足。在该文件提出一年多后，1955年12月，赫鲁晓夫访问阿富汗对美国政府是一个巨大刺激，特别是苏联在这次访问中表现出的慷慨大度——对阿富汗援助规模的巨大和援助领域的广泛——给美国政府造成了震撼。联系1955年后苏联对阿富汗政策的日益激进及其对美国利益的威胁，美国政府适时厘清思路，调整政策，应对苏联的挑战。1956年3月30日，行动协调委员会（OCB）在审视NSC5409号文件执行情况的报告时指出，"苏联向阿富汗提供1亿美元贷款表明，苏联已经采取全面行动，要获取在阿富汗占主导地位的影响"③。不过，1956年已是艾森豪威尔第一任期的末尾，新一届总统大选分散了艾森豪威尔政府较多的精力，加之阿富汗在美国全球和地区冷战战略中的地位并不突出，一定程度上影响了美国对赫鲁晓夫等访问阿富汗做出的反应。美国对阿富汗政策的成型及实施主要发生于艾森豪威尔第二个总统任期。

---

① DDRS, The Future of Afghan-Soviet Relations, May 29, 1956, Document Number: CK3100442419.
② *FRUS*, 1955–1957, Vol. Ⅷ, p. 16.
③ *FRUS*, 1955–1957, Vol. Ⅷ, pp. 1-2.

(二) 1954年后美国对阿富汗的政策实施与效果评判

美国多个政府机构在短期内密集完成了如此多的各类文献，充分体现了美国政府决策层对苏联在阿富汗行动的高度关注。这些文献尽力对阿富汗内政外交的各方面进行了全方位考察，但关键内容是对美阿关系和美国对阿政策的论述，构想美国下一步应采取什么样的政策措施平衡苏联在阿富汗行动的效果。为实现NSC5409号文件等规定的地区战略目标，反击苏联对阿富汗步步紧逼的攻势政策，美国政府加紧采取实际行动，向相关国家提供有针对性的军事和经济等领域的援助。20世纪50年代中期之后，美国对阿富汗的援助在广度上逐渐扩展到更多领域，在深度上日渐制度化、规范化。

1. 美国对阿富汗提供的各项援助

为平衡苏联行动，这一时期，在对阿富汗局势加以系统考察基础上，美国向阿富汗的各项援助也在加快推行。

第一，经济和技术援助。经济援助向来是国际关系中最惯常使用的手法，美国自20世纪初以来，也娴熟地运用经济外交实现国家利益。从1952财年到1956年3月，美国对阿富汗提供的经济领域的援助总额是5100多万美元，其中680万美元用于技术援助，农业领域的小麦贷款和赠款实际支出490万美元，两笔进出口银行贷款共计3950万美元。① 从规模上看，美国援助额度远小于苏联。不过，相对于苏联援助主要集中于交通运输、工厂等基础设施不同，美国援助涉及的项目更丰富，技术援助、教育援助、农业援助和粮食援助一直是美国援助的主要内容，这些项目的现实意义更强，对普通民众的生活影响更大。

美国对阿富汗的技术援助开始于1951年。"1956财政年度的计划总计350万美元，大部分将用于加强阿富汗教育系统和改善教学条件，并用于农业、公共卫生、社区发展、工业、矿业领域。"②

在教育领域，以教育为载体的文化输出是美国外交的一大传统，在阿富汗，美国对此也相当重视。美国政府在这方面的举措主要是：（1）开展

---

① DDRS, The Future of Afghan-Soviet Relations, May 29, 1956, Document Number: CK3100442419.
② DDRS, Afghanistan, Expansion of Soviet Influence in, and U.S. Countermeasures. NSC5409, May 11, 1956, Document Number: CK3100428290.

和扩大双边人员交流计划,每年给予阿富汗一定的赴美学习和进修名额;(2)动员国内教育机构对口支援阿富汗,如1956年美国国际合作署(International Cooperation Administration,ICA)发表的关于阿富汗等国的报告就讲道,阿富汗政府"与哥伦比亚教师学院(Columbia Teacher's College)的已有合同扩大了将近一倍(达到110万美元),以促进阿富汗的教育计划"①。

在农业领域,美国援助阿富汗最具有代表性的例子是赫尔曼德河谷工程。该工程源自杜鲁门时期,按设计理念,是一个综合了灌溉、发电、土壤改良等内容在内的系统性规划。该工程在后续发展中吸纳了巨额资金,但进展缓慢,引起了阿富汗政府的严重不满,不断要求美国加大援助额度。艾森豪威尔就任后,美国相关部门组织了对一个特别调查团就工程状况进行了广泛调研,"以决定需要采取哪些措施保障工程的成功"②,尽快发挥应有的效果。而且,在美国政府的支持下,赫尔曼德河谷工程再次得到了进出口银行两笔贷款的大力资助,贷款总额为3950万美元。农业水利工程是一项长期工作,短期效应有限。但阿富汗恶劣的自然环境导致其国内粮食供应不足却是急迫的。为此,美国从1954年开始,在阿富汗遭遇粮食歉收或自然灾害时,都遵照《480号公法》(Public Law 480,PL480,)③相关条款向阿富汗提供直接的小麦援助。例如,1956年阿富汗南部遭遇严重水灾,7月31日,阿富汗政府向美国请求2万吨小麦援助,8月7日又增加到4万至5万吨。驻阿使馆和中央情报局在评估了阿富汗灾害情况及其要求的援助规模间的关系后,美国政府在9月份同意了阿富汗政府的请求,决定以当地货币形式向其提供4万吨小麦。"巴基斯坦总统伊斯坎德尔·米尔扎(Iskamder Mirza)在美国驻巴援外使团的压力下,也同意从巴

---

① *DDRS*, International Cooperation Administration (ICA) Report, Jun. 22, 1956, Document Number: CK3100324116.

② *DDRS*, United States Policy toward South Asia. NSC5409, Dec. 3, 1956, Document Number: CK3100435310.

③ 《480号公法》(Public Law 480)即《农业贸易发展和援助法》(Agricultural Trade Development and Assistance Act),又称《粮食用于和平计划》(Food for Peace Program),是美国联邦政府为扩大农产品外销市场和推行美国外交政策而执行的一项法令。美国国会于1954年通过。截至1984年,美国根据《480号公法》销售和赠送输出的农产品总值达33亿美元,其中以小麦及小麦制品为最多,价值140亿美元。http://www.chkd.cnki.net/kns50/XSearch.aspx?KeyWord=480%E5%85%AC%E6%B3%95.

基斯坦的小麦储存中提出 1 万到 1.5 万吨，援助阿富汗……9 月 18 日，阿富汗接受了美国小麦。"①

行动协调委员会（OCB）1955 年备忘录指出，"对阿富汗国内安全的首要威胁是苏联通过经济渗透控制阿富汗的危险"。② 虽然在此前的政府文献中，美国也多次论及苏联对阿富汗的经济援助和渗透，但正式将其视为对阿富汗独立的头号威胁，这还是第一次。此后，这一论断成为美国政府观察阿富汗局势的基本判断之一。因而，美国也针锋相对地以经济援助抵消苏联的影响。

面对苏联在阿富汗的日益活跃，国家安全委员会对于美国应采取何种程度的援助政策有些纠结，既想平衡苏联的影响，又担心引发严重后果。在报告中，国安会一度考虑要扩大援助规模，"将对阿富汗的经济援助数额增加到每年 3000 万美元"③。但又担心美国援助的猛烈增长有刺激苏联强化对阿富汗介入的危险，且对阿巴关系产生消极影响。国安会的这种心理深刻地反映了美国政府在制定对阿富汗政策时的矛盾心情和政策困境。这种困境一方面来自对苏联—阿富汗特殊关系和苏联在阿富汗特殊利益的顾虑，另一方面来自美国如何妥善处理一个地区盟国和另外一个对美国利益也有重要影响的国家间的关系，特别是当这两个国家之间存在激烈矛盾时。这种困境是对美国外交决策者的一个重大考验，处理不当可能导致美国的地区利益全盘皆输。

第二，军事援助。在 NSC5409 号文件精神影响下，这一时期美国最重大的一项举措是启动和加强了对阿富汗的军事援助。冷战开始后，美国对阿富汗提出的军事援助要求是极为谨慎的，先后多次拒绝了阿富汗的请求。后来出任美国驻阿富汗大使的罗伯特·纽曼（Robert Neumann）和西奥多·埃利奥特（Theodore Eliot）总结了杜勒斯拒绝向阿富汗提供军事援助的主要原因是，"阿富汗的地理位置和糟糕的通讯系统，将使美国承担巨大的后勤运输压力，这种状况将极有可能导致冷战升级"。此外，就美

---

① *DDRS*, Foreign and domestic policy. wheat for Afghanistan, Sep. 21, 1956, Document Number：CK3100423667.

② *DDRS*, Operations Coordinating Board memo describing revisions to its report on the internal security situation in Afghanistan, including the feasibility of U.S. assistance and the relations between Afghanistan and Pakistan, Nov. 10, 1955, Document Number：CK3100109909.

③ *FRUS*, 1952 – 1954, Vol. XI, Part 2, p. 1482.

国与巴基斯坦的亲密关系及对于军事援助阿富汗可能引起的苏联的反应来看,"华盛顿担心,向阿富汗提供武器装备将使苏联如此惊慌,以至于它们可能采取某种行动反对阿富汗"①。但美国的拒绝态度没有得到阿富汗政府的理解,阿富汗人为此非常恼怒,转而去苏联阵营寻求军事援助。根据1956年美国国家安全委员会的认定,"苏联和捷克斯洛伐克向阿富汗提供了包括实质性贷款在内的军事援助。数额估计在2500万到3000万美元间。而且,由捷克斯洛伐克1954年给予的300万美元贷款购买的武器装备已经运送到阿富汗"②。

阿富汗立场的这一转变刺激了美国政府重新考虑阿富汗的军事援助请求。在综合考量了阿富汗国防建设的需要、请求美国军事援助的历史和苏联—东欧国家对阿军事援助情况后,美国在20世纪50年代中期终于首次有限地对阿富汗进行军事援助。不过,美国对阿军事援助是较为温和、保守的,主要是对阿富汗军官的人员训练计划,作为军事援助基本内容的诸如武器装备的出售、军事技术的转让等实质性军援项目没有出现在美国对阿军事援助中。1956年6月22日,美国国际合作署的一份报告明确表示,国防部在阿富汗的首要职责是训练阿富汗陆军和空军军官,目标是"每年在美国训练5名到10名阿富汗军官,以使他们具有亲美倾向,并提升他们与土耳其军事使团一起工作的能力"③。根据计划,驻阿使馆武官提名部分人员,赴美国军校接受训练;每年美国军方还会邀请阿富汗军队将级军官到美国本土和海外基地进行参观培训。1956财年美国政府准备拨付12.8万美元的专项经费,以支持对15名阿富汗军官进行为期一年的军事训练。④ 军事人员的训练开启了美国对阿富汗军事援助的大门,为此后美国军援的扩大铺平了道路。

此外,作为对苏联动员其盟国援助阿富汗的回应,美国也鼓励西方盟国参与对阿援助。这一时期,对于加强西方对阿军事援助效果发挥了主要

---

① Hammond, Thomas, *Red Flag over Afghanistan: The Communist Coup, the Soviet Invasion, and the Consequences*, p. 26.

② *FRUS*, 1955 – 1957, Vol. VIII, p. 17.

③ DDRS, International Cooperation Administration (ICA) Report on Afghanistan, Jun. 22, 1956, Document Number: CK3100324116.

④ *FRUS*, 1955 – 1957, Vol. VIII, p. 13; *DDRS*, United States Policy toward South Asia, NSC5409, Document Number: CK3100435310.

作用的是土耳其。土耳其和阿富汗地理接近，历史、文化有相似之处，两国的良好关系有较长时间的历史。20世纪20年代凯末尔领导土耳其获取独立并开始国家现代化进程，取得了丰硕成果，阿富汗对土耳其的现代化发展模式产生较大兴趣，立意学习土耳其的经济和军事发展道路，因而，双方在经济、军事等领域展开了广泛合作。应阿富汗政府邀请，土耳其政府向阿富汗长期派驻有政治、军事和经济顾问。美苏全面竞争阿富汗的大幕拉开时，土耳其在阿富汗仍驻有一支军事代表团，帮助阿富汗加强军队训练和建设。美国政府高度重视土耳其军事代表团的存在，意图进一步加强它。美国政府指出，土耳其军事代表团"提供了一些虽然是有限的、但与阿富汗武装部队联系的渠道，保证这个使团的继续存在是符合美国利益的。它的离开可能提升阿富汗接受印度或苏联集团军事使团的可能性。美国应做好准备，如果必要，鼓励土耳其人继续这个使团，即使美国帮助分担其费用"[1]。

2. 美国对阿富汗的宣传政策

加强对阿富汗社会的心理战和新闻宣传等"软实力"外交政策，在阿富汗塑造美国良好的国家形象。美国对外政策非常重视国家形象的塑造问题，艾森豪威尔政府尤其如此。美国在他国塑造良好形象的主要手段是借助多种形式的宣传活动。杜鲁门时代就对阿富汗开展宣传，"艾森豪威尔政府也高度重视心理战、公共外交（public diplomacy）和对外宣传在美国整个冷战战略中的地位"[2]。上述美国政府各文献基本都涉及了比较和评判苏联、美国在阿富汗的形象构建的举措，而且几乎一致认为，苏联在这方面做得比美国要好得多，因而，建议美国政府加大在这方面的工作力度。行动协调委员会对此问题感受最深刻、最为敏感。1955年11月一份构想美国对阿富汗政策的备忘录在关注苏联的物质援助的同时，十分在意其背后隐含的无形影响。虽然"软实力"概念和理论在20世纪50年代尚未正式提出，但备忘录却已经在认真地比较和分析美国和苏联在阿富汗进行的软实力外交的优劣。备忘录指出，1954年后，苏联在阿富汗进行的各种

---

[1] *DDRS*, Operations Coordinating Board memo describing revisions to its report on the internal security situation in Afghanistan, including the feasibility of U. S. assistance and the relations between Afghanistan and Pakistan, Nov. 10, 1955, Document Number: CK3100109909.

[2] Odd Westad, Melvyn Leffler, *The Cambridge History of the Cold War*, Vol. 1, p. 294.

"有形项目"（tangible projects 指各种具体的、可见的工程项目，如道路和管道建设，石油和小麦储存设施等）要比"美国支持的农业和教育项目更能立即给人留下印象，无疑有利于扩大苏联在阿富汗国内的威望和影响"。这一点表明，苏联在阿富汗开展的"软实力"外交是较为成功的。

与苏联主要通过物质援助以塑造良好形象不同，美国在阿富汗的形象塑造工作更正式、更系统、功利性和目的性更强。冷战爆发后，美国非常重视对外宣传活动。1948年1月，美国国会审议通过《史密斯—蒙特法案》（Smith-Mundt funds）规范了美国和平时期美国的对外宣传行为。[①] 根据这一法案，美国政府建立了"史密斯—蒙特基金"，支付对外宣传所需费用，或对相关宣传项目提供财政补贴。具体负责实施这一工作的是1953年成立的美国新闻署（United States Information Agency，USIA）的宣传教育活动和人员交流计划。"在阿富汗的美国新闻署1956财年将花费103415美元，相比于1955财年的74520美元有所增加。美新署的首要目标是鼓励对共产主义压力和颠覆的抵抗，发展对美国和自由世界预见或击败苏联—中国侵略的能力的信心，公开宣传国际合作署在阿富汗的目标和成就，帮助创造有助于理性解决与巴基斯坦和伊朗纠纷的气氛。"[②] 美新署的具体宣传活动主要包括制作和放映电影、电台广播和发行各种文字出版物。如行动协调委员会在1956年认为，"最成功的努力是生产了一部片长45分钟的彩色电影，电影突出了经济发展、赫尔曼德河谷工程和阿富汗的宗教传统"[③]。

美国政府将宣传活动的重点人群定位为阿富汗领导阶层，走"上层路线"，这是与其对阿富汗社会和政治结构的认识联系在一起的。美国认为，阿富汗社会团体的政治影响力极弱，中央政府对国内外事务实行集权。此外，阿富汗文盲率极高，民众受教育水平极低，且农村地区的民众受地方的世俗和宗教势力影响很大，对国家政策关注不多。因而，国际合作署计划要与美国新闻署一起，对阿富汗"领导人关于共产主义威胁的教

---

① 于群：《美国国家安全与冷战战略》，中国社会科学出版社2006年版，第322页。

② DDRS, Operations Coordinating Board memo describing revisions to its report on the internal security situation in Afghanistan, including the feasibility of U. S. assistance and the relations between Afghanistan and Pakistan, Nov. 10, 1955, Document Number：CK3100109909.

③ DDRS, United States Policy toward South Asia, NSC5409, Document Number：CK3100435310.

育，……使其意识到共产主义颠覆的危险"。美国的宣传活动产生了一定效果。根据美国文件记载，阿富汗政府已经宣布英语是该国的第二官方语言，为教育阿富汗领导人和易受影响的公众奠定了基础。[①] 但备忘录也承认，这样的宣传效果往往比不上苏联。导致这种结果的原因是多方面的，如美国和阿富汗间的文化差异、美国新闻署对当地文化习俗缺乏深入研究等，美国经常抱怨的还有阿富汗政府严格、僵硬的新闻管制和审查等。

3. 加强阿富汗与西方世界的联系，防止其过度依赖苏联

美国驻阿大使米尔斯（Sheldon Mills）曾指出，为防止阿富汗倒向苏联，美国必须"找到加强该势力和将阿富汗与自由世界绑在一起的方法。我们能做的一种方法是通过民用航空协议，发展阿富汗与自由世界邻国的民用航线"。在此方面，苏联人已经开始了行动，"如果我们不立即行动，苏联人就会控制阿富汗的民用航空"。阿富汗在陆地交通和过境贸易方面已经与苏联建立极其密切联系的情况下，如果苏联再主导阿富汗航空领域的对外客货运输，则苏联会进一步加强对阿富汗的控制。美国政府也认识到这个问题的必要性，1956年4月，中情局的一份报告讲，"苏联在西南亚的影响由于3月24日签署的阿富汗—苏联民用航空协议而得到了提升"[②]。因而，美国也迅速采取了行动，效率很高。1956年6月27日，美国与阿富汗签署了一项航空发展协定，11月得到国会批准。根据该协议，美国将提供1450万美元援助，扩大阿富汗的航空运输设施，主要是建设坎大哈国际机场，建造和改善其他5个机场，并向阿富汗提供机场相关设备、人员培训等帮助。此外，美国还同意向阿富汗阿丽亚娜航空公司提供70万美元贷款，帮助它获得一架二手道格拉斯DC-6C飞机及配套零件。但即使如此，美国驻阿大使谢尔登·米尔斯后来评论说，"我们的谈判启动的太迟了，以至于阿富汗已经同意，喀布尔机场接受苏联援助加以重建"[③]。与此同时，在陆地交通方面，美国也加大资助力度，提供资金、设备和技

[①] *DDRS*, International Cooperation Administration (ICA) report on Afghanistan, Bolivia, Brazil, Burma, Cambodia, Chile, Greece, Guatemala, Indonesia, Iran, Iraq, Korea, Laos, Pakistan, Philippines, Thailand, and Vietnam. Miscellaneous. Document Number: CK3100324116.

[②] *DDRS*, Daily intelligence abstracts, topics include: food shortage in Peru; Baghdad Pact; Afghan-Soviet civil air agreement, Apr. 4, 1956, Document Number: CK3100007441.

[③] *DDRS*, Sheldon T. Mills summarizes U. S. relations with Afghanistan and Soviet involvement in that country. Jan. 5, 1957, Document Number: CK3100159086.

术、工程人员等援助,帮助阿富汗在中部、南部和西部修建公路干道。美国和苏联的竞相援助再次使阿富汗人大受其益,达乌德千方百计地鼓励美苏在阿富汗进行援助竞争,1956年4月23日,美驻阿使馆在给国务院的电报中对这一现象描述道,"达乌德说,关键的喀布尔机场的重建本已承诺给了苏联,但他也愿意让美国分享其建设工程。中情局评论说,达乌德可能想鼓动美苏的自由竞争"[1]。

此外,阿富汗与西方国家保持联系的主要的、传统的渠道是巴基斯坦。这也是米尔斯提到的另一个"将阿富汗与西方和自由世界绑在一起的方法是设法吸引阿富汗的对外贸易重新回到历史上和传统上的路线"。为保持巴基斯坦作为阿富汗与外部世界主要联系渠道的畅通,美国努力调和阿巴矛盾,同时积极帮助建造联系阿富汗—巴基斯坦主要城市间的道路交通线路,"包括连接阿巴两国的喀布尔—坎大哈—斯宾波尔达克公路、喀布尔—贾拉拉巴德—托尔哈姆公路和坎大哈国际机场"[2]。但这一渠道由于涉及阿巴关系,很不稳定。

4. 确立了美国援助阿富汗的指导方针

美国政府在规划对苏联的反制措施时明确提出了一项至关重要的政策原则,即"不承担在规模和范围方面旨在与苏联援助活动和信贷相匹配的经济援助计划,但对于能即刻展现可见的、持续的美国对阿富汗友好和利益的有限数量的工程项目要给予援助"[3]。这一原则确立于1956年,成为指导美国对阿富汗政策和援助活动的基本原则,在艾森豪威尔第二任期及其后的历届美国政府中都一再得到确认,在实践中得到了认真的贯彻执行。它规范了50年代后整个冷战时期美国对阿富汗的援助政策。其含义是要求美国政府不与苏联在阿富汗进行对等规模和同样代价的援助竞争,不谋求在阿富汗的优势地位,意味着美国在一定程度上开始酝酿承认苏联在阿富汗的优势和主导地位。在此过程中,美国按照"足够"原则,只对阿富汗实施"有限援助"——这种规模的援助既不至于大到超越美国预期的

---

[1] DDRS, Operations Coordinating Board daily intelligence abstracts, topics include: Afghanistan considers U. S. offer to develop Afghanistan's aviation, Apr. 23, 1956, Document Number: CK3100014555.

[2] 彭树智、黄杨文:《中东国家通史·阿富汗卷》,第236页。

[3] DDRS, Afghanistan, Expansion of Soviet Influence in, and U. S. Countermeasures, May 11, 1956, Document Number: CK3100428290.

成本付出及刺激苏联的程度，也不应小到无法平衡和抑制苏联影响的程度，其根本目的是通过美国的援助，维持阿富汗在美、苏间的中立地位，不因苏联的渗入而遭到破坏。有人形象地指出了美国对阿富汗中立主义政策的戏剧性变化："以前，美国不喜欢阿富汗的中立立场，现在，又促进阿富汗坚持这一立场并鼓励阿富汗领导层保持与苏联的距离。"① 在这一原则指导下，美国政府采取了系统性地反制苏联的系列举措，如改善阿巴关系，加大对阿富汗的援助力度等。"从1951年援助计划开始到1956年6月30日，美国向阿富汗提供了2530万美元援助，其中2000万美元是在1956财年以后提供的。……在所有援助中，发展援助总计1800万美元……技术援助为730万美元……1957财年计划1000万美元用于发展援助，300万美元用于技术援助。PL480第二条款1957财年计划已经开始谈判，总额约800万美元的4万吨小麦。"② 结合前文所述的苏联的援助规模我们可发现，美国的援助水平与之相差较大，但其作用是明显的。

三 美苏竞争与阿富汗缓冲国地位的重新确立及其影响

"缓冲"是国际政治和世界历史上非常重要而常见的现象，"缓冲的字面意思是减缓冲击力。……凡是使某种事物进行减慢或减弱变化过程都可以叫缓冲"③。有学者认为，"'缓冲'一词最早用来指代政治实体是在1876年，'缓冲国'一词最早使用是在1883年"④。美国地缘政治学家尼古拉斯·斯皮克曼用最简洁的语言概括了"缓冲"的定义，认为"缓冲"是指"位于大国间的小的政治单位"⑤。"缓冲"现象在世界历史中的实践由来已久，"缓冲国"广泛存在；19世纪是"缓冲"现象和理论发展的重要时期，人们对"缓冲"问题进行了更多理论思考。较早在两大强权格局下系统地论述"缓冲区"作用的是英国外相寇松勋爵。他认为解决大国之

---

① Abdul-Qayum Mohmand, *American Foreign Policy toward Afghanistan: 1919-2001*, p. 107.
② *DDRS*, United States Policy toward South Asia, NSC5409, December 3, 1956, Document Number: CK3100435310.
③ http://baike.baidu.com/view/138518.htm.
④ John Chay, Thomas Ross, *Buffer States in World Politics*, Boulder: Westview Press, 1986, p. 27.
⑤ Nicholas Spykman, "Frontiers, Security and International Orgazination", *Geographical Review*, Vol. 32, No. 3, 1942, p. 440.

间冲突的办法在于倡导确定一个将大国势力范围隔开的"缓冲地带",以此预防"不可调和的冲突"①。20 世纪后,"缓冲"理论和实践引发各国广泛关注,国际关系著名人物都对此问题有过论述,如斯皮克曼、马丁·怀特(Martin White)等人。一些国家出于维护国家安全考虑,也有意或无意地人为缔造"缓冲国",使敌对势力尽量远离本国领土,拓展本国的安全边界。

阿富汗是世界历史上的经典"缓冲国"之一,其"缓冲国"地位自 19 世纪形成,持续到 20 世纪。"缓冲国"介于两个及以上的敌对势力之间,对于防范冲突、维持地区稳定等有重要意义,"'缓冲'现象对于国际系统的稳定的积极作用得到了广泛认可"②。有学者认为,"二战结束后的几年中,阿富汗继续作为缓冲国存在。直到 1979 年苏联入侵","在 1947 年到 1991 年间,(阿富汗)是苏联和美国势力范围间的缓冲国"③。但严格说来,阿富汗的缓冲国地位在二战后一段时期是中断的,直到 20 世纪 50 年代美国、苏联在阿富汗开始了新的大国对抗,阿富汗的缓冲国地位才再度恢复。阿富汗缓冲国的重新恢复和维持标志着美国与苏联在阿富汗均衡竞争局面的形成,美、苏、阿都认可了这种地位和格局,不再谋求改变,美苏在阿富汗的竞争进入平稳发展期。

(一)"缓冲国"的概念与类型

对于"缓冲国"的概念,各国学者有多种认识和表述。(1)"缓冲国"是"位于两个或更多大的、对立的强国中间的小而独立的国家"④。(2)在地理上,缓冲国是"一个位于两个处于敌对状态的其他国家间的国家,除非这种敌对被海洋隔开"⑤。(3)缓冲国是地处两个或更多强国之间

---

① 丁长昕:《从缓冲区到结盟:新中国成立前后苏联的对华政策》,博士学位论文,华东师范大学,2007 年,第 3—4 页。
② Tornike Turmanidze, *Buffer States: Power Policies, Foreign Policies and Concepts*, Nova Science Publishers, 2009, p. 42.
③ Tornike Turmanidze, *Buffer States: Power Policies, Foreign Policies and Concepts*, p. 17;[英]马丁·怀特、赫德利·布尔、卡斯滕·霍尔布莱德:《权力政治》,宋爱群译,世界知识出版社 2004 年版,第 160—167、202 页。
④ John Chay, Thomas Ross, *Buffer States in World Politics*, Boulder: Westview Press, 1986, p. 3.
⑤ Tanisha Fazal, *State Death: Politics and Geography of Conquest, Occupation and Annexation*, Princeton University Press, 2007, p. 70.

的弱国,它是为减少强国间的冲突而维持下来,甚至创造出来的。缓冲区则是两个或两个以上强国之间的一个或更多弱国占领的地区,有时将它称为"权力真空区"①。(4)《辞海》认为,缓冲国是两个或两个以上大国在力量处于相对平衡时期,为了避免彼此间直接武力冲突,将介于它们之间的弱小国家划作缓冲区,这种国家叫作缓冲国。一般由有关大国使用"条约"保证,不兼并缓冲国的领土。②

上述定义蕴含的共性,反映了缓冲国的本质特点和缓冲系统形成的关键要素。据此,我们可以归纳出缓冲国的几个判断标准——地理位置(geography)、实力分布(capability distribution)和外交政策倾向性(foreign policy orientation)。从概念角度分析,缓冲国的形成有赖于两个条件:自然地理条件和社会历史条件。前者是缓冲国形成和发挥作用的基本条件。后者则具有关键意义,又包含两方面因素:(1)围绕某缓冲国存在大国对抗,(2)处于对抗中的大国对某小国在对抗格局中的地位、作用等达成默契或共识,尊重其中立地位,而不谋求破坏。概括地说,缓冲国的形成应具备三个关键也是最基本的因素:(1)一个相对弱小的国家;(2)两个或多个处于敌对状态的、且力量均衡的强国;(3)小国位于敌对大国中间,将上述大国隔离。

各国学者在论及缓冲国的关键性要件时达成了一定程度的共识,但普遍遗漏了重要的另外三点:(1)成功的缓冲国的局势应是稳定的,包括国内政局的稳定及与周边邻国关系的相对稳定。一个破碎、动荡的国家,难以真正扮演敌对大国间的缓冲角色,反而会因混乱局势而增加外部大国对该缓冲国作用有效性的忧虑,从而增加外部力量介入缓冲国内部事务的几率。"一个缓冲国国内政治的不稳定能很容易地在其周边邻国中产生安全困境。……这样的危机导致了19世纪的英阿战争和20世纪80年代的苏阿战争。"③(2)缓冲国自身的认知是缓冲系统形成和稳定发挥作用的重要因素之一。相比于对抗中的强国,缓冲国属于弱势主体,虽影响有限,但也是缓冲系统的重要成员。缓冲国对于对抗强国间的关系、本国与强国间的

---

① [英]马丁·怀特、赫德利·布尔、卡斯滕·霍尔布莱德:《权力政治》,第108页。
②《辞海》,上海辞书出版社1980年版,第1187页。
③ Barnett R. Rubin, *The Search for Peace in Afghanistan: From Buffer State to Failed State*, New Haven and London: Yale University Press, 1995, p. 24.

关系及缓冲系统的前景等问题的认知,直接决定缓冲国采取何种对外政策,并因此可能决定缓冲系统的模式和特点。如1907年英俄协约在论及阿富汗地位时讲道:"阿富汗埃米尔务必同意此协定,以便使之具有合法性及约束力。但哈比布拉立即宣布协定是非法的,因为在审议当中没有阿富汗人发表意见。"① 即体现了对抗强国至少要在名义上重视缓冲国自身的意见。(3) 相关大国对该弱小国家缓冲地位的认可与尊重,不存在强烈的吞并该缓冲国的主观意愿,不谋求改变缓冲格局。这对于缓冲国及对抗大国关系的稳定具有同样重要的意义。

关于缓冲国的基本类型,学者们也存在多种认识和分歧,争论的焦点在于,卫星国(a satellite state)算不算是缓冲国。英国著名学者马丁·怀特(Martin Wight)对此问题持肯定性看法,他将缓冲国分为三类——见风使舵的国家(trimmer)、中立国(neutrals)和卫星国(satellites)。② 美国地缘政治学家斯皮克曼则将"中立"作为缓冲国的必要特征,认为违背这一原则的如卫星国等类型的国家不应算作缓冲国。③ 根据马丁·怀特的观点,从1979年到1989年的阿富汗作为苏联的卫星国,仍然是一个缓冲国;斯皮克曼的观点则否定这种状况。

但无论按照哪种分类,以"中立"作为外交传统的阿富汗的缓冲国地位都是确定无疑的。不同的认识可能主要涉及冷战时期阿富汗的缓冲国地位何时被颠覆问题。

(二) 二战与阿富汗缓冲国地位的暂时性中断

阿富汗缓冲国地位的形成与英国、俄国密不可分,19世纪英、俄在阿富汗的"大博弈"造就了阿富汗的缓冲国地位。对印度洋不冻港的向往使俄国持续南向扩张,与自印度北上的英国发生正面接触。"阿富汗作为缓冲国的基本概念早在1844年就出现了。当时,俄国总理内斯尔罗德伯爵(Count Neselrode,1780—1862,德籍俄罗斯政治家,全称Karl Robert Neselrode)建

---

① [美] 路易斯·杜普雷:《阿富汗现代史纲要》,2002年,第5页。
② Martin Wight, Helley Bull and Carsten Holbraad, eds., *Power Politics*, London: Leicester University Press, Royal Institute of International Affairs, 1995, p. 160.
③ Nicholas Spykman, "Frontiers, Security and International Orgazination," *Geographical Review*, Vol. 32, No. 3, 1942, p. 440; Tornike Turmanidze, *Buffer States: Power Policies, Foreign Policies and Concepts*, Nova Science Publishers, 2009, p. 6.

议，英俄两国政府应该留出中亚汗国（Khanates）地区为中立区域，置于两大帝国之间，阻止它们发生危险的接触。但这个建议直到1869年都没有得到官方重视。……1873年，一个缓冲区通过英俄协定建立起来。"① 1895年3月，英俄签订《关于帕米尔地区势力范围的协议》，协调了在帕米尔、阿富汗地区的势力范围界限，强加于阿富汗并要求其服从。在压力之下，阿富汗无奈接受，缓冲国地位确立。第一次世界大战前夕，大国关系分化组合，英俄关系因德国的威胁而得到缓解，以1907年《英俄协约》的形式完成了关系调整。两国进一步达成妥协，对阿富汗的缓冲国地位进行了再确认，并经历第一次世界大战延续下来。到此阶段，一定程度上可以说，阿富汗的缓冲国地位已经遭受到了较严重的侵蚀。因为《英俄协约》本身已经将两国冲突的可能性化解，英俄敌对状态趋于终结。因而，阿富汗隔离敌对大国并防止大国冲突的缓冲国作用因而被大大削弱。19世纪到20世纪上半期，阿富汗的缓冲国角色对于维护英俄的和平关系、避免两国爆发武装冲突起到了关键性作用，对此，阿富汗国王阿卜杜尔·拉赫曼（Abdur Rahman）曾形象地描述说："阿富汗是一只池塘中的天鹅，在池塘的两边，俄国狼和英国虎彼此敌对，一旦隔开二者的水干涸了，二者将展开生死之战。"②

二战的爆发进一步破坏了阿富汗的缓冲国地位，并导致其中断十数年。二战打乱了既有国际关系格局，英国、苏联成为盟国，两国的对抗不再是西南亚地区的主要矛盾，取而代之的是德国与反法西斯国家间在阿富汗的斗争。英苏联合压制了阿富汗与德国关系的发展。"苏德战争爆发后，苏英联合向阿富汗政府施加压力，要求阿富汗政府中断与德国的关系，并把在阿富汗的德国人驱逐出境。……（阿富汗政府）被迫做出驱逐德国人的决定。"③ 至此，作为缓冲系统基本要件的强国对抗消失，阿富汗隔离英苏势力、防止冲突爆发的缓冲作用消解，延续上百年的缓冲国地位中断。

二战结束后数年，缓冲系统赖以形成的强国对抗格局在西南亚一直未能建立，阿富汗的缓冲国地位迟迟未能恢复。一方面，二战结束后，英国—苏联对抗关系未能延续。两国均遭严重的战争破坏，在西南亚地区无

---

① John Chay, Thomas Ross, *Buffer States in World Politics*, pp. 177-178.
② Mohammad Ma'Aroof, *Afghanistan in World Politics*, p. 6.
③ 刘竞、张士智、朱莉：《苏联中东关系史》，中国社会科学出版社1987年版，第93页。

心无力展开新的竞争。"战后初期,苏联因忙于处理与本国安全利益有着直接联系的那些问题,并面临着恢复和发展本国经济的艰巨任务,它对亚、非、拉美地区的政策缺乏后来在50年代所表现的那种活力。"① 1947年英国势力自南亚撤出,构成缓冲系统的基础条件遭到完全破坏。另一方面,新的强国对抗关系未及建立。英国撤出南亚后,美国没有立即填补英国撤退留下的权力真空。冷战初期,美苏斗争重点集中于欧洲,对第三世界无暇多顾。杜鲁门政府对阿富汗不太重视,苏联在阿富汗的势力也没有进入急速扩张期。因此,冷战虽然已经开始并持续升温,但在紧邻苏联的阿富汗,美苏对抗尚未真正开始,新的缓冲系统形成所需要件并不完备。

(三) 阿富汗缓冲国地位的重新确立

经历二战后国际关系的变动,阿富汗缓冲国地位在20世纪50年代中期重新确立。导致阿富汗缓冲国地位重新确立的新因素主要有:

20世纪50年代中期,美国、苏联在阿富汗的对峙局面正式形成,为阿富汗缓冲国地位的重新形成提供了必要条件。1953年后,冷战加速向包括西南亚地区在内的第三世界蔓延,美国在西亚、中东地区组建反苏军事集团。1954年后,巴基斯坦、伊朗等相继成为美国的地区盟国和反苏的前哨,美国一度意图将阿富汗纳入其中。这表明美国势力已经深入南亚并站稳了脚跟,空白近10年的南亚权力真空被美国填补。美、苏在南亚展开了新一轮的大国对抗,为缓冲系统的再度形成奠定了坚实基础。

作为缓冲国重要标志的阿富汗的中立立场得到了对抗大国的正式认同。已有百年传统的阿富汗中立政策在20世纪50年代中后期分别得到苏联和美国的正式认可。从主观上,苏联认同阿富汗的中立政策早于美国。苏联方面,1955年赫鲁晓夫、布尔加宁访问阿富汗期间及访问结束后的国内汇报中,多次公开强调"中立"是阿富汗的最佳政策选择,公开表明苏联对阿富汗中立地位的认同。如1955年12月18日,赫鲁晓夫在喀布尔加齐运动场上的致辞中说:"我们非常坦率地告诉你们,我们因为阿富汗执行独立政策而高兴。为了维护本国的利益,阿富汗政府……奉行严守中立的政策。这种政策有助于保证阿富汗的独立和安全。"② 布尔加宁在不同场

---

① 王绳祖:《国际关系史》第7卷,世界知识出版社1995年版,第241页。
② 人民出版社辑:《布尔加宁、赫鲁晓夫访问印度、缅甸和阿富汗期间的讲话》,第205页。

合也表达了类似观点。此时，苏联政府公开表明对阿富汗中立政策的坚持，明显是针对美国在南亚组建军事联盟的举动。在不可能使阿富汗加入社会主义阵营的情况下，阿富汗的中立是最有利于苏联利益的。

美国认可阿富汗的中立地位源于两个事件。第一，美国与阿富汗结盟意图失败，转而承认阿富汗的中立政策。美国争取阿富汗加入地区性军事同盟的外交努力受挫后，美国的阿富汗政策趋于平稳，1954年10月《国家情报评估》明确了美国对阿富汗缓冲国地位的正式认可。该文件认为，阿富汗的战略重要性在于其缓冲国地位，将北方的苏联与南方非共产主义的巴基斯坦与印度隔离开。[①] 第二，20世纪50年代末，美国修正了杜勒斯等政府高层官员对中立主义的敌视，公开表达了对别国中立政策的尊重。1958年6月阿富汗首相达乌德访问美国时，艾森豪威尔公开表示美国尊重阿富汗的中立传统，说他"完全尊重阿富汗政府的中立态度，中立主义不会以任何方式影响美国政府帮助首相及其政府改善阿富汗民众生活的意愿"[②]。1958年12月，美国驻阿富汗大使在给国务院的电报中提出，美国政府应该"尽可能维持阿富汗的中立国地位，以使阿富汗能发挥其作为缓冲国的历史作用，保护印度次大陆和伊朗侧翼不受俄国侵略"[③]。大使的电报得到了国务院的认同。

美国、苏联对阿富汗中立主义的认可，使阿富汗缓冲国地位的另一要素具备了。大国的认可对阿富汗缓冲国地位的维护至关重要，"缓冲国的生存能力一定程度上取决于它们的内部力量、维持被缓冲双方和平的能力，及在很大程度上，强国维持它们作为缓冲国的意愿"[④]。

阿富汗政治局势在20世纪50年代中期后趋于稳定。1953年，穆罕默德·达乌德通过政变掌权，在军事、政治、经济、文化和社会等方面进行以国家主义和中央集权为特征的改革，实现了阿富汗政局和社会的稳固，有利于阿富汗作为独立稳固的缓冲国存在。达乌德的改革虽遭到一些反对，但他依靠军方支持和强硬手腕，稳固了统治地位。而20世纪70年代

[①] *FRUS*, 1952 – 1954, Vol. Ⅺ, Part 2, p. 1482.

[②] DDRS, Summary of Prime Minister Sardar Mohammad Daud's 6/26/58 visit with President Eisenhower, Jun. 26, 1958 CK3100321801.

[③] *FRUS*, 1958 – 1960, Vol. ⅩⅤ, p. 253.

[④] Tornike Turmanidze, *Buffer States: Power Policies, Foreign Policies and Concepts*, p. 48.

的例子也从反面说明了缓冲国自身局势的稳定对缓冲系统稳固的重要作用。1979年苏联入侵阿富汗的重要诱因就在于20世纪70年代阿富汗国内局势的持续动荡,政变不断,社会反政府力量日强,苏联担忧阿富汗出现亲美反苏政权,威胁苏联安全利益,而决定出兵阿富汗。

阿富汗对传统中立政策和不结盟立场的坚持和对缓冲国地位的接受。中立是阿富汗的外交传统,这一传统在达乌德掌权后没有发生变化。达乌德政府拒绝美国的结盟要求,一再强调其在大国冷战中的不结盟立场;接受苏联经济军事援助,同时"宣布阿富汗在使用贷款的世界市场上是自由自在地寻找的"。并"要求美国人提供军援,以纠正本地区'被破坏的平衡'"①。阿富汗这一立场表明,它认可和接受了自身在美苏间扮演的缓冲国角色,而不是通过谋求与某一方结盟以实现其国家利益。20世纪50年代中期,阿富汗的中立得到了美、苏的认可和尊重,强化了阿富汗对中立主义外交传统的信心,"如果缓冲国的领土完整得到大国的保证,它更乐于维持中立和缓冲国地位"②。

以上因素相互作用,20世纪50年代中期最终促成中断近20年的阿富汗缓冲国地位的再次形成。

(四) 阿富汗缓冲国地位对美国政策及美苏在阿富汗关系的影响

从一般意义上说,缓冲国往往是小国、弱国,因而,其对于大国关系和世界、地区局势的影响力"是有限的,但在此范围内,它在国际关系中可以并有能力扮演积极角色"③。阿富汗缓冲国地位的重新恢复对于美、苏在阿富汗均衡竞争格局的形成意义深远。美、苏两大对抗强国共同承认阿富汗的中立和缓冲地位,意味着美国和苏联在阿富汗问题上达成默契和共识,任何一方都不谋求改变阿富汗的这种地位,认可对方在阿富汗的活动和存在,不谋求将对方势力和影响从阿富汗排斥出去,其客观结果必然是美、苏在阿富汗的"和平竞争"。

1. 作为缓冲国的阿富汗长期隔离了美国和苏联势力,在一定程度上有利于地区和平与稳定的实现

---

① [美]路易斯·杜普雷:《阿富汗现代史纲要》,第90、92页。
② Tornike Turmanidze, *Buffer States: Power Policies, Foreign Policies and Concepts*, p. 54.
③ John Chay, Thomas Ross, *Buffer States in World Politics*, p. 6.

历史上，阿富汗就成功缓冲了英国和俄国。从地缘政治学角度看，作为隔离对象的两大国间的关系都体现为陆权国与海权国的对抗。阿富汗隔离开的英国—俄国、美国—苏联在麦金德等人的地缘政治学理论中，被分别视为海权、陆权的典型代表。麦金德认为，"世界历史基本上是陆上人和海上人之间的反复斗争的过程"①。此种斗争的持续时间和涵盖空间都是惊人的，作为缓冲国的阿富汗也被卷入这一主导世界历史进程的海、陆权对抗。作为缓冲作用的客观结果，作为隔离对象的英—俄、美—苏没有发生过直接冲突，虽然有多种原因，但阿富汗的存在使双方力量不直接接触，降低各方对彼此行动之于本国安全利益的敏感性和刺激性。一定程度上可以看作阿富汗缓冲国作用成功的表现。

2. 阿富汗在美、苏间发挥着不对等的双向缓冲作用

托耐克·特曼奈兹（Tornike Turmanidze）曾提出一个全新的缓冲概念——"准缓冲国"，并从地缘政治位置、权力、外交政策目标、安全利益冲突等四方面界定了准缓冲国成立的标准。"满足下述四个条件的政治实体可被视为是准缓冲国。地缘政治位置（geopolitical location）——准缓冲者位于力量几乎相等的对立强国之间；权力（power）——准缓冲者实力远远弱于被缓冲的强国；外交政策目标（foreign policy orientation）——被缓冲国有可能将其武装力量驻扎于准缓冲者领土内，准缓冲者可能与一个被缓冲国结成正式或非正式的联盟以反对另一个被缓冲强国。准缓冲者可能是被缓冲国防御体系的一部分。"在此意义上卫星国、结盟国等都属于准缓冲国。在特曼奈兹看来，缓冲国和准缓冲国间的一个最大差别是其缓冲作用的体现，"缓冲是双边或多边缓冲，而准缓冲是单边缓冲。缓冲作用于两个或多个方向。……准缓冲仅作用于一个方向"②。根据特曼奈兹的理论，近代以来的阿富汗是缓冲国而非准缓冲国，缓冲作用是双向而非单向的。一方面，19 世纪，英国借阿富汗阻隔俄国势力南下，维护印度安全；冷战时期，美国将阿富汗作为其军事盟国——巴基斯坦的外围屏障。另一方面，俄国（苏联）与阿富汗有领土接壤，阿富汗可作为本土之藩篱，将敌对势力隔离在远离边界线的地方。

---

① [英] 杰弗里·帕克：《20 世纪的西方地理政治思想》，李亦鸣等译，解放军出版社 1992 年版，第 17 页。

② Tornike Turmanidze, *Buffer States: Power Policies, Foreign Policies and Concepts*, pp. 8-10.

有人认为，从理论上看，一个缓冲国在实践中发挥的作用究竟是"单向缓冲"还是"双向缓冲"，取决于以下几个问题："第一，系统内国家间地理位置分布。如中国、朝鲜、美国间的关系，中朝毗邻，美国本土远离，朝鲜具有较明显的对中国的单向缓冲作用。第二，对抗的强国间的实力对比。对抗中的强国实力不完全是对等的。实力相对较弱的一方会更看重缓冲国的作用，更重视其缓冲作用。第三，缓冲国与外部强国间的关系。各国地理位置具有连续性且强国间实力接近，如缓冲国中立于强国，则具有双向缓冲作用。缓冲国一旦与某个强国结盟，则其缓冲作用转变为单向缓冲。"① 张昕、丁长昕是就中、美、朝三国关系及朝鲜在中、美间的缓冲作用而言，但这种缓冲模式对于认识阿富汗在美、苏间的缓冲作用也很有借鉴意义，因为二者有很大的相似性。根据这种观点，阿富汗在美、苏间的缓冲作用应该是单向的而非双向的。但事实却是，无论从阿富汗缓冲的客观结果还是美国方面的主观认识来看，阿富汗对于美国势力范围和安全利益的缓冲作用是真实存在的。

因而，本文适当地对上述观点进行了一定修正，不绝对地将阿富汗的缓冲作用分为单向或双向，而是将其界定为"不对等的双向缓冲"。虽然阿富汗的缓冲作用是双向的，却具有一定程度的不对等性，俄国（苏联）较之于英美更重视阿富汗的缓冲国作用，倾注了更大精力，投入了更多资源，以维持阿富汗缓冲国的存在，甚至要将其纳入自己控制之下。根本原因就在于，俄国（苏联）与英美的安全敏感度的差异。无论印度还是巴基斯坦，只是英美势力范围的组成部分而非其本土，即使有所损伤还是有回旋余地的。但俄国（苏联）是用本土安全在与英美博弈，从利益、情感等各方面都是不容妥协的。例如，苏联《真理报》曾刊发文章称，苏联之所以重视阿富汗局势变动，一个重要原因是，阿富汗与苏联有2000多千米长的边界。②

3. 在缓冲对象间的"桥梁"作用，或被称为"搭桥"政策

国外学者明确指出，缓冲国在缓冲对象间会发挥一种"桥梁"作用，"缓冲国可以在历史敌人间扮演经济和政治桥梁的作用，对于促进它们的

---

① 丁长昕：《从缓冲区到结盟：新中国成立前后苏联的对华政策》，博士学位论文，第46页。
②《真理报》，1973年7月22日，转引自刘金质《冷战史》，世界知识出版社2003年版，第994页。

和解发挥了很大作用"①。芬兰学者哈图·黑克沃塔(Harto Hakovirta)在其著作《东西方冲突与欧洲的中立》中也注意到了中立国家的"搭桥政策"②。就阿富汗来说,至少它构成了美苏冷战竞争的一个案例,两国通过在阿富汗的接触,可以加深对对方的第三世界政策的了解,因为阿富汗在第三世界具有一定典型意义,其中立、不结盟政策是第三世界广大国家所普遍追求和奉行的。在此意义上,美、苏在阿富汗积累的关于对方政策的经验对它们处理其他第三世界国家和地区的事务有所裨益。此外,缓冲国的存在还有利于稳定对抗大国间的关系,其作用机理是:"(1)潜在侵略者必须考虑到缓冲国的军事力量;(2)潜在侵略者设想其敌国与缓冲国结盟的可能性。"③

4. 对美国政策而言,阿富汗缓冲国地位重新确立的主要意义是,它有利于美国明确对阿富汗政策的目标和定位

杜鲁门时期,美国对阿政策缺乏一种确切的目标定位;艾森豪威尔就任后,其对阿政策目标定位一度偏颇。美、苏在阿富汗均衡性竞争局面的形成,及随之而来的阿富汗缓冲国地位的正式形成和艾森豪威尔政府对现实的接受,美国对阿富汗政策的目标定位其实已经非常清楚,即:美国不谋求主导阿富汗或将其变成盟国,不谋求将苏联势力驱逐出阿富汗,而是要通过多种政策手段,维持阿富汗的中立、缓冲国地位不被破坏。这要求美国政府不能对阿富汗漠视不顾,削弱在阿富汗的存在和影响,而是要以适当的援助抵消苏联日益增大的影响,防止阿富汗平衡局面的破坏。

当然,也有学者对缓冲区的作用表示怀疑,如英国地理学家詹姆斯·费尔格雷夫(James Fairgrieve)认为缓冲地带"只是'一个被挤压的小国地带'",它"本身地位极不稳定"。斯特劳斯·休普认为:"它(缓冲地带)所分开的国家野心和利益并没有因为它的存在而发生实质性的改变。"④但总的看,无论在理论还是实践、历史还是现实中,缓冲现象始终存在,缓冲国的作用真切地发生。有人认为,缓冲国外交政策的成功可以

---

① Tornike Turmanidze, *Buffer States: Power Policies, Foreign Policies and Concepts*, p. 44.
② Harto Hakovirta, *East-West Conflict and European Neutrality*, Clarendon Press, 1988.
③ Tornike Turmanidze, *Buffer States: Power Policies, Foreign Policies and Concepts*, pp. 43-44.
④ [英]杰弗里·帕克:《地缘政治学:过去、现在和未来》,刘从德译,新华出版社2003年版,第154页。

通过以下两个标准来衡量——对缓冲地位的长久坚持和对被缓冲国间冲突的最后抑制。① 如果从这两个标准衡量，阿富汗的缓冲作用应该是较成功地发挥出来了。

本章小结

就全球冷战局势而言，艾森豪威尔任美国总统时，欧洲的冷战局面已基本稳定，冷战加速向第三世界转移，美苏在中东、西南亚等地区展开了激烈的攻防战。国际、国内两个层次事态的变化深刻影响了艾森豪威尔政府的对阿政策，多方面因素叠加在一起，使1953年成为美国对阿富汗政策发展历程中的重要一年。艾森豪威尔政府一开始就面临着复杂的全球、地区和各国国内形势。

1953年艾森豪威尔就任总统后的对阿政策正如其对杜鲁门政府总体外交政策所持的立场一样，既有批判，又有承续。艾森豪威尔所承续的，既有属于外交战略的原则理念，如作为对阿政策指导思想的冷战战略等，也有具体的实践政策及其实施，如围绕应采取何种对阿政策，美国内部不同部门机构的分歧和争论等。就后者而言，艾森豪威尔政府并非完全照搬杜鲁门的政策做法，在局部也进行了调整。在"延续"的同时，艾森豪威尔政府的对阿政策也表现出变革的一面，而且，变革力度相当大，不仅达到了前所未有的高度，而且，此后的历届美国政府也没有做出过如此深刻的举动，体现了艾森豪威尔政府赋予对阿政策更浓厚的冷战色彩，艾森豪威尔意图将阿富汗升格为美国地区冷战战略的重要棋子。但是，艾森豪威尔对阿富汗政策的变革力度过大，忽视了作为外交客体的阿富汗人的情感和利益诉求，与阿富汗的外交传统出现较大矛盾，因而，艾森豪威尔政府在阿富汗遭受了外交挫折。在经历曲折、遭受失败的过程后，美国的对阿政策更趋于理性和成熟。

---

① Tornike Turmanidze, *Buffer States: Power Policies, Foreign Policies and Concepts*, p. 49.

第四章　艾森豪威尔主义与美国对阿富汗政策

1957年美国大选，艾森豪威尔以绝对优势战胜史蒂文森，连任总统。艾森豪威尔第二个总统任期的开始即伴随着著名的"艾森豪威尔主义"的提出，"艾森豪威尔主义"对美国的阿富汗政策的走向产生了较大影响。

1956年苏伊士运河战争结束后，为填补美国所谓的中东地区的权力真空，1957年1月15日，艾森豪威尔向国会提出关于中东政策的国情咨文和中东决议案。"该决议案经国会通过后，于3月9日由总统签署生效。"该项决议案集中体现了艾森豪威尔主义。① 决议案中，国会授权总统在必要时向中东国家提供经济援助或使用美国武装部队。艾森豪威尔主义的出台并非一帆风顺。美国国会在讨论和表决艾森豪威尔咨文时，曾出现较大争论。"支持艾森豪威尔主义的决议在众议院顺利通过，但在参议院却遇上了麻烦。……经过两个月的辩论，参议院以72票对19票通过了那一决议。"② "艾森豪威尔主义成为冷战时期美国中东政策的重要指导原则"③，美国国务院关于中东问题的很多文件也将阿富汗列入其中，因而，阿富汗问题也可以看成是美国中东政策的内容之一。虽然艾森豪威尔主义的提出与阿富汗无直接关系，其内容也不直接关涉阿富汗问题，该政策在后续实施过程中却涵盖了阿富汗，成为20世纪50年代后期认识美国对阿政策的一个重要框架和视角。在艾森豪威尔主义框架下，美国对阿富汗政策继续深入展开。

---

① 杨生茂、刘绪贻：《美国通史·战后美国史》，第194－195页。
② ［美］威廉·曼彻斯特：《光荣与梦想——1932—1972年美国实录》（第3册），广州外国语学院美英问题研究室翻译组译，商务印书馆1979年版，第1156页。
③ 戴超武：《应对"卡尔·马克思早已策划好的危局"：冷战、美国对阿拉伯民族主义的反应和艾森豪威尔》，参见李丹慧主编《冷战国际史研究》（Ⅲ），世界知识出版社2006年版，第2页。

第一节 20世纪50年代后期美国对阿富汗局势的分析和政策总结

20世纪50年代中期后，美国的中东、南亚政策面临新的局面和挑战。在阿富汗，由于苏联1955年后的强势对阿政策，美国亟须对此前的地区和国别政策进行反思、总结，以便为后续政策的制定奠定基础。1956年3月30日，行动协调委员会（OCB）在审议NSC5409号文件执行情况的报告时指出，"如果苏联增加颠覆或控制阿富汗的行动，美国对阿富汗的政策应立即进行审核"[①]。因此，20世纪50年代后期，美国国务院及驻外机构对于艾森豪威尔第一届总统任期内对阿政策的决策与实施情况、阿富汗局势的前景及美国对阿富汗政策的未来走向等进行了分析评估，以便辨清形势，推动对阿政策的顺利实施。

一 米尔斯大使继任及其对阿政策的总结

艾森豪威尔政府政策总结的直接发起者是新任美国驻阿富汗大使米尔斯，首要阵地是美国驻阿使馆。1956年3月28日，谢尔登·米尔斯（Sheldon T. Mills，1956—1959年在任）被任命为新一任美国驻阿大使，接替安格斯·沃德（Angus Ward）大使。米尔斯后来回忆说："1955年赫鲁晓夫等人访问阿富汗后大约两个星期，我很惊奇地被询问，如果任命我为驻阿大使，我是否会接受。"[②] 米尔斯在4月到达阿富汗，5月6日向阿富汗国王递交了国书，开始正式履任。为尽快熟悉美国对阿政策，更好地开展工作，1958年11月24日，米尔斯在给美国国务院负责近东南亚事务的助理国务卿帮办哈特（Herat）的信中讲："我将总结当前美国在喀布尔的影响的基本特征。"在电报中，米尔斯分析了阿富汗政府高层对美国的情感认知，对阿富汗历史文化、社会习俗生活模式及其折射到阿富汗对外关系的评判，及阿富汗对国际形势及发展与本地区和世界各国关系的理念等问题。

---

① *FRUS*, 1955–1957, Vol. Ⅷ, pp. 1-2.

② *DDRS*, Sheldon T. Mills Summarizes U. S. Relations with Afghanistan and Soviet Involvement in that Country, White House, Jan. 5, 1957, Document Number: CK3100159086.

首先，米尔斯认为，"在国王、首相、副首相、外交部长等阿富汗最高层中有一种对美国的友好感情，这种友好感情也存在于大部分内阁成员及很大一批其他重要官员中"。这种感情的培养和维持对美国而言非常重要。因为这种情感倾向便利了美国对阿富汗影响的发挥，弥补了美国在物质援助方面的不足。但此种感情的形成也很不容易，因为"从1839年第一次阿富汗战争到二战结束，大部分阿富汗民众产生了对外国人病态的怀疑"①。在对他国"病态怀疑"的氛围中，阿富汗政府高层能对美国有如此的情感认知，是非常难得的。

其次，米尔斯讲到了他对阿富汗历史传统文化的认识。他认为，在人际关系方面，阿富汗的传统文化和习俗是恶劣的、缺乏善意的、充满对立和矛盾的。"背叛和不诚实的长期历史对阿富汗人产生了无法消除的印记，就是遍及各方面的、对任何事情和任何人都持怀疑态度。这种普遍不信任感甚至给最亲密的家庭关系也打上了烙印，在普什图语中，'兄弟'也有敌人的意思。"② 这种分析给美国决策者在大力推进与阿富汗关系方面注入一针"冷静剂"，意图使美国政府认识到，要赢得阿富汗的信任从本质上讲几乎是不可能的，美国的对阿政策应该基于直接的现实利益展开。

第三，在阿富汗对外关系方面，米尔斯也将他的观察和认识向国务院做了报告。他认为，阿富汗人对中立的追求是真实的，"阿富汗领导人在期望真正的中立"③。在此基础上，对于不同国家及其对阿富汗国家利益的影响，阿富汗也形成了不同认识和政策。

关于阿苏关系，米尔斯在总结了1954年苏联对阿富汗的援助情况后提出了一个重要问题——"苏联在阿富汗的意图究竟是什么"。米尔斯对此进行了分析并得出了自己的结论，他认为："正是东南亚条约组织（SEATO）和巴格达条约组织（Baghdad Pacts）促使苏联人在阿富汗付出了如此高昂的代价。"他认为，由于历史的原因，"阿富汗害怕苏联，就像他们当年害怕沙皇俄国一样"。而且，阿富汗感觉到了苏联影响的增长，但阿富汗人认为这种增长是在可控范围内的，阿富汗仍掌握着与苏联发展关系的主动权。美国强调的苏联对阿富汗安全的威胁不被阿富汗人认可，

---

① FRUS, 1958-1960, Vol. XV, p. 250.
② FRUS, 1958-1960, Vol. XV, p. 251.
③ FRUS, 1958-1960, Vol. XV, p. 251.

"我们使他们认为自己受到惊吓的努力失败了"①。他建议美国政府更客观地认识阿富汗形势和阿苏关系，不要过于紧张，以免被阿富汗认为是虚张声势，意在离间和疏远阿苏关系。

关于阿富汗与其他国家和国际组织的关系，米尔斯认为，在冷战的两极格局下，阿富汗人也在拓展其国际外交空间，努力从更多渠道获取发展资助，"他们欢迎自由世界其他国家的任何援助，如西德、日本，以及他们能从联合国获取的任何帮助"。但阿富汗人是非常现实的，"他们对联合国能做什么没有信心"②。

关于阿美关系，米尔斯认为，美国是阿富汗所希冀的平衡苏联的一个重要砝码，但主、客观条件限制了美国作用的发挥，"他们（阿富汗人）也认识到，美国太远而且在安全领域不愿意扮演这样的角色"。但阿富汗中立的维持必须基于大国力量平衡，只有美国才能担负抗衡苏联的责任，于是，"阿富汗人就以夸大他们与苏联历史友谊的方式引起美国的关注"。不过，发展对阿关系的主动权在美国手中，美国奉行什么样的对阿政策，是阿富汗不能决定的，虽然阿富汗对此有良好的期待。在美国方面的政策不能确定的情况下，最稳妥的做法是建立和保持与苏联的友好关系，"他们只能将延续国家独立的希望寄托于苏联的善意"③。

第四，米尔斯总结了目前存在于美国国内的几种关于美国对阿政策的意见，对于美国政府应持何种对阿政策给出了自己的判断和意见。米尔斯认为，综合美国驻外使馆、国务院和其他政府部门的意见，目前美国政府内部有四种对阿政策的不同选择："（1）阿富汗已经是，或在短期内将会成为苏联的卫星国。我们应撤出并削减在该国的外交代表机构和其他活动。（2）我们应静观其变，保持目前的关系状态，但避免任何新的主动行动。（3）阿富汗在发展与苏联关系方面走得太远了，他们应该与自由世界保持更好的关系。（4）通过某些措施，颠覆达乌德政府，以一个倾向自由世界的政府取代它。这一点在美国和巴基斯坦政府中都得到部分人的支

---

① *FRUS*，1958－1960，Vol. XV，pp. 251-252.
② *FRUS*，1958－1960，Vol. XV，p. 252.
③ *FRUS*，1958－1960，Vol. XV，p. 251.

持。"① 米尔斯分析了各种政策的前景和优劣，支持美国政府以更积极的态度推进美阿关系发展；认为美国自阿富汗撤出是不明智的选择，有可能导致苏联完全控制阿富汗，最终从根本上损害美国的利益。

作为美国对阿政策执行的最前沿机构，美国驻阿使馆在推动美国对阿政策的完善方面可谓不遗余力。一直以来，美国对阿富汗的经济援助没有中止，但米尔斯认为美国的援助规模远远不够，美国对阿富汗的重视程度、发挥的作用、资源投入及由此而来的效果远不如历史上的英国。"总的来说，这里（阿富汗）的态度是令人忧虑和失望的"，这种状况对美国的利益是不利的，因而，米尔斯向国务院建议："无论过去应该指责谁，美国现在及将来的政府付出真实努力以改善阿巴关系并去除阿富汗的失望和孤立感都是必要的。"②

二 美国国务院的政策总结与评估

米尔斯的电报引起美国国务院的重视，国务院在回电中明确表示，"我们完全同意驻阿使馆关于苏联最近在阿富汗的行动进一步严重影响了美国加强阿富汗与自由世界联系及削弱阿富汗对苏联集团依赖努力的看法"③。此外，1958年后，苏联对阿富汗的重视程度和政策执行力度也在加大，对美国的压力持续上升。在米尔斯及驻阿使馆的推动和苏联的政策压力下，美国国务院也开展了对阿政策的分析总结，便于对苏联新的对阿政策趋势做出回应。

艾森豪威尔时期，美国国际合作署（International Cooperation Administration，ICA）是负责对外援助的主要专职机构。国际合作署曾与国务院共同起草一份报告，分析了美援对阿富汗的影响。报告指出，美国对阿的援助将有利于把它从迈向苏联阵营的道路上解救出来。④

艾森豪威尔第二任期之初，美国国务院及驻外使馆开展的政策总结系统地厘清了既往政策实施的优势和弊端，进一步明确了美、苏、阿三方政

---

① DDRS, Sheldon T. Mills summarizes U. S. relations with Afghanistan and Soviet involvement in that country. Memo. White House, Jan. 5, 1957, Document Number: CK3100159086.
② FRUS, 1958 – 1960, Vol. XV, p. 272.
③ FRUS, 1958 – 1960, Vol. XV, p. 277.
④ Mohammad Ma'Aroof, *Afghanistan in World Politics: A Study of Afghan-U. S. Relations*, 1987, p. 56.

府的基本政策和互动特点，发现了其中蕴藏的主要问题和风险，意识到加强对阿富汗政策的必要性和紧迫性，对于规范美国政府下一阶段的行动奠定了必要基础。在总结过程中，美国政府也清晰描述了后续应采取的对阿政策的基本脉络。1957年后，随中东地区局势的变化和美苏竞争的加剧，以及美、阿两国对对方政策路线的熟悉，20世纪50年代末至60年代初，美国对阿政策和两国关系进入平稳快速发展期，美国加大了对阿富汗政策的执行力度，最突出的表现是，这一时期首脑外交和高层互访成为美阿关系的最大亮点，在整个冷战时期都没有出现过如此高密度、高规格的美国——阿富汗间的首脑会晤和交流。在杜鲁门时期，美阿双方几乎没有进行过首脑会晤等最高层的接触。

第二节 1959年艾森豪威尔访问阿富汗及其影响

一 艾森豪威尔访问阿富汗的背景

（一）20世纪50年代末美国、阿富汗首脑外交的重要组成部分

首脑外交是现代外交的一个重要组成部分和重要表现形式，无论在东方还是西方，历史久远。学者们对于首脑外交的具体定义说法不一致，美国政治学家埃尔默·普利施科（Elmer Prescott）对首脑外交的界定非常简单："当外交超出部长级而达到最高一级时，就被认为是首脑外交了。"[①] 国内一种较有代表性的定义是："首脑外交指国家元首、政府首脑、最高政府领导人或者国际组织的最高代表为了推动外交战略和外交政策的顺利实施，服务国家利益，直接参与或者委派代表实施的正式或者非正式的外交活动，包括通过信件、电报、热线电话等与其他国家领导人进行通讯，任命特使，互访和多边会晤，参加最高级会议，发表外交宣言和声明等。"[②] 长期以来，首脑外交一直受到各国青睐，主要原因是它具有其他外交形式不可比拟的优势。埃尔默·普利施科在著作中总结了首脑外交的十大优点：最高级领导人能够做到亲自彼此熟识，他们面对面地相互认识；国家领导

---

① [美] 埃尔默·普利施科：《首脑外交》，周启朋等译，世界知识出版社1990年版，第14页。
② 可金：《首脑外交及其未来趋势》，《教学与研究》2007年第12期，第54页。

人间良好的关系可以促进正式的国家关系;首脑级领导人有机会将国家的和国际的注意力集中在所选定的重大问题上;当总统参与首脑外交时,外国领导人可以确信他们是在同美国政府的权力和责任中心打交道;在首脑一级可以迅速地和直接地做出决定;首脑级外交往往能够产生对重大问题基本原则的广泛协议,或制订方案以发起某项外交行动或消除分歧,从而为在其他外交场合进行最后决定性的谈判铺平道路;传统或部长级外交形成的僵局,可以通过首脑外交迅速加以解决;首脑外交就其性质而言,一般总是公众注意的中心;首脑的参与自动地赋予外交事件以特殊重要性,无论是对外政策声明,通信往来或是首脑访问、商讨,还是会议。①这些优点反映了首脑外交在发展国家间关系中的特殊作用。因而,二战结束后,首脑外交成为被广泛接受和认可的新的国际外交方式和内容。

艾森豪威尔总统对首脑外交的兴趣相对于杜鲁门而言比较浓厚,对其作用也很重视,尤其是在看到 1955 年赫鲁晓夫访问阿富汗对苏阿关系的迅猛提升之后。在总统的关注和美阿双方的努力下,20 世纪 50 年代末,美国政府与阿富汗共同掀起了一个首脑外交的小高潮。这个高潮包括了美、阿政府最高层官员的互访。双边高层交往事件主要有 1958 年达乌德和纳伊姆访问美国,及 1959 年艾森豪威尔访问阿富汗。同时,1957 年和 1959 年,美国政府有关部门还曾经两次考虑推动阿富汗国王查希尔访问美国的计划。查希尔国王曾接受苏联邀请并将于 1957 年 7 月访问苏联,因而,有美国官员试图促成查伊尔也对美国进行一次访问,作为对其访苏的平衡性行动。1957 年 5 月 17 日,姆拉辛斯基(R. V. Mrozinski)在给肯尼思·兰登(Kenneth Landon)的一份备忘录谈到了邀请阿富汗国王查希尔访问美国的可能性。备忘录讲,"根据中情局情报,阿富汗国王将在 6 月到 7 月访问土耳其和欧洲,我们可以考虑邀请他访问美国。……这将鼓励阿富汗进一步靠向美国"。"阿富汗国王极少进行正式的海外访问……他曾访问过欧洲和中东,但没有到过美国。"②但这种建议后来没有了下文,其他美国文件如《国务院对外关系文件集》(FRUS)中也未有过类似的正式建议。

1957 年 7—8 月,查希尔国王和纳伊姆外长依预定计划访问了苏联。

---

① [美]埃尔默·普利施科:《首脑外交》,第 461-464 页。

② *DDRS*, Memorandum from R. V. Mrozinski to Kenneth Landon on a Possible visit by the King of Afghanistan to the U. S., May 17, 1957, Document Number: CK3100093103.

在8月11日给国务院的电报中，美国驻阿富汗大使米尔斯评价了国王和外长的苏联之行。米尔斯讲，"作为此次访问的结果，阿富汗接受了苏联提供的用于在阿富汗北部勘探石油的设备和技术人员"。他认为，"接受这样的帮助表明阿富汗是鲁莽、不考虑后果的"，"考虑到由于他们增加了阿富汗对苏联的依赖而导致的阿苏关系的新阶段，苏联人对此次访问是非常满意的"①。可以发现，米尔斯对查希尔访问苏联的行动及其影响耿耿于怀。在此背景下，1959年12月，直属于总统的美国预算局人员（Budget Bureau staff）在一份名为"关于印度、巴基斯坦和阿富汗的分析及对美国的政策建议"的报告中又重提查希尔访美问题。报告认为，"阿富汗国王（查希尔）甚至对西方更为友好，是该国的实际潜在领导。一些鼓励他发挥更积极的领导作用并加强他与西方关系的举措将是极端有效的"。因而，预算局向总统提出建议，美国应"利用进一步结交国王的有利条件，或许可以通过邀请他访问美国来实现"②。但该建议也不了了之。

（二） 对1958年达乌德访问美国的回访

不同于促成查希尔国王访问美国计划的失利，1958年6月，阿富汗首相达乌德应邀成功地对美国进行了持续两个星期的访问。这是他第二次来到美国。1949年达乌德就曾访问过华盛顿，但1958年的美国之行是他以阿富汗首相身份进行的正式访问，达乌德也因此成为冷战爆发后、乃至有史以来访问美国的第一位阿富汗首相。访问期间，达乌德与美国总统、国务卿等决策者进行了频繁会晤。6月24日，达乌德与美国国务卿杜勒斯、迪龙（Douglas Dillon）等人举行了会谈。美国驻阿大使谢尔登·米尔斯、国际合作署官员、阿富汗驻美大使穆罕默德·哈希姆·迈万德瓦尔（Mohammed Hashim Maiwandwal）和阿富汗驻联合国大使阿卜杜尔·帕日瓦克（Abdul Rahman Pazhwak）等参加了会谈。"会谈中，双方对阿富汗的独立、自由表达了共同的愿望，和对美国进一步援助阿富汗的积极期望。"阿富汗人则强调，"无论是否能从美国得到援助，阿富汗对美国的友谊都将继续下去"③。在会谈中，达乌德试图消除美国对阿富汗发展与苏联关系的疑

---

① *FRUS*, 1955 – 1957, Vol. Ⅷ, p. 257.
② *DDRS*, Analysis of India, Pakistan and Afghanistan by Budget Bureau staff and suggestions for U. S. policy, Dec. 2, 1959, Document Number：CK3100166377.
③ *FRUS*, 1958 – 1960, Vol. ⅩⅤ, p. 226.

虑。在解释阿富汗接受苏联大规模援助的理由时，他说，由于面临发展问题，阿富汗对外援的需求是迫切的，因而，阿富汗"需要从任何愿意提供援助的友好国家得到援助"。隐含了对美国及其盟国的暗示。达乌德特别强调："阿富汗接受苏联援助的唯一目的是发展经济、加强国防，不会以任何方式损害国家的传统（中立）。"① 在意识形态方面，虽然共产主义有强大的渗透力，达乌德指出："鉴于阿富汗的传统、宗教和政权性质，共产主义能够（在阿富汗）取得进展是超出想象的。"②

6月26日，艾森豪威尔会见了达乌德。双方讨论的话题是广泛的，如阿巴关系问题，以及美国援助阿富汗的具体领域和项目。鉴于赫尔曼德河谷工程在美阿关系中的特殊地位和影响，艾森豪威尔总统专门就此与达乌德进行了交流。艾森豪威尔表示他对赫尔曼德河谷工程有特别的兴趣，"希望我们能帮助完成它。他确信美国可以提供技术人员以实现这一目标"。面对美国总统和政府的热情，达乌德也表达了阿富汗对美国的尊崇，说："他希望总统知道，他和阿富汗人民认为总统和美国人民是阿富汗的唯一朋友。"③ 在访问中，达乌德与美国政府签署了两国文化协定，按照杜勒斯的说法，美国与阿富汗的协定将是在德国之后"美国与他国签署的第二个文化协定"④。

访问结束后，1958年6月27日，两位领导人发表了联合声明（The Joint Statement）。联合声明讲到，在访问华盛顿期间，达乌德还会见了美国国会议员和最高法院大法官。在结束华盛顿的行程后，达乌德将开始横穿从东海岸到西海岸的美国大陆的游历，在此过程中，达乌德将会见众多的美国文化和商业企业领导人。⑤ 在声明中，两位领导人共同确认了对世界和平的一致追求和对联合国宪章的一致肯定，还特别强调了两国关系的和谐友好。达乌德在声明中重申了阿富汗将秉承中立、独立的外交传统，

---

① *FRUS*, 1958–1960, Vol. XV, p. 227.

② *FRUS*, 1958–1960, Vol. XV, p. 228.

③ *DDRS*, Summary of Prime Minister Sardar Mohammad Daud's 6/26/58 visit with President Eisenhower, Jun. 26, 1958, Document Number: CK3100321801.

④ *DDRS*, Summary of Prime Minister Sardar Mohammad Daud's 6/26/58 visit with President Eisenhower, Jun. 26, 1958, Document Number: CK3100321801.

⑤ *Public Papers of the Presidents of the United States*, *Dwight D. Eisenhower*, 1958, Washington D. C: Government Printing Office, 1959, p. 507.

这一立场得到了艾森豪威尔政府的认可。声明还表示，美国对阿富汗民用航空、地面交通和赫尔曼德河谷工程的援助将会继续。总的说，达乌德此次对美国的访问是较为成功的，它一方面沟通了美阿观点，加强了相互了解，另一方面解决和推动了一批现实、具体问题的解决，为下一年艾森豪威尔访阿奠定了良好基础。"可以不夸张地说，在加强两国关系问题上，达乌德首相的访问是很有作用的。"①

二 艾森豪威尔访问阿富汗的成果与影响

1959年12月3日，艾森豪威尔总统离开华盛顿开始了为期3周、涉及11个国家的洲际访问。艾森豪威尔先期访问了印度和巴基斯坦，于12月9日到达阿富汗首都喀布尔，停留数个小时后即行离开。因而，艾森豪威尔对阿富汗的访问有点"蜻蜓点水"的感觉。在极其有限的访问时间里，艾森豪威尔与阿富汗国王查希尔举行了真正意义上的"首脑"会谈。艾森豪威尔首先表示，他"长久以来一直期望能访问这个陌生且令人难以亲近的国家"②。双方会谈的议题非常广泛。艾森豪威尔希望，愿与阿富汗等国以朋友关系站在一起，它们有广泛的共同利益。查希尔国王赞同艾森豪威尔的观点之余也强调，"美国和阿富汗政府和人民间的友谊没有任何障碍"③。双方会谈的实质性内容主要涉及阿富汗的中立主义外交政策、阿富汗与巴基斯坦和伊朗的关系、阿苏关系等问题。中立主义和阿巴关系是会谈的重点内容。关于中立问题，虽然阿富汗一直强调不会受到苏联的破坏，但艾森豪威尔对阿富汗在恶劣的地区环境中如何坚守中立表示了担心，甚至可以说是怀疑，"与一个有强烈侵略性的国家接壤而边境的另一面两国关系又不和谐的环境下，维持这样的中立政策是困难的"。"一个国家无法维持其中立政策，除非它与周边所有国家建立良好关系。"④ 本质上，艾森豪威尔是在借中立问题敦促阿富汗改善与巴基斯坦和伊朗的关系，同时抵制苏联在阿富汗影响的扩大。

会谈气氛始终比较融洽，但艾森豪威尔的访问也不是阳光一片。从艾

---

① Mohammad Ma'Aroof, *Afghanistan in World Politics*, p. 59.
② Douglas Brinkley, "Eisenhower in Kabul," *New York Times*, January 12, 2002.
③ *FRUS*, 1958–1960, Vol. XV, p. 321.
④ *FRUS*, 1958–1960, Vol. XV, p. 322.

森豪威尔进入阿富汗国土就开始有不愉快发生。艾森豪威尔回忆说,在他抵达阿富汗的巴格拉姆机场时发现,"由于机场上停有米格飞机,我们在欢迎仪式上的愉快心情受到了损害"。

1960年1月7日,美国国务院出版的《每日摘要》(Principle Officer's Daily Summary)系统地总结了艾森豪威尔此次多国访问的结果。摘要强调,艾森豪威尔访问的目的是为了推进和平,增加与相关国家间的善意。通过访问,艾森豪威尔"迅速认识到不发达国家克服贫困、悲惨生活和疾病的迫切性,我们有道义责任帮助他们解决这些问题。最有效的方法是协调(所有)自由世界国家的努力"[1]。这一点显然更符合阿富汗的状况。特别是艾森豪威尔讲到的"所有自由世界的努力",预示着美国在阿富汗问题上会进一步推动其他西方国家更多的参与,做出更大的贡献。事后,艾森豪威尔自己在回顾对阿富汗的访问时也表示,他对阿富汗印象最深刻的是这个国家的贫穷,"那是他所见过的最贫穷的国家。阿富汗仍处于'驴和牛车'阶段"[2]。

总体来说,艾森豪威尔此次访问阿富汗的效果和影响是复杂的。

第一,访问对美阿关系的实质性影响是有限的。访问本身的象征意义是巨大的,艾森豪威尔成为访问阿富汗的第一位美国总统,也是整个冷战期间访问阿富汗的唯一一位美国总统。我们看到,虽然就美阿双边关系的发展而言,艾森豪威尔的访问具有重要的历史意义,但此次访问,艾森豪威尔不是专程访问阿富汗,阿富汗仅是艾森豪威尔众多访问对象中的一个。而且,相比在其他国家停留和会谈的问题,艾森豪威尔对阿富汗的访问时间也不是引人注目的。艾森豪威尔在阿富汗总共停留了6个小时,又奔赴下一站。相比之下,艾森豪威尔在巴基斯坦驻留了两天时间。阿富汗没有因为艾森豪威尔的亲自来访而全面接受艾森豪威尔主义,美国对阿政策也没有因为艾森豪威尔的访问而出现飞跃式发展和质的变化。访问期间,双方没有就实质性问题达成协议,这也与艾森豪威尔对这次国际性大访问的定位有关。正如艾森豪威尔自己讲的,"此行并非正式外交的一部分,其目的既不为签定专门协定,也不为促进建立新的关系,而是为了'改

---

[1] DDRS, Summary of Eisenhower's Good Will trip (Italy, Turkey, Pakistan, Afghanistan, India, Iran, Greece, Tunisia, Spain, and Morocco), Jan. 7, 1960, Document Number: CK3100006412.

[2] FRUS, 1958-1960, Vol. XV, p. 320.

善气氛，使外交工作能有更多成就'，以取得'全人类公正的和平'"①。

第二，访问促使苏联对阿富汗采取了迅即的激烈行动。正如美国注视苏联在阿富汗的行动一样，苏联对美国在阿富汗的一举一动也盯得很紧。艾森豪威尔访问阿富汗后，为巩固苏阿关系、平衡艾森豪威尔访问的影响，1960年4月，赫鲁晓夫立即展开了对印度和阿富汗的第二次访问。访阿期间，赫鲁晓夫与阿富汗发表了联合声明，苏联表示将支持阿富汗在普什图尼斯坦问题上的立场，并说，苏联愿意提供阿富汗第二个五年计划所需的全部外汇费用。但畏惧苏联在阿富汗的势力过大，达乌德政府拒绝了苏联的建议。不过，赫鲁晓夫此次访问阿富汗仍然给阿富汗提供了2亿美元贷款。

第三节 艾森豪威尔主义框架下美国对阿富汗的援助政策与实践

一 艾森豪威尔主义适用于阿富汗的讨论

1957年美国出台"艾森豪威尔主义"后，中东国家的反应并不热烈，仅有少部分国家予以支持和接受，令美国倍感苦恼。阿巴争端激化后的阿富汗急于与美国建立更密切的关系，将艾森豪威尔主义视为一个加强与美国关系的契机，"对美国主义（Americanism）表现出了极大兴趣"②。但美国政府对于将艾森豪威尔主义以怎样的方式适用于阿富汗没有一个清晰的规划，主要顾虑是苏联可能的反应。但有一点是肯定的，艾森豪威尔希望将阿富汗纳入该计划之中。1957年1月，行动协调委员会指出："有必要提供保证，通过将艾森豪威尔总统的中东建议延伸至包括阿富汗并将其具体化，表示美国的意愿和能力。"③ 3月16日，美国国务院在给驻阿使馆的电报中讲道，"国务院意识到关于美国主义应用到阿富汗的微妙局势。那

---

① ［美］埃尔默·普利施科：《首脑外交》，第185页。
② FRUS, 1955 – 1957, Vol. Ⅷ, p. 247. "美国主义指1957年1月5日总统向国会提交的特别咨文中提到的经济和军事援助，以对中东的美国主义或艾森豪威尔主义闻名。"在美国国务院文件中，以"美国主义"指代艾森豪威尔主义的情况多次出现。
③ DDRS, OCB outline plan of U. S. operations with respect to Afghanistan, Jun. 14, 1957, Document Number: CK3100094905.

里的问题不同于中东地区任何国家的特点。一方面,将阿富汗从艾森豪威尔计划中排除出去可能使人错以为美国在那个国家缺乏安全利益,并暗示美国可能不反对苏联对阿富汗的控制"①,而且,将阿富汗从艾森豪威尔主义援助对象中排斥出去还有可能对阿富汗人倾向美国的一贯心理和情绪造成负面影响;另一方面,美国也担心自己成为阿富汗与苏联讨价还价的筹码,"包含阿富汗将使美国的信誉卷入其中,使美国面临特别困难的局势,如果接下来阿富汗要求美国援助它防范国际共产主义入侵的行动……这将导致对美国声望的严重打击"。综合权衡下,美国决定对此问题暂时不做明确结论,"国务院倾向于避免清晰地将阿富汗包括或排除在中东建议构想的区域中"②。但这种模糊化的处理终究不是长久之计。为促使美国政府表明立场,驻阿使馆讨论了国务院的计划并向其提出了意见。米尔斯大使在 4 月 2 日给国务院的电报中表示:"我已经得出结论,在平衡基础上,如果被迫给出明确的答案,我认为阿富汗应该被包括在中东计划里。"③

为扩大艾森豪威尔主义在中东地区国家的影响,美国对中东国家展开了针对性的外交活动。1957 年 3 月 12 日,艾森豪威尔派遣总统特使詹姆斯·理查兹(James Richards)、前众院外交事务委员会主席和总统特别助理从美国启程,对中东、南亚和非洲国家进行了 57 天的访问,"理查兹访问了 15 个国家,作为解释总统 1 月言论(即美国主义或艾森豪威尔主义)的部分努力之一"④。艾森豪威尔在回忆录中描述理查兹的使命时说:"他的任务是找出一种与有关国家为加强防务和发展经济而进行合作的有效方法。他被授权决定哪些国家是愿意在这方面合作,并可承担义务在国会拨款的限度内(当年是 2 亿美元)给予援助的。当然,不言而喻,他在未得到华盛顿批准前是不可以承担义务的,不过同样不言而喻的是,我们将毫不延搁地根据他的建议采取行动。"⑤ 理查兹于 3 月 31 日至 4 月 3 日访问了阿富汗。为给理查兹在阿富汗的活动创造条件,铺平道路,国务院致电驻阿使馆,就阿富汗与艾森豪威尔主义问题做了说明和指示。电报说:

---

① *FRUS*,1955 – 1957,Vol. Ⅷ,p. 250.
② *FRUS*,1955 – 1957,Vol. Ⅷ,p. 253.
③ *FRUS*,1955 – 1957,Vol. Ⅷ,p. 254.
④ *FRUS*,1955 – 1957,Vol. Ⅷ,p. 250.
⑤ [美] 德怀特·艾森豪威尔:《艾森豪威尔回忆录:白宫岁月》(下),生活·读书·新知三联书店 1977 年版,第 217 页。

"理查德大使完全意识到上述问题，并在喀布尔尽可能精确地界定美国主义。我们面临一个微妙的问题，既要将阿富汗的期望限定在一定范围，同时又要维持阿富汗与美国保持更密切关系的信心。使馆的目标是努力建立这种信心，同时避免阿富汗过多的期望。"① 理查兹完成访问后向国务院提交了一份报告。4月19日，美国国务院发表了理查兹的访问报告并说："迄今已有土耳其、伊朗、巴基斯坦、阿富汗、伊拉克、沙特等八国表示希望参加艾森豪威尔总统的中东计划。"② 在美国的争取下，阿富汗有条件的接受了艾森豪威尔主义，即以不放弃中立政策为前提。"达乌德虽然表示了对美国主义的欢迎，但仅正式接受了支持独立和国家主权的原则。他避免寻求适用于阿富汗的美国主义的精确定义。"③ 这反映出阿富汗对艾森豪威尔主义的灵活态度，它愿意接受美国的援助，但不想承担相应的责任。

二 20世纪50年代末艾森豪威尔政府对阿富汗重要性的强调

在第二任期内，艾森豪威尔政府对阿富汗的重视程度进一步提升，重视表现在以下三点：一是国家安全委员会、美国国务院、国际合作署及其他政府机构开始出台、制定专门针对阿富汗的政策和规划，改变了此前对阿政策和行动计划附属于美国对南亚或中东政策内的做法；二是将阿富汗列为"紧急行动区域"，加强了美国对阿政策制定和执行的紧迫性；三是美国政府内部设立了专门性的"阿富汗行动组"（The Afghanistan Action Group），指导和协调美国对阿政策的开展。

1959年9月12日，美国国务院负责近东和南亚事务的助理国务卿琼斯（Jones）和负责共产主义经济事务的副国务卿罗伯特·特里尔（Robert Terrill）向代理国务卿克里斯琴·赫脱（Christian Herter）呈交了一份备忘录，主题是讨论美国应采取怎样的行动抵消苏联对阿富汗的渗透。备忘录开篇就明确指出："阿富汗是苏联渗透的首要目标。苏联在该国家的活动影响到了美国在南亚的根本利益，对印度次大陆和中东构成了威胁。因此，可以认为，阿富汗必须被作为一个'紧急行动区域'（emergency ac-

---

① *FRUS*, 1955–1957, Vol. Ⅷ, p. 250.
② 王绳祖：《国际关系史》第8卷，世界知识出版社1996年版，第369页。
③ *FRUS*, 1955–1957, Vol. Ⅷ, p. 254.

tion area），要求我们运用所有的经济和外交资源遏制苏联的野心。"① 其后，备忘录具体解释了将阿富汗定位为"紧急行动区域"的原因。备忘录认为，苏联如果控制了阿富汗，将直逼伊朗和巴基斯坦，将迫使巴、伊、不丹等国疏远西方而与苏联寻求友好关系。"如果这种局面不幸成真，印度次大陆的防线将面临严重危险。而印度次大陆由于其巨大的人口、丰富的自然资源和自由世界有战略意义的海空交通线而对美国而言是至关重要的。苏联如果成功地渗入阿富汗，将增强其对从土耳其到老挝的自由世界边缘地区的政治压力和军事冒险活动。"② 备忘录的含义非常明显，阿富汗是美国南亚战略和从南部包围苏联的军事同盟体系的屏障和"篱藩"，本身的直接战略意义有限，但一旦丧失，其后果和影响是深刻的。在美国战略中，阿富汗属于那种可以不争取到己方阵营、但也绝不能放弃使其被纳入敌对阵营的地区。

备忘录认为，为取得对阿富汗的控制，自20世纪50年代中期以来，苏联向阿富汗投入了巨额资源。"苏联宁愿付出高额代价以实现向阿富汗的渗透。……1954年以来，苏联已经在阿富汗投入将近3亿美元用于经济、军事援助。"特别是1958年后，苏联的对外援助规模急剧扩大，"1958年苏联承诺的对发展中国家的经济技术援助总额比1957年翻了一番"。导致20世纪50年代后期苏联对阿富汗政策步骤加快的一个首要原因是1956年的苏伊士运河危机。危机使得英法等国势力在中东遭到严重削弱，中东地区出现所谓的"权力真空"，美苏竞相加以填补，苏联感受到了强化在第三世界的势力存在的新的机会，苏联在苏伊士运河危机中的表现也使苏联对在世界舞台上发挥作用有了更多自信。"赫鲁晓夫后来回忆到，1956年苏伊士运河危机对苏联来说是一个历史性的转折点。……苏联在中东和整个第三世界获得了巨大的自信。"③ 苏伊士运河危机后，苏联进一步加强了对阿富汗的政策力度，以扩大在中东地区的势力辐射范围。出现这种局面的另一个原因是苏联学术界的推动。1958年12月，"苏联的东方学者举行了一次有关援助发展中国家的会议，并向苏共中央书记穆赫迪

---

① *FRUS*, 1958–1960, Vol. XV, p. 280.
② *FRUS*, 1958–1960, Vol. XV, pp. 280–281.
③ Richard Crockatt, *The Fifty Years War: The United States and the Soviet Union in World Politics, 1941–1991*, Routledge, Chapman & Hall, Incorporated, 1996, p. 182.

诺夫（N. A. Mukhitdinov）提出了自己的建议。建议要求扩大援助……建议要求加深与发展中世界的主要国家如印度、阿富汗、印尼等的联系"①。在苏联的邀请下，1956 年 10 月，达乌德访问苏联；1957 年 7 月 17 日到 31 日，阿富汗国王查希尔夫妇也访问了苏联。苏联最高苏维埃主席团主席克利缅特·叶夫列莫维奇·伏罗希洛夫（Klimernt Voroshilov）热情接待了查希尔夫妇，并强调，"国王的访问具有特殊重要的意义，因为它象征了苏联和阿富汗两种不同政治制度的国家间友谊的增长"。7 月 30 日，作为对此次访问的总结和对外公告，两国发表了联合声明，声明强调了两国对和平共处原则的忠实维护，赞赏了阿富汗对中立、不结盟政策的追求。同时，苏联承诺将向阿富汗提供 1500 万美元贷款，以发展阿富汗向苏联的天然气出口能力，代替如棉花、羊毛等初级农产品的出口。②与之相比，美国对阿富汗的援助水平小很多，以至于弱化了美国在阿富汗的地位，"1952 年以来美国的经济项目共花费 1.5 亿美元。……美国的威信遭到削弱"③。美国有学者认为，"到 1960 年，苏联已经通过多种手段侵入了第三世界"④。

苏联对第三世界国家政策力度的加强和美苏竞争的加剧也直接增加了美国对苏联武装入侵阿富汗危险性的估计。不过，美国仍然不计划在阿富汗这样一个对苏有利的战场爆发一场同苏联的直接冲突或战争，因而，艾森豪威尔政府设想，一旦苏联入侵阿富汗，联合国将首先采取行动予以阻遏。为此，1957 年 6 月 14 日，行动协调委员会制定了一个《美国对阿富汗行动纲要》（Outline Plan of U. S. Operations with respect to Afghanistan，以下简称"行动纲要"），纲要指出："如果发生共产主义对阿富汗的公开入侵，阿富汗抵抗入侵并及时向联合国寻求援助，美国应支持联合国反击侵略的行动，包括在涉及美国核心利益（vital interest）的地区使用武装部队……如果联合国没能采取行动，并且涉及美国的关键利益，美国应考虑

---

① 华东师大国际冷战史研究中心：《冷战国际史研究》（Ⅸ），世界知识出版社 2010 年，第 113 页。
② Ram Rahul, *Afghanistan, the USSR and the USA*, ABC Publishing House, 1991, p. 18.
③ *FRUS*, 1958 – 1960, Vol. XV, p. 280.
④ Peter Zwick, *Soviet Foreign Relations: Process and Policy*, Prentice Hall, 1990, p. 40.

在联合国之外采取行动是否可行。"①

作为副国务卿迪龙（Douglas Dillon）将阿富汗列为"紧急行动区域"举动的直接结果，美国国务院牵头组建了"阿富汗行动组"（The Afghanistan Action Group）。"行动组由负责南亚和中东事务的助理国务卿领导，成员包括国务院官员、国际合作署、国防部和中情局代表。该组应负责评估、协调和完善当前及计划中的美国项目的任务，并根据未来事件和环境提出建议性修改。这个工作组的存在应是保密的。"1959年9月12日，负责近东和南亚事务的助理国务卿琼斯（Jones）和负责共产主义经济事务的副国务卿特里尔（Terrill）向代理国务卿克里斯琴·赫脱呈交的备忘录讲到，虽然这是一个临时性机构，但"阿富汗行动组"的建立却能够使美国对阿富汗的援助能"迅速和一致地进行"②。作为行动组始作俑者的迪龙认为，行动组成立的主要目的是"对美国的阿富汗政策的进展和问题进行高级别的审查"，"行动组关于美国对阿富汗政策的建议将得到高度注意"③。"阿富汗行动组"的建立是美国政府整合调整对阿富汗政策决策和执行机构、提升美国对阿政策效果的重要举措。

"阿富汗行动组"成立之前，美国政府内部也设立有专门性的对外援助机构，如国际合作署等，但它要统筹的是美国政府整体外援状况，不是针对阿富汗而设立的。美国在阿富汗的援助和其他政策活动很多时候都需要国务院和具有相对独立性质的国际合作署共同开展工作，二者的协调一直是个问题。"阿富汗行动组"从制度上理顺了美国对阿援助的实施，它的建立表明艾森豪威尔第二任期对阿富汗的重视程度大大增加，在此背景下，艾森豪威尔对阿富汗的援助政策及其实施也有了较大变化。

三 艾森豪威尔主义在阿富汗的实施

在第二任期，艾森豪威尔政府对阿富汗的援助活动深刻地受到其第一任期内某些政策原则的制约和指导，如对阿富汗的有限援助和与苏联的不对等援助原则等。1957年后，美国政府在坚持这些政策原则发挥作用的同

---

① *DDRS*, OCB outline plan of U. S. operations with respect to Afghanistan, Jun. 14, 1957, Document Number: CK3100094905.

② *FRUS*, 1958–1960, Vol. XV, p. 284.

③ *FRUS*, 1958–1960, Vol. XV, p. 307.

时，也根据新的形势，对援助政策进行了一定的调整和补充，开展了领域广泛、内容丰富的援助活动，完善了美国对阿政策体系。同时，在艾森豪威尔主义影响下，美国对阿富汗政策加强了内部和外部协调。外部协调主要是对于盟国或国际组织的对阿政策及实践予以协调的活动；内部协调主要是规范对阿富汗政策制定和执行的主导机构，如上文所述"阿富汗行动组"的成立是最具代表性的行动。

（一）对阿富汗军事援助的新规划

20世纪50年代中期美国对阿军援的大门打开后，美国相关政府机构在进一步充实既有的人员训练计划的同时，又开始谋划新的军援内容，试图加强美国对阿富汗军方这一实力群体的影响，防止阿军方被苏联主导，威胁阿富汗政府的稳定。

1957年6月行动协调委员会的行动纲要从经济、政治、军事和信息文化等多个方面综合设计了艾森豪威尔第二任期内美国对阿富汗政策的基本内容，并针对不同情况提出了多种政策建议。在军事领域，行动纲要认为，要继续坚持对阿富汗军官的训练，"在美国对挑选出来的阿富汗军官进行军事训练，以便培养他们的亲美立场，并提升他们与土耳其军事使团一起工作的能力，改善阿富汗国内安全能力。这一计划在1957财年约花费5.5万美元，预计在1958财年是5万美元"。这一任务计划由美国国防部牵头实施并主管，国务院和国际合作署提供支持。在训练地点的选择上，行动纲要强调"是在美国"而不是阿富汗，即美国不会向阿富汗派遣军事代表团或军事人员担负训练任务。这一点与苏联的行为完全不同。苏联虽然每年也会选拔一批阿富汗军官在苏联接受训练，但它同时还向阿富汗派遣军事代表团和军事顾问，在阿富汗国内训练军事人员。

其实，美国政府也曾讨论过以苏联式的两种方式训练阿富汗军事人员的问题。1957年11月16日，驻阿大使米尔斯在给国务院的电报中讲到，阿富汗提出要求，希望美国能训练更多的阿富汗军事人员，美国是否认为值得向阿富汗国内派遣某种形式的军事代表团，以在军事训练领域与苏联人分庭抗礼。"考虑到沙特阿拉伯的同样情势，在阿富汗建立这样的军事代表团有助于影响阿富汗军队，并抵制苏联的影响，而且，这也将坚定阿富汗公开奉行的中立立场。"① 1958 年 3 月 6 日，国务院负责阿富汗和巴基斯坦事务的官员加勒特·索伦（Garrett H. Soulen）在给驻阿使馆临时代办罗伯特·埃尔伍德（Robert Elwood）的信中讲到，出于抗衡苏联在阿富汗影响的考虑，国务院和国防部仔细研究了使馆的建议，但最后认为，"鉴于当前的阿苏关系及阿富汗军队装备情况，派遣美国军事顾问团的做法是不可行的，""国务院对于建议向任何与苏联竞争的项目派遣美国军事人员和顾问人员仍很犹豫。国防部相信，在阿富汗建立美国军事顾问团是很困难的，其对美国军事的风险远超过可能带来的好处。国防部还认为，将任何形式的军事使团派往阿富汗，将不可避免地导致阿富汗对美国军事物资的需求，而在当前，我们还不准备满足阿富汗的这种需求。"②

看似简单的地点选择其实体现的是美国对阿富汗军事援助政策的谨慎，毕竟军事和国防是与国家安全和生存联系更紧密的敏感问题。由于历史原因，苏联向来对自身安全和边界外部的军事动向极其敏感。在最有可能刺激苏联的问题上，美国是小心翼翼的，根本不想在阿富汗或西南亚地区与苏联发生任何摩擦或冲突。美国不愿在军事领域过多的介入阿富汗的根本原因在于，西南亚地区近在苏联的攻击力量之侧，而远离美国的战略核心区域。一旦巴基斯坦、伊朗等盟国卷入一场与苏联的战争，在 20 世纪 50 年代的技术条件下，除非借助印度洋的海上航线，否则美国对这些地区国家的大规模军事物资支援将是非常困难的。这唯一的补给生命线也因距离苏联本土过近，而将受到苏联本土空军力量的严重威胁。

在向阿富汗国内派遣美国军事顾问团的建议被取消后，美国驻阿使馆又向美国政府提出建议，希望在 1959 年扩大对阿富汗军事人员的训练，"训练 48 名阿富汗陆军/空军军官，邀请 3 名阿富汗高级军官访美。美国国防部、国务院都支持这一建议。国防部估计所需费用约为 84.5 万美元。国务院认为这个建议最有利于美国在阿富汗的利益"③。自 1956 年以后，美国已经培训了 41 名阿富汗军官，效果较好。国务院在总结这两年的训练情况时说："这对于鼓励阿富汗当局在自由世界寻求军事训练援助的可取性

---

① FRUS, 1958–1960, Vol. XV, p. 220.
② FRUS, 1958–1960, Vol. XV, p. 221.
③ FRUS, 1958–1960, Vol. XV, p. 248.

和实用性有了信心,借此阿富汗可减少对共产主义集团军事训练的依赖。"① 1958 年 11 月 8 日,美国副国务卿赫脱在给艾森豪威尔总统的备忘录中说:"根据 1954 年共同安全法的相关决定,国务院拟同意关于扩大训练阿富汗军事人员的基金使用。"② 同时,美国计划选拔和培训阿富汗军队更高级别的军官,以弥补在训练规模上逊于苏联的状况。

在巩固对阿富汗的军事训练计划的同时,美国政府还将单纯的军事援助向安全领域延伸,增加了对阿富汗的安全援助,帮助稳固阿富汗政府的统治地位,防止遭到内外反对势力的颠覆。加强阿富汗内部安全有两层含义,首先,在内部要戒备地方部族势力对中央政府的不满和反抗,以及防范左翼激进势力在国内的发展;其次,对外而言,是要增强阿富汗针对苏联秘密活动的反颠覆能力。美国对阿富汗的安全援助主要表现为加强阿富汗国内警察部队的力量。为此,美国国家安全委员会发布 1290-d 和 1486(The National Security Council Actions 1290-d and 1486)号行动指令,"经国务院同意后,美国国防部为阿富汗建立了一个内部安全训练计划(An Internal Security Training Program),将由陆军部完成,其目的是改善阿富汗的内部安全能力。这一计划涉及 14 名阿富汗军官 1957 财年在美国的指导和培训,预计花费 5.5 万美元。……为该计划使用这笔钱……对美国的安全将是重要的"③。美国政府预计,在 1957 年培训 19 名阿富汗警察,加强对阿富汗民事警察力量的支持,包括提供训练、警用装备等。由于在 20 世纪 60 年代中期以前阿富汗国内具有共产主义色彩的力量发展极其缓慢,因而,阿富汗本土激进势力导致的内部颠覆的危险性极小。根据美国的认识,阿富汗国内安全的首要威胁源自苏联经济、军事渗透和苏联在阿富汗人员的活动,因而,美国对阿富汗的安全援助和军事援助又紧密联系在一起。"阿富汗的国内安全部队没有能力对此类颠覆提供高度保障。这些安全力量应通过改进训练、装备和教导而得到加强。"由于 20 世纪 50 年代末以前,"阿富汗以前不愿接受美国的国内警察援助",因而,阿美两国"没

---

① FRUS, 1958 – 1960, Vol. XV, p. 249.
② FRUS, 1958 – 1960, Vol. XV, p. 248.
③ DDRS, Determinination under Section 401 (a) of the Mutual Security Act of 1954, as Amended, Approving Use of Funds Available under Chapter 1 of Title I of that Act for Orientation and Training of Afghanistan Military Officers, Mar. 13, 1957, Document Number: CK3100086411.

有正式的安全协议"。但情况在发生改变,"阿富汗在这个领域开始了与美国的合作"①。

(二)协调盟国和国际组织对阿外交和援助,扩展对阿政策的行为体类型

艾森豪威尔政府努力推动对阿富汗援助的多边化,将双边援助和多边援助结合起来。自冷战爆发以后,美国很长时期都是在双边关系基础上对阿富汗提供援助。20世纪50年代后,随冷战规模在世界范围的扩大,美国承担的对外义务也越来越多,承受着巨大的经济压力,有些不堪重负。美国政府于是开始构想引导盟国或国际组织介入对阿事务,在分担美国责任的同时,保持阿富汗经济、社会的平稳发展,抑制苏联势力。如上文所述,杜鲁门政府在对阿政策构想中已经提到,可以借助联合国的力量推进对阿援助,并敦促阿富汗向联合国申请援助。但因受多种原因的制约,杜鲁门政府以多边主义方式展开对阿援助的意图没有真正得到实施。双边和多边相结合的对阿援助政策,在艾森豪威尔政府任内得以普遍实施。

1957年6月,行动协调委员会在拟定的《美国对阿富汗行动纲要》中,以一定篇幅专门阐述了鼓动和协调盟国的政策,以多边主义方式援助阿富汗的重要性和具体措施。行动纲要指出,美国应"鼓励其他自由世界国家和私人机构向阿富汗提供援助"。"一旦有即将出现的或实际的共产主义从内部控制阿富汗的企图,以及认为有明确的当地政府对美国援助的渴求,美国应加强对非共产主义势力的支持,也鼓励其他自由世界国家提供这种支持。"②

1958年2月,美国参议员亨利·洛奇(Henry Lodge)访问了伊朗、巴基斯坦和阿富汗,在实地考察后向艾森豪威尔总统汇报时强调:"在所有的国家、特别是那些与美国结成亲密同盟的国家中,我们处于提供越来越多的援助的持续压力下。多边方法是摆脱目前与苏联竞争的危险状态的途径。"③ 针对这种状况,洛奇给出的一个解决方案是引入和借助国际组织、

---

① DDRS, OCB outline plan of U. S. operations with respect to Afghanistan, Jun. 14, 1957, Document Number: CK310009490545.

② DDRS, OCB outline plan of U. S. operations with respect to Afghanistan, Jun. 14, 1957, Document Number: CK3100094905.

③ DDRS, Henry Cabot Lodge reports on his visit to Iran, Pakistan and Afghanistan, and on economic aid abroad, Report, Feb. 21, 1958, Document Number: CK3100461890.

特别是联合国相关机构的资源，分担美国的对外援助重任。而且，联合国等国际组织因其自身超越任何主权国家的客观性，较少涉及大国政治对峙，一些不愿直接卷入美苏冷战的第三世界受援国相对而言更容易接受国际组织的介入和援助，"用于不发达地区的联合国特别项目基金在这些国家受到了欢迎"①。

洛奇的此番评述反映了艾森豪威尔第二任期对阿政策的一个重要调整，即通过多边方式加强美国的对外援助，鼓励和推动盟国和相关国际组织投入对不亲近苏联的第三世界国家的援助活动中去。美国对阿富汗的援助政策受到这一趋势的深刻影响。究其原因，一是上文已提到的苏联对阿富汗援助的集团化，苏联的东欧盟国在苏联支持下进入阿富汗，形成一股压人的气势；二是20世纪50年代末，美国国内经济形势趋于紧张，"艾森豪威尔任内的经济增长先后为1953—1954年、1957—1958年和1960—1961年的3次经济危机所打断，特别是1957—1958年的经济危机，不仅程度较深，而且出现危机期间物价上涨的新现象和黄金外流达23亿美元的症状"②。三是美国在阿富汗面临形势的紧迫。1958年，阿富汗制定了第二个五年发展计划，需要巨额资金保障计划的顺利进行，其中很大一部分需要来自外部援助，主要是美国和苏联。根据美国政府的判断，苏联很愿意提供这笔钱，但美国担心苏联的影响会因此而扩大，所以美国试图分担阿富汗"二五"计划的部分资金。但在自身资源有限的情况下，寻求盟国的加入在所难免。而且，美国驻阿使馆发现，与苏联集团有组织、有计划地行动相比，"我们做的不如计划的好，在某些方面，形势有利于苏联而不利于美国。……西方国家没有很好地组织起来以应对我们在阿富汗面临的竞争"③。1960年7月，美国驻阿大使亨利·拜罗德（Henry Byroade）在给国务院的电报中说，"即使低级官员也意识到，阿富汗人无法支撑其计划超过一年以上"，如果美国等西方国家不提供资助，"他们将不得不接受来自共产主义集团的庞大援助"④。但急迫间美国也无法立即满足阿富汗

---

① *DDRS*, Henry Cabot Lodge reports on his visit to Iran, Pakistan and Afghanistan, and on economic aid abroad. Report, Feb. 21, 1958, Document Number：CK3100461890.
② 杨生茂、刘绪贻：《美国通史·战后美国史》，2002年版，第136页。
③ *FRUS*, 1958 – 1960, Vol. XV, p. 314.
④ *FRUS*, 1958 – 1960, Vol. XV, p. 352.

五年计划发展的资金需要，因而，虽然"多边计划是困难的，但这是我们现在能看到的唯一一条路，借此自由世界能够适时地迎接挑战"。拜罗德希望美国主导和协调西方盟国共同出资，支持阿富汗的五年计划，"自由世界国家间的协调最有助于做出有重要意义的贡献，特别是美国、德国、日本可能还包括土耳其"。四国共可提供大约 2.5 亿美元，约为阿富汗第二个五年计划外汇花费的一半，"这将在自由世界和苏联集团间维持粗略的平衡"①。

美国对阿援助的多边主义政策意图通过两种具体方式实现：一是借助西方盟国的资源和力量，二是借助世界性或地区性国际组织。

第一，在西方盟国中，西德和土耳其是作用较突出的两个国家。20 世纪 50 年代末，联邦德国欲资助阿富汗第二个五年计划 4000 多万美元，颇为引人注目。德国与阿富汗的关系有较长的历史传统，20 世纪 30 年代，德国已经在阿富汗开展各项活动，二战时期一度被打断。二战后，西德逐渐恢复了与阿富汗的传统关系。在美国鼓励盟国参与援助阿富汗的背景下，西德对阿富汗的援助水平直线上升，到 20 世纪 60 年代，西德的援助规模在西方国家中仅次于美国，位居第二位。虽然这是西德根据自身利益和判断采取的自主行动，但它对于加强以美国为首的西方国家阵营在阿富汗的地位做出了较大贡献。对美国的多边计划贡献较大的另一个国家是土耳其。上文所述，杜鲁门时期，土耳其驻阿军事代表团就构成了美国策划的对阿富汗多边援助政策的一部分。1957 年 6 月，行动协调委员会拟定的《美国对阿富汗行动纲要》更加重视土耳其在阿富汗事务中的作用。行动纲要称："鼓励土耳其和阿富汗在军事训练领域的合作。特别鼓励土耳其政府继续其在阿富汗的军事使团……土耳其军事使团为阿富汗军队和自由世界反共产主义军队的代表提供了某些联系，削弱了阿富汗依赖印度或苏联集团军事训练援助的需要。"② 拜罗德继任驻阿大使后也特别建议，美国应着重"推动土耳其加大对阿富汗问题的介入"③。

第二，利用某些国际组织的资源，中和、稀释苏联在阿富汗的活动。

---

① FRUS, 1958 – 1960, Vol. XV, p. 351.

② DDRS, OCB Outline Plan of U. S. Operations with Respect to Afghanistan. Jun. 14, 1957, Document Number: CK3100094905.

③ FRUS, 1958 – 1960, Vol. XV, p. 265.

被美国列入多边援助计划的国际组织主要有亚洲经济发展资金（The Asian Economic Development Fund）、联合国亚洲和远东经济委员会（The Economic Commission for Asia and the Far East）、国际复兴开发银行（International Bank for Reconstruction and Development，IBRD，也称为世界银行）等。1957年6月行动协调委员会的行动纲要指出，"通过参与亚洲和远东经济委员会的活动及其他适当方式，（美国应）以适宜方式提升阿富汗与南亚其他国家和自由世界国家的贸易关系"[①]。根据该计划，这一任务将主要由国际合作署、国务院和商务部完成。1957年，亚洲经济发展资金又为美国援建阿富汗的交通运输项目提供了1800万美元的资助。此外，美国还鼓励阿富汗加强与一些国际组织的合作关系，或推动阿富汗直接加入某些国际组织，享受成员国的优遇。例如，行动纲要提出，"条件适当时，随时支持阿富汗加入科伦坡计划（The Colombo Plan）的请求"[②]。"科伦坡计划是亚洲第一个国际性的政府间相互援助计划，它起源于1950年在斯里兰卡首都科伦坡召开的英联邦外长会议，是英联邦国家基于政治、经济利益以及人道主义等动机而发起的，试图通过提供资本、技术以及教育培训等援助项目，来提高南亚和东南亚成员国的福利、促进其经济合作发展的国际行动。"[③] 1951年，美国加入该计划，"并成为该计划最大的施援国"，借此将科伦坡计划作为了美国对东南亚、南亚国家推行冷战政策的工具之一，以"科伦坡计划"的名义向东南亚、南亚国家提供物质援助和技术支持，推动各国经济发展，促进地区合作，提升各国防范共产主义扩散的能力。除美国外，英国、日本、加拿大、澳大利亚等西方发达国家都是其成员国及主要捐助国。1957年，美国凭借对"科伦坡计划"的主导地位，意图将阿富汗拉入该计划，既可以借助西方盟国的力量，扩展对阿富汗的援助渠道，也有利于阿富汗进一步加强与巴基斯坦等早已加入该计划的南亚国家的地区经济合作，改善两国关系，消除美国对阿富汗政策的后顾之忧。但这一计划在艾森豪威尔任期内没有实现。

---

① DDRS, OCB Outline Plan of U. S. Operations with Respect to Afghanistan. Jun 14, 1957. Document Number：CK3100094905.

② DDRS, OCB Outline Plan of U. S. Operations with Respect to Afghanistan. Jun 14, 1957. Document Number：CK3100094905.

③ 孙建党：《冷战与科伦坡计划的起源》，《历史教学》（高校版），2007年第9期，第101页。

(三) 突出重点援助领域，提高援助项目的效率和社会效应

至 20 世纪 50 年代末，美国在阿富汗已经运作了多个援助项目，援助活动在多个领域同时展开。在美国不愿向阿富汗投入过多资源的前提下，如何将美国的援助资金最有效地分配和使用也困扰着美国的援外机构。一些影响重大、投资额度高的项目和援助领域被遴选为重点项目和领域，得到优先资源配给。这些项目和领域主要有交通运输工程、赫尔曼德工程和阿富汗国民教育领域。1957 年行动协调委员会在"美国的阿富汗行动纲要"讲，"航空公司、赫尔曼德河谷发展工程是极其重要的项目"[1]。

第一，美国对重点援助项目和领域的保证。对于哪些项目或领域将成为美国的援建重点，美国政府文件没有一个明确的清单。不过，根据美国多个政府机构对一些项目和领域的重视程度，及这些项目和领域自身的重要性，基本可以确定一个范围。1959 年 1 月 7 日，拜罗德大使在会晤达乌德时讲："美国在阿富汗最重要的援助项目是：飞机场，运输工程，喀布尔——塔哈姆筑路工程，喀布尔大学建筑，赫尔曼德河谷工程。"[2] 拜罗德大使总结的这些援助对象基本覆盖了美国的主要援建活动，所体现的三大领域分别是交通运输、国民教育和农业。1959 年 10 月 14 日，"阿富汗行动组"的一次内部讨论又对拜罗德的总结予以了确认。在讨论中，来自国际合作署的利兰·巴罗斯（Leland Barrows）说："美国援助阿富汗主要是在赠予基础上的，并集中于多个大的项目，例如赫尔曼德河谷工程、地区交通工程和航空、教育领域的援助。"[3]

发展阿富汗交通运输系统的重要意义前文已经叙述，赫尔曼德河谷工程作为美国对阿富汗技术和农业援助的标志性项目，已经成为美国在阿富汗的代名词，关乎美国的形象和名誉。因而，1957 年行动协调委员会在"美国的阿富汗行动纲要"中讲道，"迅速完成运输项目的承诺……继续支持赫尔曼德河谷工程，在 1957 财年计划 30 万美元用于技术合作，295 万

---

[1] DDRS, OCB Outline Plan of U. S. Operations with Respect to Afghanistan, Jun. 14, 1957, Document Number: CK3100094905.

[2] FRUS, 1958–1960, Vol. XV, p. 256.

[3] FRUS, 1958–1960, Vol. XV, p. 307.

美元用于技术援助"①。

作为援助阿富汗的最重要的领域之一,美国在加强对阿富汗教育系统的影响方面也是不遗余力的。美国对阿富汗的教育援助主要分为两种活动,一是对阿富汗国内高等、中等教育机构的物质支持,如1957年美国开始援建喀布尔大学校舍,健全教学机构,如设立农学院、医学院等;二是拓展人员交流渠道,美国向阿富汗教育系统提供教师培训、学生交流、访问学者等赴美学习的机会。"1951年以来,在PL—402(史密斯—蒙顿法案,Smith—Mundt Act)教育交流计划支持下,美国已花费16.8万美元。我们承诺在1957—1958学术年度再额外拨付5万美元以提供教学人员。这一计划不要求与阿富汗签署正式协议。"② 20世纪70年代阿富汗著名领导人哈菲佐拉·阿明(Hafizullah Amin)就曾有在20世纪60年代留学美国的经历,即得益于美国倡导和推动的这一计划。同时,阿富汗也比较尊崇美国式教育理念和教育体制,对美国在教育领域的援助寄予厚望。1958年11月24日,驻阿大使在写给负责近东南亚事务的助理国务卿帮办哈特的信中说:"他们特别希望在教育领域投入我们的怀抱并非常有效地排除了苏联。"③ 作为对苏联本质不信任的反映,阿富汗努力抵制苏联对阿富汗提供的教育援助。1959年4月,驻阿大使拜罗德在向国务院汇报工作时说:"最令人鼓舞的是阿富汗人将苏联人排斥在教育领域之外的持续的坚强理念,他们愿意继续在这个领域寻求美国的帮助。"④阿富汗接受苏联的技术、经济和军事装备等物质性援助,而拒绝苏联在思想和意识形态领域的资助,突出体现了阿富汗内心深处对苏联的缺乏信任,以及阿富汗现实主义外交的立场和风格。

第二,提高项目建设和使用效率,控制援助规模的扩大。由于种种原因,美国在阿富汗实施的一些大型项目如赫尔曼德河谷工程等的完工出现不同程度的拖延现象,引起阿富汗政府的不满和美国的焦虑。美国和阿富汗对于导致这些项目发展迟缓的原因在认识上存在差异,美国认为,阿富

---

① *DDRS*, OCB outline plan of U. S. operations with respect to Afghanistan, Jun. 14, 1957, Document Number: CK3100094905.

② *DDRS*, OCB Outline Plan of U. S. Operations with Respect to Afghanistan, Jun. 14, 1957, Document Number: CK3100094905.

③ *FRUS*, 1958 – 1960, Vol. XV, p. 252.

④ *FRUS*, 1958 – 1960, Vol. XV, p. 264.

汗国内"复杂的行政程序和运输问题导致了不可避免的延迟"。但阿富汗政府则不这么认为。1959年12月，美国预算局在分析阿富汗政府的观点时说，阿富汗王室成员公开宣称："他们对于美国没能为他们国家做出更多感到痛苦，越来越多地过度指责美国在提供援助方面很小气，并蓄意延迟已约定项目的完工，以便稳固该国作为简单缓冲国的传统角色并使其继续。"① 这种认知差异疏远了两国关系，给美国的对阿政策造成一定困难。消除两国关系障碍的主要手段就是推动美国援建的项目尽快完工。因而，"国际合作署（ICA）目前正付出巨大努力以完成我们承诺的所有项目"，尽快使其发挥作用，彰显美国对阿富汗的重视和援助的意义，帮助纠正阿富汗领导人对美国延迟项目的认识。至于是否在阿富汗开设新的项目或援助计划，美国政府态度消极。行动纲要说，"有人也建议美国政府把更多的注意力放在新的有影响力的项目上。这可能在推进美国利益方面有一些作用，但目前更紧迫的需要是完成我们承诺过的项目，和有望产生相当大影响力的项目"②。1959年1月刚刚上任的美国驻阿大使拜罗德也表达了类似看法，他认为，"美国政府在阿富汗各种形式的投资总计将近1.25亿美元。这是一个相对较高的数字，我至少在目前不想建议使我们承担更长久、极端耗资的项目"③。

1959年9月12日，负责近东和南亚事务的助理国务卿琼斯和负责共产主义经济事务的副国务卿特里尔向代理国务卿克里斯琴·赫脱呈交的备忘录在论及美国援建阿富汗的各种工程项目时强调，"速度是至关重要的。当前最需要的是美国的行动，特别是管理行动以推行既有计划。……我们应不顾因加速而导致的成本上升，集中完成当前的一些项目（包括重要的地区运输项目、喀布尔大学项目和机场项目）。……在大约5年内每年支出500万美元。建议的2500万美元对于实现期望的效果只是最低数字"④。

另一个拖延时间较长的是美国援建的道路系统，1960年1月，拜罗德大使在电报中向国务院提出加速在阿富汗的建设工程的建议，27日，行动

---

① *DDRS*, Analysis of India, Pakistan and Afghanistan by Budget Bureau Staff and Suggestions for U. S. Policy, Dec. 2, 1959. Document Number: CK3100166377.

② *DDRS*, Analysis of India, Pakistan and Afghanistan by Budget Bureau Staff and Suggestions for U. S. Policy, Dec. 2, 1959. Document Number: CK3100166377.

③ *FRUS*, 1958–1960, Vol. XV, p. 266.

④ *FRUS*, 1958–1960, Vol. XV, p. 282.

协调委员会对这个建议进行了讨论,决定将"一队美国工兵团(The Corps of Engineers)派往阿富汗"①,以对出现问题的工程项目进行调查,并指导和协助阿富汗人克服面临的困难,推动这些工程项目迅速完成。

第三,更加注重美国援助所产生的社会效应。对援助效应的关注一直是美国对阿富汗政策的重要内容之一。在20世纪50年代末美苏在阿富汗的竞争日益升级、美国对阿富汗的重视程度不断上升的时候,除援助规模大小外,如何进一步提升援助的社会效应也是国务院和国际合作署面临的主要问题。1958年2月,亨利·洛奇在访问完伊朗、巴基斯坦和阿富汗向艾森豪威尔总统汇报访问情况时,就对苏联对阿援助产生的社会舆论效应以及苏联人援助的手法印象深刻。他说,苏联援建了阿富汗很多谷仓并得到了很好的宣传,但没人知道谷仓中装的是美国援助的小麦,这一点没有任何宣传。"没有砖头和灰浆(no bricks and mortar)的政策是错误的,因为砖头和灰浆建造了医学校,是良好的公共关系的表现。"②洛奇所谓的"砖头和灰浆"指的是援助的外在表现,他倡导美国的援助不仅应注重"内部装修"即实际功用,还要让普通人从外在形象上直观地看到和了解。因而,洛奇极力鼓动艾森豪威尔说:"经济援助是我们正在与苏联竞争的最关键的领域。因为它是最直接进入人们思想的路径,我们应该做需要做的一切事情以赢得这场竞赛。"③

最后,必须要提及的是,在艾森豪威尔的第二任期,美国对阿富汗的援助政策在做出上述一系列调整的同时,前文提到的主导美国对阿援助的一条政策原则仍在坚持,即:美国对阿援助的有限性,不在援助规模上与苏联竞争,美国的援助水平以抵消苏联影响为最高限度,既要避免过多资源的投入影响美国全球冷战战略,也要防止援助规模过大产生适得其反的效果。1957年6月14日,行动协调委员会在行动纲要中再次确认,"美国援助的水平取决于阿富汗相对的需要、吸收能力和整个美国预算考虑。不要使阿富汗人产生一种印象,认为美国将争出高价(bid against),或与共

---

① *FRUS*, 1958 – 1960, Vol. XV, p. 329.

② *DDRS*, Henry Cabot Lodge Reports on His Visit to Iran, Pakistan and Afghanistan, and on Economic Aid Abroad, Report, Feb. 21, 1958, Document Number: CK3100461890.

③ *DDRS*, Henry Cabot Lodge Reports on His Visit to Iran, Pakistan and Afghanistan, and on Economic Aid Abroad, Report, Feb. 21, 1958, Document Number: CK3100461890.

产主义集团信贷和援助活动的规模和范围相当"①。在此原则主导下，从 1950 年至 1959 年，美国向阿提供了约 1.46 亿美元的援助（1953 年以前估计不超过 3000 万美元）。② 截至 1962 年，阿富汗得到的美国经济援助也只有 2.24 亿美元，③ 远远低于苏联给予阿富汗的数额。不过，美国对阿经济援助主要以赠予方式进行，这一比例达到了 70%。这种援助方式大大减轻了阿富汗偿付外债的经济压力，其吸引力和影响要大于苏联主要以贷款形式的经济援助。以赠予为主的援助方式赢得的阿富汗政府对美国的好感与亲和力在很大程度上弥补了美国对阿富汗援助规模的不足，其综合效用仍足以对苏联在阿富汗影响的扩大构成制约。

表 4-1　　美国对阿富汗援助领域与规模一览表（截至 1962 年）④

单位：百万美元

援助领域	交通运输	教育	计划和管理	农业	工业	其他
援助规模	80	50	16	4	21	18

艾森豪威尔政府有限的对阿援助规模和独特的援助理念是其理性决策的产物。很多美国学者认为，冷战时期，美国政府漠视、忽略了阿富汗，给了苏联以可乘之机，最终酿成了 20 世纪 70 年代末的战争灾难，并据此对美国政府予以批评。例如，美国著名阿富汗问题专家路易斯·杜普雷曾指责说："他们（美国政府）没有意识到阿富汗的战略重要性。……美国外交家对阿富汗语言、文化和重要性的忽视加剧了政策制定者的冷淡态度。"⑤ 穆罕默德·阿卜杜尔·盖尤姆也认为："美国的政策制定者没能理解阿富汗的地缘政治重要性、政治和宗教结构和社会组织。"⑥ 不过，根据对艾森豪威尔 8 年任期对阿政策的系统考察能够发现，美国政府是在综合

---

① DDRS, OCB Outline Plan of U. S. Operations with Respect to Afghanistan, Jun. 14, 1957, Document Number: CK3100094905.

② 黄民兴：《达乌德第一次执政时期阿富汗与苏美的关系（1953 – 1963 年）》，《西亚非洲》1985 年第 4 期，第 38 页。

③ Mohammad Ma'Aroof, Afghanistan in World Politics, p. 104.

④ 数据和资料来源，Mohammad Ma'Aroof, Afghanistan in World Politics, p. 104。

⑤ Leon Poullade, "Afghanistan and the United States: The Crucial Years," The Middle East Journal, Vol. 35, No. 2, 1981, p. 182.

⑥ Abdul-Qayum Mohmand, American Foreign Policy toward Afghanistan: 1919 – 2001, p. 6.

分析了各方面因素后，有意识地确定了一种保持美苏在阿富汗的均衡局面，不谋求优势的对阿政策，体现了艾森豪威尔政策对阿政策的一种理性认识，而非是有意忽视阿富汗。美国对阿政策的理性决策体现在两个方面：一是经过政策试探，美国将地区冷战战略重点置于南亚—中东地区的其他国家，将阿富汗排除了出去。二是美国以一定量的物质援助，辅之以对阿富汗的文化渗透和阿富汗人对美国的历史亲近感，认为这些足以抵制和平衡苏联在阿富汗的势力，防止苏联控制阿富汗局势。令美国政府拥有这一自信的，是美国国际合作署曾与国务院曾共同起草的一份报告，分析了美援对阿富汗产生的影响。报告指出，美国对阿的援助将有利于把它从迈向苏联阵营的道路上解救出来。[1]

本章小结

本章集中考察了从1957年到1961年、即艾森豪威尔第二个总统任期内，美国政府对阿富汗政策的新调整，即从杜鲁门时期的"不亲不弃"发展为艾森豪威尔的"与苏争夺，确保中立"，"维持均衡但不谋求优势"的对阿政策原则得到巩固和加强，成为艾森豪威尔及其后任政府对阿政策的基本指导原则。美国政策调整的主要原因是这一时期美国对阿富汗的重视程度上升。美国重视阿富汗的宏观背景是苏伊士运河战争后美苏在中东地区竞相填补"真空"所导致的竞争的加剧，微观背景则是艾森豪威尔对第一任期内对阿政策的回顾总结。1957年，"艾森豪威尔主义"提出后很快部分地适用于阿富汗，1959年"阿富汗行动组"的建立和12月艾森豪威尔对阿富汗的访问都在不同程度上推动着美国对阿政策的逐步升级。

在第二任期内，艾森豪威尔政府对阿富汗政策的变与不变都是比较明显的。不变的方面除一些具体的援助项目、计划继续执行外，更主要的是对一些政策原则的延续，如对阿政策的有限性及在此基础上对苏联在阿富汗特殊地位的认可等。

---

[1] Mohammad Ma'Aroof, *Afghanistan in World Politics*, p. 56.

第五章 "普什图尼斯坦"危机与美国对阿富汗政策的困境

1947年巴基斯坦独立后,就阿巴边界巴基斯坦一侧的普什图人部落的权利和地位问题,阿富汗与巴基斯坦间爆发了持续数十年的"普什图尼斯坦"争端,两国关系由此进入了紧张对峙与缓和妥协相交织的状态,但矛盾是占主导地位的。阿巴立场针锋相对,都不愿做出实质性妥协以推动问题的解决,以至于在1955年激化为第一次"普什图尼斯坦"危机。阿巴危机是对艾森豪威尔政府的西南亚战略和阿富汗政策的一大挑战,如何认识和处理阿巴争端是美国对阿政策的重要组成部分。阿巴关系危机对美国的阿富汗政策最深刻的影响在于,它使美国对阿政策和美阿关系高度复杂化,面对两个都不能放弃的国家,美国对阿政策陷入难以摆脱的困境。正是在此问题上美国对阿富汗政策的犹豫,使阿富汗转向苏联寻求军事、经济和外交支持,以抗衡巴基斯坦及其背后的美国。同时,苏联积极利用阿巴"普什图尼斯坦"争端,不断加大对阿富汗的渗透,强化在阿富汗的存在和影响,对美国的地区地位和在阿富汗的利益构成了很大压力。

第一节 阿富汗—巴基斯坦"普什图尼斯坦"危机的爆发与发展

"普什图尼斯坦"争端在1955年和1961年先后爆发两次危机。第一次危机发生于艾森豪威尔执政中期,第二次危机发生于肯尼迪总统执政之初。因而,本书重点考察的是艾森豪威尔政府在第一次危机期间的对阿政策及第一次危机对美国的阿富汗政策的影响。

一 国际危机及其特征

"危机"是一个汉语常用词，存在于各个领域。"危机"在汉语中蕴含有两种含义："危险"和"机遇"，所以，"危机"的发展会有两种前景。在西方语境中，"'危机'一例来源于希腊医学术语，意为'转折点'，是病人病情的重要时刻……在国际关系中，第一次使用'危机'一词的是古希腊的修昔底德。在《伯罗奔尼撒战争史》中……他利用该词来形容他所观察到的国家之间关系的关键时刻"。17世纪，"危机"一词逐渐应用于社会生活领域，"到19世纪，（人们）就开始谈论政治、经济和道德领域的'危机'了"[1]。20世纪30年代，爱德华·卡尔（Edward Hallett Carr）的《二十年危机》首次使用"危机"一词描述重大的国际政治事件；冷战时期，美、苏在柏林、古巴等地接连爆发的严重对峙更使"危机"成为冷战国际关系的"常态"。"危机"不仅适用于形容大国之间的关系，而且成为第三世界国家间和全球性冲突的代名词。危机的频发引起了各国学者对"危机"的理论研究热潮，产生了大批成果。[2] 这些成果对危机的概念界定、类型、特点和危机管理等提出了多种观点。在此基础上，学者们又提出"国际危机"（International Crises）的概念，但对其界定也是千差万别。国内有学者认为："国际危机可视为在某一严重冲突中，两个或更多主权国家的政府之间的一系列相互作用，处于这种危机外交中的各方既追求制胜对手或至少不沦为失败者的目标，同时又力求避免战争或尖锐对抗带来的灾难性损失。"[3] 美国国际关系学者查理斯·麦克莱兰（Charles McClelland）则将国际危机定义为"敌对国家间行为发生的改变并波及整个国际政治体系"[4]。

一般而言，国际危机的最基本特点是，由于利益冲突难以调和且各方

---

[1] 丁邦泉：《国际危机管理》，国防大学出版社2004年版，第10页。
[2] 详情见邱美荣《国际危机研究述评》，《欧洲研究》2003年第6期。
[3] 胡平：《关于国际危机管理的研究》，《世界经济与政治》1991年第4期，第27页。
[4] Charles A. McClelland, "The Anticipation of International Crises: Prospects for Theory and Research," *International Studies Quarterly*, Vol. 21, No. 1 (March 1977), pp. 15-16. 还有人认为：国际危机就是"国家间正常或普通的互动模式发生极大变化的情景"（Ömer Göksel YAR, "Definition and Management of International Crisis," *Perceptions*, Winter 2008, p. 7）。葛伦·斯奈德（Glenn H. Snyder）和保罗·迪辛（Paul Diesing）认为，国际危机就是"两个或更多主权国家政府间在严重冲突、短期的实际战争中互动的结果"。Glenn H. Snyder and Paul Diesing, *Conflict among Nations: Bargaining, Decision Making and System Structure in International Crises*. (http://en.wikipedia.org/wiki/International_crisis)。

不愿在冲突问题上做出妥协,相关国家间关系在极短时间内突然急剧恶化,将各方带到战争边缘或引发小规模武装冲突。国际危机的爆发不仅严重伤害当事各方的关系,还会在不同程度上导致地区局势的动荡或对特定地区的大国力量对比产生重大影响,即危机的"外溢"效应。但危机发生后也不至于立即升级为战争,因而蕴藏有一定的缓和空间。

二 "普什图尼斯坦"危机的爆发

"普什图尼斯坦"争端的发生有深刻的历史背景和漫长的发展过程。

(一) 问题的由来

普什图族(Pushtun)也称帕坦族(Pathan),是指特定的人种族群,是"阿富汗第一大民族和巴基斯坦第二大民族,人口4000万到4500万人"[①]。普什图族是阿富汗的主体民族,其境内的普什图族人口达1100万,占阿富汗人口总数的40%,"在历史上,就占据了阿富汗政治和经济领域的统治地位"[②]。此外,有数百万普什图人生活于阿富汗—巴基斯坦边境巴方一侧,因而,普什图族是典型的跨界民族。[③] "普什图尼斯坦"是指巴基斯坦境内持分离主义倾向的普什图人意图建立一个独立的普什图人"国家",其主张是,巴境内的普什图人应被赋予高度自治或建立独立的"普什图尼斯坦"国的权利,这是一种分裂巴基斯坦领土的运动。阿富汗政府支持普什图人为此目的进行的反巴基斯坦政府的各种运动,由此引发与巴基斯坦政府的矛盾和争端。

普什图人跨界而居的历史背景是,1893年英属印度外务秘书亨利·莫蒂默·杜兰爵士(Sir Henry Mortimer Durand)迫使阿富汗签订了《杜兰协定》(The Durand Agreement),重新划定了阿富汗与英属印度的势力范围界线,即杜兰线。该线将生活于阿富汗的数百万普什图族人划到英属印度统

[①] http://wiki.mytpo.com/index.php?doc-view-1670.html;中华人民共和国外交部网站,http://af.china-embassy.org/chn/gzafh/t852591.htm。

[②] Tom Lansford, *A Bitter Harvest: U. S. Foreign Policy and Afghanistan*, 2003, p. 16.

[③] "跨界民族是指历史上形成的而现在分布在两个或两个以上国家并在相关国家交界地区毗邻而居的同一民族。"刘稚《跨界民族的类型、属性及其发展趋势》,《云南社会科学》2004年第5期,第91页;葛公尚认为,"跨界民族"有广义、狭义两种定义。狭义的跨界民族指"那些因传统聚居地被现代政治疆界分隔而居住于毗邻国家的民族"。见葛公尚《当代国际政治与跨界民族研究》,民族出版社2006年版,第1页。

治下。杜兰线划定了阿富汗和英印政府的统治疆界,但无法割断阿富汗国内普什图人对生活于邻国的普什图族人的情感关切和血缘联系。阿富汗政府对此长期愤懑不平,但迫于英国势力而无奈接受。阿富汗政府和民众对杜兰线的不满成为后来阿富汗—巴基斯坦"普什图尼斯坦"争端的历史根源。杜兰线两侧的普什图人迥然不同的政治地位、对民族合一的长期渴求和种族情感上的纠结,使阿富汗政府一直没有放弃对杜兰线另一侧普什图人命运的关注和对他们反抗斗争的支持。

自杜兰线形成后直到20世纪40年代末,虽对英国政策不满,但囿于实力、外交等多种原因,阿富汗没有与英国在杜兰线问题上出现严重对抗。在"普什图尼斯坦"问题形成和发展历程中,1947年是关键的一年:在地区层次上,巴基斯坦的独立及对英国遗留问题的继承开启了阿巴争端及对抗的序幕;在全球层次上,美苏冷战爆发。因而,阿巴争端一开始就蕴含了超出地区层次、并置身于大国冷战对抗中的特点。此后十余年间,"普什图尼斯坦"争端曲折发展,紧张与缓和交织,既没有解决的迹象,也没有恶化到无可挽回的地步。

1947年,印度和巴基斯坦分治,巴基斯坦成为独立国家,同时,杜兰线以东、巴基斯坦境内的普什图部落被要求在印度和巴基斯坦间做出选择。普什图族人经全民投票决定归属巴基斯坦,阿富汗多年的积怨就此爆发。阿富汗率先发难,主动提出了纠缠两国关系的"普什图尼斯坦"问题。阿富汗认为,巴基斯坦境内的普什图人还应该被赋予更多地选择,如高度自治的政治权利等。"在巴基斯坦建国后不久,阿富汗又开始与这个新国家进行谈判,公开的议题是保证为居住在这两国边境的巴基斯坦一侧的帕坦族人(Pathan,即普什图人)建立一个独立的主权国家。"[①] 1947年6月,阿富汗首相哈希姆就说:"如果独立的普什图尼斯坦国家无法建立,(普什图人聚居的)巴基斯坦西北边境省应与阿富汗合并。"[②] 此后,阿富汗多次强硬地向巴基斯坦提出此问题。1949年7月,阿富汗宣布单方废除涉及阿巴边界及普什图人地位的1893年《杜兰协定》、1905年、1919年、

---

① [英]彼得·卡尔沃科雷西:《国际事务概览,1949—1950年》,王希荣等译,上海译文出版社1991年版,第472页。

② Syed Abdul Quddus, *Afghanistan and Pakistan: A Geopolitical Study*, Lahore: Ferozsons, 1982, p. 99.

1921年的英阿条约等，为后续持续提出"普什图尼斯坦"问题扫清了法律上的障碍。

有多个原因促成阿富汗1947年率先在普什图尼斯坦问题上发难。

新生的巴基斯坦实力弱小，又同印度处于对抗中，阿富汗把握有利时机，对杜兰线提出异议，意图乘机确立地区强国地位。慑于英国的实力，《杜兰协定》签署后到"1947年印度分治以前，执政的历届阿富汗政府多次重申他们对英国人的条约义务"①。分治后的巴基斯坦力量虚弱，且陷于一系列内忧外患中。独立之初，巴基斯坦经济、军事实力极度虚弱。农业是国家主要产业，1954—1955年度，农业占国内生产总值的46.2%，整个20世纪50年代农业生产停滞不前。② 军事方面，"可供（巴基斯坦）政府使用的军事单位连一个完整的也没有。在军事上，这个国家当时是毫无防卫能力的，而印度的各项政策又无不旨在扼杀这一新生的国家。……印度武器库也拒绝拨发巴基斯坦应该分得的军需品和其他国防装备"③。在外部，1947年10月发生第一次印巴战争，巴基斯坦的主要资源和精力被吸引到与印度的生死对抗中。相比之下，阿富汗拥有相对优势的经济军事实力，"20世纪50年代初，阿富汗正规军和治安部队人数超过6万"④。

分治后巴基斯坦政局长期不稳给阿富汗提出"普什图尼斯坦"问题创造了条件。1948年9月，在巴基斯坦享有崇高声望和地位的"国父"穆罕默德·阿里·真纳（Mohammed Ali Jinnah，1876—1948）逝世，堪称巴二号人物的里阿夸特·阿里·汗1951年10月遭暗杀，缺乏威望的政治领导人导致巴基斯坦陷入长期政治动荡中。"从1947年独立到1958年10月阿尤布汗接管政权的11年中，巴基斯坦五易总统（总督），平均两年多换一个，七易总理，一年多换一次。……省政府也不断变更：从1947年到1955年间，旁遮普省和西北边境省都六次更换省督……中央政府更替频繁也引起省政府的不断更换，仅从1947年到1954年间，中央政府解散的东、西巴省政府就不下10个。"⑤ 巴基斯坦中央和边境省政治局势的动荡不安

---

① ［美］路易斯·杜普雷：《阿富汗现代史纲要》，第63页。
② 杨翠柏、刘成琼：《列国志·巴基斯坦》，社会科学文献出版社2005年版，第141页。
③ ［巴］拉希姆、库雷西：《巴基斯坦简史》第3卷，四川大学外语系翻译组译，四川人民出版社1975年版，第376-377页。
④ 王凤：《列国志·阿富汗》，社会科学文献出版社2007年版，第264页，100页。
⑤ 李德昌：《巴基斯坦的政治发展，1947—1987》，四川大学出版社1989年版，第55页。

及其对巴基斯坦有限实力的损耗、巴基斯坦中央政府对部落区控制能力的下降给阿富汗提供了机会,使阿富汗人认为,在普什图问题上发难,巴基斯坦将无力应对。

阿富汗政府巩固国内政治统治的需要。相比于巴基斯坦,20世纪40年代末阿富汗的政局要稳定得多,但也不是风平浪静。1949年,阿富汗首相沙·马茂德(Mahmoud Shah)推行的自由选举产生了一届"自由主义国会"。国会议员认真履行职责导致了与内阁的尖锐矛盾。此外,自由国会的扩大新闻和言论自由、允许建立政治组织等举措虽促进了阿富汗民主进步,但也增加了政治、社会不稳定的危险因素,"一下子出现了几家报纸,都反对统治制度"①。因而,主动提出"普什图尼斯坦"争端、引导国内民众和媒体的注意力转向这样一个充满强烈民族主义色彩的议题就成为阿富汗政府的选择。对此,阿富汗政府也不讳言。1954年7月,在与美国驻阿使馆临时代办利特尔会谈时,阿富汗外长纳伊姆"强调了阿富汗王室对普什图部落负有的责任,这将帮助王室巩固统治"②。

对"普什图尼斯坦"问题的成功运作可大幅削弱巴基斯坦,提升阿富汗的安全系数。19世纪后,阿富汗一直处于英印势力的强大压力下,三次英阿战争给阿富汗造成了很大创伤。1947年后,新独立的巴基斯坦虽不再构成对阿富汗的安全威胁,但从地缘政治角度看,一个持续虚弱的南邻对阿富汗国家安全利益的提升是有益无害的。削弱巴基斯坦主要的、现存的、可行的途径就是"普什图尼斯坦"问题。一个独立或高度自治的普什图人实体只会损害巴基斯坦的实力而对阿富汗没有任何损失,反而有可能扩大阿富汗的版图和影响。一个新独立的普什图尼斯坦国或者亲近阿富汗,或者会直接与阿富汗合并,"关于计划中的普什图尼斯坦国的边界,这个计划的支持者们虽然从来没有任何一致的意见,但一般都假定它的领土应当是从西巴基斯坦的领土划出来,而不侵犯阿富汗的现有边界——这一假定非常适合于喀布尔的主张,即英国人离开印度后,杜兰线就不再是国境线了,而阿富汗的边界就可以'回'到印度河"③。

---

① [美]路易斯·杜普雷:《阿富汗现代史纲要》,第72-73页。
② FRUS, 1952–1954, Vol. XI, Part 2, p. 1413.
③ [英]杰弗里·巴勒克拉夫:《国际事务概览,1959—1960年》,曾稣黎译,上海译文出版社1986年版,第330页。

阿富汗挑起这一争端后,"人们做出种种努力,企图推测阿富汗1947年后倡议建立帕坦尼斯坦(即'普什图尼斯坦')独立国的动机"。除上述一些原因外,还有人"怀疑外国在背后煽动"①。虽然一些人没有明确指出这个"外国"是哪个国家,但一般认为指代的是苏联。除此之外,阿富汗挑起"普什图尼斯坦"争端还有历史原因,因为巴基斯坦的"西北边境省(NWFP)以前是阿富汗领土的一部分。因此,对阿富汗来说,要求巴境内的普什图人脱离巴基斯坦,重新加入阿富汗的兄弟姐妹大家庭是很自然的"②。

可以认为,阿富汗是欲乘乱牟利,恢复对杜兰线以东、巴基斯坦境内普什图人地区的控制,扩大阿富汗疆域或势力范围。有人甚至认为,阿富汗提出"普什图尼斯坦"问题还意在取得印度洋的出海口,改变多年来没有海岸线的尴尬局面,开创国家发展的新局面。阿富汗的这一理念在英国自南亚撤退之时即已产生,"阿富汗认为,英国从南亚撤退之前,将给阿富汗一条出海的通道。为此,喀布尔领导者支持印度国大党的努力,而且,喀布尔设想与印度边境的普什图人建立联系"③。在此过程中,阿富汗表现出的是外交的强势和咄咄逼人。客观地看,阿富汗对"普什图尼斯坦"问题的提出有其不适当的地方,体现了阿富汗某种扩张主义的倾向。这种倾向在阿富汗历史上也曾存在,以至于恩格斯曾说:"这种自发性和反复无常的行为使他们(阿富汗人)成了危险的邻居,他们受一时的情绪支配并且容易为那些能巧妙地引起他们激情的政治阴谋家迷惑。"④

阿富汗的举动直接威胁到巴基斯坦的领土和主权完整,招致巴基斯坦的强烈抵制和反对,两国矛盾激化。"普什图尼斯坦"争端困扰阿、巴关系数十年,影响了美国、苏联与地区国家间的关系及西南亚的冷战局势。以"普什图尼斯坦"问题为诱因,阿巴关系出现全面对抗趋势,两国国内媒体集中攻击对方,宣传己方立场的正确,引发"媒体战";边界局势紧张,冲突频发,1950年"10月7日,(巴基斯坦总理)利亚奎特·阿里·

---

① [英]彼得·卡尔沃科雷西:《国际事务概览,1949—1950年》,第474页。
② Ram Rahul, *Afghanistan, The USSR and the USA*, p. 24.
③ Hafeez Malik, *Soviet-U.S Relations with Pakistan, Iran and Afghanistan*, Macmillan, 1987, p. 93.
④《马克思恩格斯全集》第14卷,1964年版,第78页。

汗先生说，自 6 月以来，阿富汗已发动了五次类似的入侵"①。阿富汗则指责巴基斯坦封堵阿富汗对外贸易通道等。1949 年两国分别召回驻对方国家大使，外交关系濒于破裂边缘。阿巴关系的持续紧张引起很多国家关注，美国等西方国家和伊朗等地区国家开始介入，"1950 年 6 月，华盛顿和伦敦出面干预，并告诫阿富汗不要支持分裂主义的阴谋。1950 年 7 月 13 日，伊朗国王表示愿意帮助调停"②，阿富汗和巴基斯坦的紧张关系逐渐缓和，"1952 年 9 月，巴基斯坦驻阿富汗大使返任，降低了反阿富汗宣传的声调，并做出了安抚阿富汗的姿态"③。

（二）第一次危机的爆发

第一次阿巴危机爆发于 1955 年，这是一种地区性国际危机。危机的发生完全源于阿富汗、巴基斯坦两国国内因素，但影响则具有"外溢"效应，美国和苏联的利益都受到牵扯并卷入其中。

1953 年，穆罕默德·达乌德任阿富汗首相。在"普什图尼斯坦"问题上，达乌德属于阿富汗的强硬派，鼎力倡导支持巴基斯坦境内的普什图分裂势力，"普什图尼斯坦"争端成为他强化国内威望、巩固统治的重要工具。"在他主政的十年期间，'普什图尼斯坦'问题成为阿富汗对外关系中的核心问题。"④ 美国驻阿富汗大使安格斯·沃德（Angus Ward）也注意到达乌德的强硬立场，并向美国国务院发出了提示。在 1955 年 4 月 3 日致国务院的电报中，提出了以下分析："达乌德对普什图部落有全面的威望和特别的影响力，尤其是关于'普什图尼斯坦'问题。他是自 1947 年印度分治以来亲'普什图尼斯坦'煽动者（firebrands）中最热情的一个。""在此问题上，他视巴基斯坦政府宣布把西巴合并为一个政治实体的声明为对他个人威望和阿富汗政府的地位的挑战。……他感到丢了个人脸面。"⑤

但最终引发此次危机的事件是巴基斯坦的一项内政决策。为加强对西

---

① [英] 彼得·卡尔沃科雷西：《国际事务概览，1949—1950 年》，第 476 页。
② [英] 彼得·卡尔沃科雷西：《国际事务概览，1949—1950 年》，第 476 页。
③ FRUS, 1952 – 1954, Vol. XI, Part 2, p. 1404.
④ 于卫青：《普什图尼斯坦问题的演变及相关因素探析》，《国际论坛》2011 年第 2 期，第 34 页。
⑤ FRUS, 1955 – 1957, Vol. VIII, p. 167.

巴的控制，压制境内的反对势力，1955年3月巴基斯坦宣布将西巴各省合并为单一的政治实体，这个决定立即遭到阿富汗政府和社会的强烈反对，激化了阿巴争端。3月30日，为抗议巴基斯坦政府的决定，大批喀布尔民众上街示威游行，并袭击了巴驻阿使馆，冲进使馆，撕毁了巴基斯坦国旗。这是恶劣的违反国际外交惯例、破坏使馆外交豁免权、侮辱他国尊严的外交事件。作为对阿富汗人行为的报复，4月1日，巴基斯坦民众采取了针锋相对的行动，破坏了阿富汗驻巴使馆部分建筑，并扯下了阿富汗国旗。两国民众的敌对和政府间矛盾的升级交织进行，互相刺激。巴基斯坦政府对阿富汗发出威胁性言辞，提出最后通牒，暗示要断绝两国外交关系并对阿富汗实行经济封锁，封闭阿巴边界。1955年3月12日，美国国家安全委员会议讨论了阿巴关系，会议认为，"从美国的立场看，经济封锁、封闭两国边界的影响是很坏的，因为它可能增加业已存在的严重的阿富汗对苏联的依赖"[1]。虽然如此，但美国没能阻止巴基斯坦采取切实行动报复阿富汗，阿巴外交关系和阿富汗经由巴基斯坦进行的海外进出口贸易都被切断，阿巴关系降至冰点。阿富汗宣布国内军队进行总动员，做出武力解决争端的姿态。对于阿巴僵局的出现，中央情报局局长艾伦·杜勒斯认为："主要问题集中于达乌德首相，他使自己处于无路可退的境地，并不知道如何在不丢脸的情况下使自己摆脱困境。""调停（mediation）可能改善局面。毕竟，巴基斯坦不希望爆发战争，阿富汗的军队动员也是闹剧。"[2]

在美国、土耳其、伊朗和伊拉克等外部力量介入下，阿巴关系趋于平息。1955年9月，阿富汗、巴基斯坦驻对方外交、领事和贸易代表机构重新开放，并升起各自国旗，"1955年9月10日和11日，阿富汗和巴基斯坦内阁部长——包括纳伊姆外长——在喀布尔和贾拉拉巴德的仪式上升起了巴基斯坦国旗。一名巴基斯坦内政部长在9月12日白沙瓦的仪式上升起了阿富汗国旗"[3]。双边外交关系恢复。

1955年9月，阿巴关系好转刚刚一个月，局势又趋于恶化。1955年10月，阿富汗国王查希尔通过阿富汗驻联合国大使卢丁（Ambassador Lu-

---

[1] *FRUS*, 1955–1957, Vol. Ⅷ, p. 184.
[2] *FRUS*, 1955–1957, Vol. Ⅷ, p. 184.
[3] *FRUS*, 1955–1957, Vol. Ⅷ, p. 190.

din）向美国总统艾森豪威尔传达了一个"特别口信",提请艾森豪威尔注意正在恶化的阿巴关系,并请求美国介入。[①] 1955年12月,阿富汗召开大支尔格（Loe Jirga,部落领导人和其他重要人物的特别会议）会议,对达乌德政府对此问题的政策予以支持,并同意了达乌德获取苏联集团武器援助以增加抗衡巴基斯坦的实力的建议。"支尔格已经给了达乌德以信任投票和未来相对自由的空间。"[②] 50年代的阿巴争端在动荡中曲折发展,但"普什图尼斯坦"争端一直看不到解决的希望,虽然不断有第三国介入,但问题的解决没有实质性进展。

三 阿富汗、巴基斯坦的政策主张及其分歧

"普什图尼斯坦"争端分别涉及阿富汗的族群情感和巴基斯坦的领土主权完整,这些问题对于两国统治阶层而言都具有关键性影响,任何一方都不敢轻言妥协和放弃,因而,两国在争端中的立场都很强硬。

（一）阿富汗对争端的政策

阿富汗对争端的基本政策立场是:巴基斯坦境内的普什图人应被赋予高度自治或建立独立的"普什图尼斯坦"国的权利,或与阿富汗合并的权利,阿富汗支持巴境内普什图人分离或谋求自治的运动。

阿富汗不放松对"普什图尼斯坦"问题的坚持,将"普什图尼斯坦"问题作为阿巴关系和阿富汗外交的核心问题之一。"阿富汗政府敏锐意识到,在决定阿富汗应该维持中立国地位或是否与其他自由世界国家建立更密切的合作问题上,只要'普什图尼斯坦'问题不解决,就不会有什么进展。"[③] 阿富汗将"普什图尼斯坦"问题的解决视为与巴基斯坦建立密切关系及改善与西方国家间关系的前提条件。同时,阿富汗的立场也不僵硬。它往往根据国内外形势的变化而适时调整本国政策,多种手段灵活并用,谋求国家利益最大化。相对巴基斯坦而言,阿富汗在"普什图尼斯坦"争端中占据主动地位。

第一,外交途径是阿富汗解决争端的主要方式。阿富汗综合运用外交

---

① *FRUS*, 1955–1957, Vol. Ⅷ, p. 193.

② DDRS, OCB Intelligence Notes: "Pushtunistan" Dispute between Afghanistan and Pakistan, Nov. 23, 1955, Document Number: CK3100325958.

③ *FRUS*, 1952–1954, Vol. Ⅺ, Part 2, p. 1415.

谈判和外交压制两种方式试图获得争端的顺利解决。首先，阿富汗坚持就普什图人的权利和地位问题与巴基斯坦进行谈判。1948 年阿富汗提出就两国关系问题与巴基斯坦进行谈判，最初遭巴基斯坦反对，后在阿富汗的一再努力及外部力量介入下，双边谈判在 1951 年开始进行。谈判的核心议题是"普什图尼斯坦"问题。"阿富汗拒绝与巴基斯坦就普通问题进入正式谈判，除非'普什图尼斯坦'问题被列入谈判议程。"① 但由于双方立场差异较大，谈判没有取得实质性结果。其次，对巴基斯坦施以外交压力，迫其让步。外交谈判的同时，阿富汗没有放弃外交对抗手段，主要表现为：一是在双边外交中撤回驻巴使节，关闭驻巴使领馆并驱逐巴基斯坦驻阿富汗外交人员。如 1951 年，阿富汗总理奥尔·穆罕默德（Al Mohammed）威胁说，如果与巴基斯坦的边界谈判不成功，阿富汗将重新召回驻巴大使。二是在多边外交舞台上打压巴基斯坦。1947 年 9 月，联合国大会表决巴基斯坦的加入申请时，阿富汗投了唯一的一张反对票。阿富汗驻联合国代表解释投票立场时说："我们不能承认西北边境省是巴基斯坦的一部分。西北边境省的人民没有得到机会去自由表达自己的意愿，即由他们自己决定：是独立，还是成为巴基斯坦的一部分。"②

第二，阿富汗重视媒体、军事、经济等多种手段的综合运用。阿富汗率先进行了广泛的反巴宣传，宣讲本国立场，争取国内外舆论的理解和同情，抢占话语权，塑造于己有利的国内外舆论环境。"1949 年，喀布尔的反巴基斯坦广播十分频繁，以致卡拉奇当局提出了抗议照会。"③ 而且，为增强政府在争端中的民意基础，鼓动整个社会的情绪，阿富汗政府将每年 8 月 31 日确立为"普什图日"④。此外，阿富汗不惜在军事上施压。1955 年，在反对巴基斯坦政府西巴一体化的声浪中，阿富汗政府颁布了军队动

---

① *FRUS*, 1952 – 1954, Vol. XI, Part 2, p. 1485.

② United Nations, *Official Records of the Second Session of the General Assembly*, *Plenary Meeting of the General Assembly*, 16 September – 29 November 1947, Vol. I, 80th – 109th Meetings, 16 September- 13 November 1947, New York 1947, Ninety-Second Plenary Meeting, 30 September 1947, pp. 313 – 314. 转引自 Joanna Modrzejewska-Lesniewska, *Another Kashmir? The Afghanistan-Pakistan Border Dispute*, *IBRU Boundary and Security Bulletin*, Winter 2001 – 2002, p. 74。

③ ［英］彼得·卡尔沃科雷西，《国际事务概览，1949—1950 年》，第 472 页。

④ Dilip Mukerjee, "Afghanistan under Daud: Relations with Neighbouring States," *Asian Survey*, Vol. 15, No. 4 (1975) p. 306-307.

员令，摆出战争姿态。同时，阿富汗持续向巴境内的普什图人反政府力量提供支持。据美国驻阿外交官的观察，阿富汗支持巴基斯坦西北边境地区（NWFP, North-West Frontier Province）普什图部落的"支尔格会议"，其领导人在喀布尔受到正式欢迎，得到很高荣誉。①

第三，阿富汗积极寻求国际力量介入，试图以国际化方式寻求于己有利的安排。在争端发生之初，阿富汗就采取了这一立场。"1948年，喀布尔派沙阿·瓦里·汗去卡拉奇，派西达尔·菲茨·默罕默德·汗去伦敦，谋求两国承认阿富汗在杜兰线以东帕坦族部落中的利益，但没有达成协议。"此外，"阿富汗政府建议由英国、美国、苏联、印度、巴基斯坦和阿富汗各派代表组成调查团。最后，两个直接有关的大国的代表于1949年7月在喀布尔开始进行调查"②。在推动问题国际化的过程中，西欧大国、美国和地区的穆斯林国家等都是阿富汗国际化政策的争取对象。1950年3月，美国海外大使（The Ambassador for Overseas）菲利普·杰瑟普（Philip Jessup）访问阿富汗时，阿富汗首相就恳请美国政府参与调解阿巴争端。③ 1954年，阿富汗外长纳伊姆（Naim）向新就任的法国大使和意大利代办表达了阿富汗的愿望，希望将欧洲国家引入阿巴争端。美国、苏联、印度、法国、意大利、伊朗、沙特阿拉伯等国都在不同程度上介入了阿巴争端。联合国是第二类外交对象。阿富汗努力将本国的关切向联合国安理会传递，希望安理会在讨论克什米尔等问题时考虑阿富汗的立场和利益。④

美国是阿富汗将争端国际化政策的最重要目标国。阿富汗特别期望美国能强力介入调解阿巴争端，主要原因是美国的世界地位、美巴特殊关系，及传统上阿富汗对美国的好感。阿富汗认为美国在解决阿巴争端中有关键的、不可替代的作用，因而，它始终抓牢美国，向美国解释阿富汗在争端中的立场及其合理性。如1948年4月，阿富汗政府部长阿齐兹（Aziz）在与美国外交官员亨德森会谈时说，由于杜兰线两侧的普什图人在种族、语言、地理、血缘、文化和经济上存在的无法摆脱的、不可切断的联系，阿富汗国内的和平、安宁、安全和经济发展与这些普什图人的和平状况有

---

① *FRUS*, 1952-1954, Vol. XI, Part 2, p. 1412.
② ［英］彼得·卡尔沃科雷西：《国际事务概览，1949—1950年》，第475页。
③ Mohammad Ma'Aroof, *Afghanistan in World Politics*, p. 53.
④ *FRUS*, 1948, Vol. V, Part 1, p. 290.

密切关系。任何影响独立部落区的和平与安宁的因素也将会不可避免地影响阿富汗国内的和平、安宁和安全。①

同时,阿富汗政府利用各种机会向美国发出请求,要求美国介入,调解争端。从查伊尔国王到外长、驻美大使、驻联合国代表等各级政府官员,都在不同时间、以不同方式向美国表达了这样的强烈愿望。1948年12月,阿富汗就向美国政府表达过希望美国利用对英国和巴基斯坦的影响力促成阿巴争端的解决的意愿。② 1953年5月19日,阿富汗驻印度大使纳吉布拉汗与访问印度的美国国务卿杜勒斯和助理国务卿等人在新德里讨论了"普什图尼斯坦"问题。"阿富汗外长希望美国像风钻一样,打破巴基斯坦在普什图问题上石头般的僵硬立场,即希望美国借助给予巴基斯坦的小麦贷款,压迫巴基斯坦开始普什图问题谈判,但美国人认为这些是很幼稚的。"③ 1954年,纳伊姆在与美国国务卿杜勒斯会谈时表明了他的一个坚定理念——没有美国的帮助,普什图僵局就无法打开。④ 1955年11月,阿富汗国王向美国总统艾森豪威尔转交亲笔信,希望美国能采取主动的友好行动,尤其期待美国总统亲自出面,为阿巴关于"普什图尼斯坦"问题的直接谈判铺平道路。⑤

为打动美国,阿富汗从道义和现实利益两方面阐述了美国介入的意义。一方面,阿富汗以美国一贯倡导的"民族自决"理念获取美国的好感,强调阿富汗提出和支持"普什图尼斯坦"运动的目的不是为了兼并巴基斯坦的领土,阿富汗没有私利。1955年6月,纳伊姆讲:"阿富汗不想要巴基斯坦的一寸土地,如果巴基斯坦政府能清楚地表明,在未来一定时期,800万生活于巴基斯坦的普什图人能够被给予一个自己决定自己命运的机会,如此,阿富汗政府将会是十分满意的。"⑥ 阿富汗是为实现巴境内普什图人的人权和民族自决而提出普什图问题的。这些理念正是美国一贯倡导的,或者与美国的人权主张相一致的。"阿富汗政府的立场是首先进

---

① *FRUS*, 1948, Vol. V, Part 1, p. 331.
② *FRUS*, 1948, Vol. V, Part 1, p. 473.
③ *FRUS*, 1952 – 1954, Vol. XI, Part 2, p. 1396.
④ *FRUS*, 1952 – 1954, Vol. XI, Part 2, p. 1441.
⑤ *FRUS*, 1955 – 1957, Vol. VIII, p. 199.
⑥ *FRUS*, 1955 – 1957, Vol. VIII, p. 185.

第五章 "普什图尼斯坦"危机与美国对阿富汗政策的困境　191

行公民投票,接下来再推动政治、经济和其他领域的合作安排。"①

另一方面,纳伊姆也向美国强调,解决阿巴争端可能给美国带来的现实好处:"一旦普什图尼斯坦问题得到解决,整个地区(反苏)力量将被增强,阿富汗对于美国加强巴基斯坦实力的计划也将没有任何担忧了。"②而且,1955年10月5日,行动协调委员会(OCB)提出的名为"阿富汗国内安全形势分析及建议的行动"文件还记载说:"阿富汗外长曾表示,如果'普什图尼斯坦'问题实现有利于解决阿富汗问题,阿富汗将愿意公开与西方结盟。"③但这种说法在阿富汗方面没有得到确认和材料地做证。如果确实如此,则阿富汗为解决"普什图尼斯坦"问题,可谓煞费苦心。

作为阿富汗的另一近邻及全球性大国的苏联,在"普什图尼斯坦"问题爆发和激化后,多次表态支持阿富汗的立场,如1955年、1960年赫鲁晓夫访问阿富汗时,都公开声明支持阿富汗,向阿富汗提供的军事、经济援助客观上增强了阿富汗对抗巴基斯坦的实力。苏联的态度是符合阿富汗将争端国际化意图的。但阿富汗对于苏联介入的态度却是复杂的,既想争取苏联的外交和物质支持,利用苏联为己谋利,又对苏联的介入存有较强的警戒心理,担心苏联会乘机取得对阿富汗内外事务的主导权。如1954年阿富汗外长纳伊姆说,阿富汗充分意识到苏联对阿富汗的长期目标和当前形势的内在危险。④

不难发现,阿富汗对"普什图尼斯坦"争端的政策处于矛盾状态中:一方面,出于国内政治和边界安全的需要,阿富汗要坚持"普什图尼斯坦"问题;另一方面,出于国家安全的总体需要、特别是防备苏联问题上,阿富汗又需要与巴基斯坦建立和谐、良好关系,维持与美国等西方国家的稳定关系。纳伊姆甚至曾经向美国表示,只要巴基斯坦在普什图问题上愿意妥协——巴基斯坦同意在普什图部落区进行公民投票,给普什图民众三种选择(与巴基斯坦彻底合并、独立和在巴基斯坦领土与政治框架内的有限自治)——从政治、经济和军事等各方面考虑,两国"都应建立最

---

① *FRUS*, 1952–1954, Vol. XI, Part 2, p. 1413.
② *FRUS*, 1952–1954, Vol. XI, Part 2, p. 1420.
③ *DDRS*, Operations Coordinating Board Memo describing revisions to its report on the internal security situation in Afghanistan, including the feasibility of U. S. assistance and the relations between Afghanistan and Pakistan, Nov. 10, 1955, Document Number: CK3100109909.
④ *FRUS*, 1952–1954, Vol. XI, Part 2, p. 1413.

密切的阿富汗—巴基斯坦关系"①。这可以看作对美国抛出的一个"胡萝卜",诱使美国加快帮助解决"普什图尼斯坦"问题。因为阿巴合作或建立密切关系正是符合美国冷战利益的,阿巴友好关系也是美国的南亚战略意欲实现的目标和美国政策的一贯目的。

但"普什图尼斯坦"问题的长期存在和矛盾激化无疑使阿富汗对后者的追求很难实现,使阿富汗陷入两难困境中。但毫无疑问的是,阿富汗在"普什图尼斯坦"问题上的政策已经侵犯了巴基斯坦主权和领土完整,关注境外同一族群政治权利的理由与现存国际法和国际惯例是相悖的,直接与《联合国宪章》等战后重要国际关系文件支持的主权原则相矛盾。

(二) 巴基斯坦对 "普什图尼斯坦" 问题的基本立场

相比阿富汗的主动、强势和政策多样化,巴基斯坦在"普什图尼斯坦"争端中的政策较为被动和简洁。

在"普什图尼斯坦"问题上,巴基斯坦的立场简单明确:不谈判、不妥协、反对问题国际化,与阿富汗直接对抗。杜兰线是合法的阿巴国界线,巴基斯坦合法继承了英国在杜兰线以东的领土、人口及相应的权利和义务,普什图部落区事务属于巴基斯坦内政,不容谈判,反对阿富汗的立场,反对第三国的介入和干涉。1951 年 4 月,巴基斯坦总理利亚奎特·阿里·汗(Liaquat Ali Khan)对美国驻巴大使讲,巴基斯坦将不与阿富汗政府及其任何代表讨论"普什图尼斯坦"问题,因为杜兰线是合法边界线,部落区位于巴基斯坦一侧,这是一个排他性的内政问题。② 主要由于巴基斯坦的反对,为弥合阿巴分歧、促进问题的解决,美国、英国、伊朗、沙特做出的将双方聚合到一起讨论分歧的努力,但都没有成功。由于英国与巴基斯坦的特殊关系,及"普什图尼斯坦"争端与英国历史上的作为密切相关,因而,"巴基斯坦的立场得到英国联邦事务大臣菲利普·诺埃尔-贝克(Philip Noel-Baker)先生的支持,后者 1950 年 1 月 21 日在卡拉奇说,英国认为巴基斯坦是英国的权利和义务的合法继承国,它在边界争端期间采取了和解的态度"③。

---

① *FRUS*, 1952–1954, Vol. XI, Part 2, p. 1413.
② *FRUS*, 1951, Vol. VI, Part 2, p. 1956.
③ [英] 彼得·卡尔沃科雷西:《国际事务概览,1949—1950 年》,第 477 页。

20世纪50年代后，巴基斯坦倚重美国，政策更加灵活。20世纪50年代后，面临阿富汗强大而持续的压力和美国等第三国无可逆转地介入，巴基斯坦的立场有所松动。为加快争端解决、防止阿巴关系破裂及其对美国利益的消极影响，美国再次于1950年11月6日向巴基斯坦和阿富汗提出四项改善关系的建议，要求巴基斯坦限期答复。在美国的压力下，1951年5月，巴基斯坦政府表示愿意接受美国建议的前三条，准备与阿富汗大使就共同关注的问题进行谈判。①

在与阿富汗的较量中，巴基斯坦也以外交为主要手段、辅以经济压力和封锁。在阿巴关系恶化时，巴基斯坦与阿富汗大打"外交战""宣传战"。同时，利用地理优势向阿富汗施以经济制裁，多次封锁阿巴边界，切断阿富汗经由巴基斯坦领土的对外贸易通道。但双边关系的恶化和彻底破裂对两国和美国利益都有重大损害，所以，在美国的介入和压力下，1954年的"几个月来，虽然巴基斯坦仍将普什图地位问题视为其纯粹的内政事务。但在处理相互关系问题上，巴基斯坦和阿富汗都表现出了更合作的态度，虽然'普什图尼斯坦'问题的解决没有任何实质性的进展"②。

（三）"普什图尼斯坦"争端的影响

"普什图尼斯坦"争端对阿巴关系的影响是复杂的、多重的，难以简单地用"消极""障碍"等词语笼统地概括。它既阻碍了阿巴关系的发展，但同时，在各方谋求解决阿巴争端的努力中，也包含了诸多于阿巴关系发展较为积极、有利的因素，如在阿巴谈判和美国介入过程中，各方都考虑并实际讨论了加强阿巴合作、扩大阿巴经贸关系等问题，这些都是能为阿富汗、巴基斯坦带来双赢结果的计划。虽然这些计划没有付诸实施，但有关方面是真切地思考并认真地提出过的。总体而言，"普什图尼斯坦"对阿巴关系的消极、负面影响是大于积极、正面影响的。

"普什图尼斯坦"争端造成了对西南亚地区格局的冲击，增加了大国处理西南亚事务的难度。20世纪40—50年代，阿巴争端虽没有引发国家间的大规模武装冲突，但此种危险一直存在。为迫使对方让步，阿巴两国都曾有使用武力或武力威慑的计划和行动。而且，阿巴争端及其久拖不决

---

① *FRUS*, 1951, Vol. Ⅵ, Part 2, p. 1970.
② *FRUS*, 1955–1957, Vol. Ⅷ, p. 49.

给一些大国的野心提供了平台，大国的介入与冷战在西南亚的蔓延交织在一起，增加了阿巴争端和地区局势恶化的可能。此外，围绕阿巴争端，西南亚地区国家和域外大国，如美国、苏联、印度、伊朗乃至沙特、土耳其等，都不同程度地介入其中。各国对争端立场各异，分别支持争端的一方，也使得地区国家间关系出现了裂隙，国家间力量对比出现新的分化组合之迹象。

第二节　美国对阿巴争端的介入及其对阿富汗的政策

维持南亚地区稳定、防止共产主义在南亚的扩散是冷战开始后美国对南亚的既定政策。任何扰乱这一政策的事件都不利于美国在南亚的冷战利益。美国对南亚的政策非常注重维持美国与南亚国家间的稳定、长效的良性关系及防止共产主义在南亚的发展。为实现这一目标，美国首先要确保南亚国家间的友好关系。因此，美国必须调和南亚国家间（印巴"克什米尔"争端、阿巴"普什图尼斯坦"争端）的矛盾纷争，尽力消除威胁南亚稳定的各种不利因素。阿富汗和巴基斯坦都是比较重要的南亚国家，其纠纷对南亚的稳定和美国在南亚的反苏反共战略有很大的消极作用。

相关国家的利益存在激烈冲突，美国试图寻找一个为各方共同接受的举措殊为不易，欲实现这样的政策目标不仅具有很高难度，而且面临较大风险。但为避免苏联乘虚而入，美国仍然介入了阿巴争端，试图将其导入符合美国利益的轨道。随阿巴争端的激化和危机的频发，美国对争端的政策在保持一定延续性的同时也不断进行调整。但由于争端的复杂性等因素，自一开始，美国就对"普什图尼斯坦"争端采取了谨慎介入的政策，政策出发点是美国的全球和地区冷战战略、本国利益而非当事国利益。这种利益认知的偏差导致美国政策时常与当事国政策发生矛盾，影响了美国政策对解决阿巴争端的效果，最终冲击了美国的国家利益。

为更好地了解冷战后美国政府对阿巴争端的政策，本书对1947年后的《美国对外关系文件集》（*Foreign Relations of the United States*，简称 *FRUS*）进行了文本分析。首先设定几个关键词（Pushtun，Pushtunistan），然后在 *FRUS* 中进行检索。（"普什图"或"普什图尼斯坦"还有其他翻译，如 Pushtoon，Pathan，Pashtunistan，Pakhtunistan 等。Pushtun、Pushtoonistan 是使用最多的词）根据检索结果，"普什图"（Pushtun）一词频繁出现在20世纪50年代后的文件中，1955年、1959年、1961—1963年是出现的高峰期。另一个高频率出现的关键性名词"普什图尼斯坦"（Pushtunistan）在《美国对外关系文件集》中共有161个检索结果，最早出现于1951年，其后开始反复出现，仅1955年一年，该词语出现频次为48次，1956年出现频次为45次，1959年47次，1960年58次，1961年25次，直到1963年都是大规模出现，此后较为沉寂，但并没有消失。进入70年代，"普什图尼斯坦"一词在美国外交文件中再次大量增加。可见，美国对"普什图尼斯坦"争端的政策呈现阶段性发展特点，与争端局势发展高度同步。争端缓和时，美国政策趋弱，争端激化时，美国政策高涨。

一 杜鲁门政府对阿巴争端的认识与对阿政策

鉴于阿富汗和巴基斯坦的和谐关系对美国南亚战略的重要性，自争端开始，杜鲁门政府就予以关注，考虑了调和阿巴争端的可能性和方法。1948年2月，美国国务院在给驻阿富汗使团的电报中指出，阿富汗与巴基斯坦间维持以相互信任和合作为特征的关系对南亚的和平与繁荣至关重要。[1] 此时，美国对阿巴争端的介入在程度和力度上都是有限的。

阿巴矛盾的升级使杜鲁门政府在20世纪50年代加大了介入力度。1950年，美国正式开始介入和调解阿巴争端。1950年11月，美国向阿巴两国指出，两国的紧张关系正妨碍各自的经济和社会进步，并创造了有利于苏联介入的条件。美国期望扮演非正式的"中间人"角色，围绕推动阿巴争端的解决提出了四点建议，并希望阿巴双方在此基础上达成协议：（1）停止官方或官方主导的相互攻击；（2）阻止部落区可能影响两国友好关系的事件发生；（3）在两个月内交换大使；（4）在三个月内任命代表，就双方的分歧进行非正式的、创造性的讨论，不设置任何先决条件。[2] 美国同时表明，四条建议仅作为双方讨论问题的参考，不具强制性。因而，美国的建议没有产生应有效果。对美国的介入和建议，阿富汗赞成而巴基斯坦反对。巴基斯坦要求美国公开承认杜兰线作为边界线的合法地位后才

---

[1] *FRUS*, 1948, Vol. V, Part 1, p. 294.
[2] *FRUS*, 1951, Vol. VI, Part 2, p. 1929.

愿接受美国的调解。但美国认为，对杜兰线合法性的公开承认只能招致阿富汗的不满，对改善阿巴关系同样不利。为将巴基斯坦推入谈判进程中，美国做出了种种外交努力。一是对巴基斯坦的要求给予支持和肯定，稳定巴基斯坦的情绪。如1948年美国表示，美国承认巴基斯坦独立即意味着承认了杜兰线作为阿巴边界线的合法性，其实是向巴基斯坦表明，美国对杜兰线已经予以了默认。二是对巴基斯坦施加压力。1951年3月，国务院关于南亚局势问题的备忘录表示，美国应该再次给巴基斯坦施加压力，对美国1950年11月6日的调停建议做出明确答复。巴基斯坦在1951年4月1日前对美国建议不作出明确回应将会被视为对美国的拒绝。[①] 在美国的压力下，1951年5月，巴基斯坦政府称愿意接受美国1950年11月6日建议的前三条，准备与阿富汗就共同关注的问题谈判。美国的外交努力取得阶段性成就。

这四条建议反映了杜鲁门政府对阿巴争端的基本政策内容。

（一）两国首先要停止敌对性行动或导致局势恶化的任何举动

敌对宣传因其广泛的社会影响和易引起对方的情绪性反应，是解决纠纷的主要障碍之一，美国一直敦促双方在此问题上保持克制，降低宣传论调。1952年1月，美国驻阿使馆临时代办约翰·埃瓦茨·霍尼尔（John Evart Hornier）与阿富汗外长阿里·穆罕默德·汗（H. E. Ali Mohammad Khan）谈话时说，美国政府一直希望阿富汗减少反巴基斯坦的媒体宣传的密度和音调。不幸的是，攻击性文章继续出现。美国认为，所有类型的宣传战都应停止。[②]

（二）推动两国展开直接谈判和对话

阿富汗和巴基斯坦间的双边直接谈判是杜鲁门政府对阿巴争端的核心内容。1951年2月21日，国务院发表名为"美国对阿富汗政策"的声明，其中单辟一部分内容阐述了"普什图尼斯坦"问题。声明讲道："如果阿富汗和巴基斯坦在边境地区普什图部落的地位和待遇问题上达不成协议，我们的利益将受到严重损害。我们应继续敦促双边谈判机制的全面实现，

---

① *FRUS*, 1951, Vol. VI, Part 2, p. 1670.
② *FRUS*, 1952–1954, Vol. IX, Part 2, p. 1366.

包括不设前提条件的对话。"① 为促成双边谈判,杜鲁门政府采取了一些措施,但力度都是有限的,没有对阿巴双方施加强制性要求。究其原因,首先,杜鲁门政府认为,只有建立于双方自愿基础上的谈判达成的结果,才能真正促成危机的解决,任何外来势力强加的解决方案都不利于问题的真正解决。其次,20世纪40年代末到50年代初期,阿巴纠纷一度引起各国关注,多个传统大国和地区国家的介入都没能成功地解决问题,美国对自身解决问题的能力也存有疑问,特别当美国没有意愿全身心介入的情况下。各国在"1948年到1949年不成功地解决问题的努力导致了两国召回了各自大使。不同的第三方,包括英国政府、伊朗国王和沙特阿拉伯政府,都没能成功地将分歧双方聚合到一起讨论问题"。第三个原因是,美国经过一段时间的接触发现,阿巴双方的立场差异极大,在短时期内难以改变,"由于阿富汗坚持将'普什图尼斯坦'问题列入谈判议程及巴基斯坦拒绝接受这样的安排,所有的努力都彻底失败"②。1951年3月,在给驻阿、巴使馆的指示中,美国国务院要求必须注意避免给人造成美国将扮演调停者的印象。美国的角色将仅局限于把双方拉到一起。如果第三方对阿巴谈判是必要的,应去寻找一个小的中立国或知名人士。③

(三) 对争端双方持大体平衡的政策

美国考虑到争端双方的立场,不完全支持一方反对另一方,没有公开声明支持争端的某一方。如1948年2月,美国国务院给驻阿使团的电报中说,阿富汗和巴基斯坦对部落区的活动和幸福都有必要的利益,④ 表明在普什图问题上,美国认可阿巴两国的立场都有合理之处。同时,对于阻碍阿巴争端解决的因素,无论由哪一方造成,美国都要予以消除。当巴基斯坦反对第三者介入、反对与阿富汗直接谈判时,美国迫使巴基斯坦妥协。当阿富汗国内反巴舆论宣传声势浩大、严重影响双边关系时,美国对阿富汗提出批判性意见,要阿政府加以控制。一定程度上,美国的平衡政策对稳定阿巴关系和地区局势有积极意义。对于阿巴争端核心议题之一的杜兰线,美国言行尤为谨慎。1951年3月,美国政府认定,不应对杜兰线的合

---

① FRUS, 1951, Vol. Ⅵ, Part 2, p. 2008.
② FRUS, 1952–1954, Vol. Ⅺ, Part 2, p. 1404.
③ FRUS, 1951, Vol. Ⅵ, Part 2, p. 1929.
④ FRUS, 1948, Vol. Ⅴ, Part 1, p. 294.

法性发表任何明确的言论,无论是现在还是以后。① 尽管美国私下向巴基斯坦人表达了美国对杜兰线作为国界线合法性的认可,但在公开场合,杜鲁门政府对杜兰线的决定一直是进行模糊化处理,我们可将这种"模糊化"理解为美国在兼顾阿巴两国的关切和利益。

(四) 对阿富汗在争端中的立场和动机表示怀疑

为博取美国对阿富汗政策的支持,阿富汗官员多次向美国政府强调,阿富汗提出"普什图尼斯坦"问题绝没有任何领土野心,不想要巴基斯坦一寸土地,阿富汗关注的仅仅是境外普什图族人的政治和社会权利。但美国对此说法不置可否,不时表现出对它的怀疑。有学者分析指出:"对美国官员来说,普什图问题异乎寻常地简单:这是一个阿富汗的重新统一主义者和领土野心问题。……这个问题是令人讨厌的……巴基斯坦的立场很容易理解和给予支持。"② 因而,相对于对巴政策的委婉,美国对阿政策有时更强硬、更直接。1951年7月,美国国务院指示驻阿大使梅里尔,要向阿富汗强调:(1)"普什图尼斯坦"在经济或政治上不是一个能(独立)生存的国家;(2)在当前条件下,阿富汗坚持在"普什图尼斯坦"问题上施压不符合阿富汗的最佳利益与世界和平。(3)"普什图尼斯坦"的自治原则在过去20年的实践中已经被证明是困难的。③ 言辞中流露出咄咄之气,基本上否定了阿富汗对"普什图尼斯坦"主张的合理性、可行性。

在杜鲁门时期,美国对阿富汗在争端中的立场予以了更多压制,原因之一是美国已经开始重视巴基斯坦的战略地位,虽然当时美国与巴基斯坦没有正式结盟。1949年,白宫总助理史蒂芬·斯平加恩(Stephen J. Spingarn)在一份备忘录中讨论巴基斯坦的战略重要性时强调,"美国与巴基斯坦保持亲密关系,排他地基于以下战略基础:巴基斯坦接近苏联;它接近中东石油地带;它在防御印度洋和印度次大陆方面的潜在作用;作为世界上最大的穆斯林国家,它有中东最好的军队"④。其次,是对"普什图尼斯坦"问题本身的认识而决定的。杜鲁门政府的南亚政策也较为注重

---

① FRUS, 1951, Vol. VI, Part 2, p. 1671.
② Leon Poullada, *The Road to Crisis, 1919–1980*, pp. 42–43.
③ FRUS, 1951, Vol. VI, Part 2, p. 1988.
④ FRUS, 1958–1960, Vol. XV, pp. 781–792, 转引自李晓妮《美国对巴基斯坦政策研究》博士学位论文,第52页。

南亚地区的稳定，但阿富汗在冷战初兴之际提出"普什图尼斯坦"争端，恶化了阿巴关系，增加了地区冲突的风险，引起杜鲁门政府对阿富汗的不满。此外，在杜鲁门政府看来，历史形成且长期存在的边界线不应轻易遭到否定。

由于两国立场差异大，阿巴争端一波三折，危险的局势没有得到根本改善，美国继续就如何进一步提升阿巴关系又进行了大量工作。美国国务院官员与驻阿、驻巴大使馆保持密切的电报联系，经常就普什图争端及巴阿关系问题交流意见，供决策参考。杜鲁门政府时期是阿巴"普什图尼斯坦"争端的爆发期，美国政府迅速注意到这一问题并重视谋求缓和、解决阿巴争端。不过，杜鲁门政府对阿巴争端的关注及政策制定和实施仍具有较大的局限性。制约杜鲁门政府对阿巴争端介入政策的主要因素是：1947年与"普什图尼斯坦"争端同年发生的冷战是杜鲁门政府最重视的问题，美国的冷战战略重点仍未置于南亚地区；"克什米尔"问题分散了美国对阿巴争端的关注，美国南亚战略中最重要的两国是印度、巴基斯坦而非阿富汗，美国对阿富汗的战略地位和意义认识不足等。杜鲁门政府对阿巴争端的政策表现出较为模糊、政策操作性不强等特点。但值得肯定的是，美国政府从一开始就认识到了阿巴争端的重要性，并保持了全程参与，为此后美国促进解决争端的系列政策奠定了重要基础。

杜鲁门政府的介入政策虽未能根本上解决导致争端的根源，但仍有一定成效。在美国和其他国家的共同努力下，从1947年到1955年的近10年间，两国紧张关系逐渐降温，阿巴关系总体上呈稳定发展局面，"1952年9月，巴基斯坦驻阿富汗大使返任，降低了反阿富汗宣传的声调，并做出了安抚阿富汗的姿态"[①]。但由于争端开始时间不长，对问题的观察和思考尚待深入进行，杜鲁门时期美国的政策也处于酝酿中，尚未形成明确、系统的政策框架。

二 阿巴争端与艾森豪威尔政府的阿富汗政策

由于两国敌意很深，杜鲁门政府的介入政策没能阻止阿巴争端在20世纪50年代中期激化为第一次"普什图尼斯坦"危机。艾森豪威尔继任总

---

① *FRUS*, 1952–1954, Vol. XI, Part 2, p. 1404.

统后，美国持续就如何进一步提升阿巴关系、推动争端解决进行了大量外交活动，谋求在不放弃、不得罪阿巴任何一方的前提下实现问题的解决。不过，由于阿巴争端的极端复杂性、争端涉及的领土、种族问题等原因，美国的调解没能取得实质性结果，也没能避免苏联对阿巴争端的介入。在这段时期，美国根据局势发展，不断调整对阿巴争端的政策，增加干预手段，加强多方意见交流和讨论。第一次"普什图尼斯坦"危机前后，美国对争端的政策逐渐成形。美国国家安全委员会多次举行会议讨论阿巴争端，各种会议文件（国家安全委员会决议 NSC98/1、NSC5409、NSC5701等）和政策评估报告（如《国家情报评估》，NIE53-56，1956.1.10）、美国国务院的指示、会谈记录等集中体现了美国对争端的政策。

艾森豪威尔政府就任不久，为给尼克松副总统对中东地区的出访准备资料，1953 年 12 月 28 日，美国国务院负责近东、南亚和非洲事务的助理国务卿帮办约翰·杰尼根（John Jernegan, the Deputy Assistant Secretary of State for Near Eastern, South Asian, and African Affairs）在给代理助理国务卿罗伯特·墨菲（Robert Murphy, the Acting Deputy Under Secretary of State）的备忘录对"普什图尼斯坦"进行了界定，反映了美国政府对此概念的理解："'普什图尼斯坦'是一个想象的和虚构的地理概念，阿富汗期望通过创造一个基于巴基斯坦边界领土和定居者的新国家将其变成现实，这个新国家蔓延于整个阿巴边境。"①

达乌德上台后到危机爆发前，美国驻阿使馆已感受到了阿富汗社会在"普什图尼斯坦"问题上不同于之前的新情况。在 1954 年 7 月 10 日给国务院电报中，美国驻阿富汗使馆临时代办利特尔报告了阿富汗民众关于"普什图尼斯坦"的情绪受到政府鼓动而出现的急剧增多的骚乱。大使觉得，这种增多要归因于阿富汗首相达乌德利用普什图问题加强其国内政治地位的愿望，以及分散人民对国内经济问题注意力的打算。

解决"普什图尼斯坦"争端、改善阿巴关系对美国而言有多重利益，一是有助于加强阿富汗与西方世界的联系；二是有利于抵制苏联对阿富汗的渗透和影响，取得地区冷战优势；三是稳定南亚局势，巩固反苏同盟链条的完整性。因而，美国努力弥合阿巴分歧、消解两国矛盾、减轻阿富汗

---

① *FRUS*, 1952-1954, Vol. XI, Part 2, p. 1403.

南部压力的主要目的就是试图削弱阿富汗转向苏联的动机，防范苏联的介入。但此问题同时具有复杂性和危险性：解决不当，有可能招致阿巴双方对美国的怨恨，有可能使阿富汗增强对苏联的政治、经济和军事依赖。

阿富汗是争端的发起者，美国政府加紧对阿富汗展开多方面的外交活动。

（一）在总体平衡基础上压制阿富汗的诉求和立场

有人认为，"美国对解决巴基斯坦与阿富汗冲突的原则就是不偏不倚、采取中立的立场"[1]。不过，深入剖析美国政策可发现，美国是在兼顾阿富汗、巴基斯坦双方利益、保持对两国政策平衡的基础上，倾向支持巴基斯坦，而对阿富汗的基本诉求予以一定抑制的。1954年，美国已与巴基斯坦形成军事同盟关系，巴基斯坦成为美国西南亚地区反苏军事体系的枢纽，可将亚太地区的美日同盟、东南亚条约组织、巴格达条约组织与北约联系起来，构成一条完整的对苏军事包围圈。因而，美国要尽力维持巴基斯坦的稳定和安全，防止横贯苏联南部的军事链条被冲断。同时，阿富汗缓冲国的地位也已经确立，相对于巴基斯坦而言，阿富汗在美国地区战略中的重要性居于次要地位。在美国提供的军事、经济援助方面，阿、巴有很大差别。1954年至1955年，巴基斯坦得到美国1.3亿美元的物资和资金援助，阿富汗仅获得470万美元美国援助。[2] 但是，美国在争端中又不敢完全公开支持巴基斯坦，防止阿美关系彻底破裂，美国依然需要保证阿富汗在苏联、巴基斯坦间的缓冲国作用，否则，美国只能面临在巴基斯坦与苏联交锋的最后抉择，这也是不符合美国利益的。

在实践中，美国挺巴抑阿的主要表现是：

第一，支持巴基斯坦立场，否定阿富汗的主张。1955年2月，美国国务卿杜勒斯表示："阿富汗站在了反对我们的巴基斯坦盟友的一边。在'普什图尼斯坦'问题上支持阿富汗政府意味着导致另外一个友好国家的离开。"[3] 因而，在重要问题上，美国的政策是明确的。1955年6月，美国驻阿大使告诉阿富汗查伊尔国王说，美国认为普什图问题是巴基斯坦内

---

[1] 李晓妮：《美国对巴基斯坦政策研究》博士学位论文，第71页。
[2] Douglas A. Borer, *Superpowers Defeated: Vietnam and Afghanistan Compared*, p. 81.
[3] *FRUS*, 1955–1957, Vol. VIII, p. 165.

政。1956年3月"东南亚条约组织"会议上,国务卿杜勒斯又公开承认杜兰线为阿巴边界线。① 这是美国首次在重大国际场所公开对杜兰线合法性的确认。同时,美国对阿富汗的立场较多地加以否定。1951年7月20日美国国务院就曾指示驻阿大使梅里尔向阿富汗强调:"普什图尼斯坦"在经济或政治上不是一个能独立生存的国家;在当前世界政治条件下,阿富汗政府坚持在"普什图尼斯坦"问题上施压不符合阿富汗的最佳利益和世界和平的实现;"普什图尼斯坦"自治原则在过去20年的实践中已经被证明是很困难的。② 美国认为阿富汗的主张不具现实性,同时暗含对阿富汗的警告。

第二,以"普什图尼斯坦"争端为理由,美国拒绝向阿富汗提供军事援助。从20世纪40年代末到50年代,阿富汗多次向美国提出军援请求,都遭美国拒绝或拖延。美国认为,在巴阿关系紧张时期,向阿富汗提供军事援助是不适宜的。其产生的消极后果将远远超过援助可能给阿富汗带来的好处。美国不得不谨慎从事,延迟计划中可能对阿富汗的军事援助,直到条件更有利的时机出现。对此,有学者认为,如果阿富汗能在"普什图尼斯坦"问题上降低反巴宣传,其要求是可以得到满足的。③ 1955年10月17日,联合情报组(Joint Intelligence Group)在给美国参谋长联席会议主席的一份备忘录中说:"边境部落区没有独立的经济和政治基础;然而,毫无疑问,阿富汗希望通过支持'普什图尼斯坦'的行动最终实现对整个地区的控制。"④

(二)拒绝阿富汗"正式调停"的建议,以"斡旋"方式介入争端

争端发生后,阿富汗多次请求美国正式介入争端,调停纠纷。如1956年12月,阿富汗首相达乌德访问美国时,建议美国接受在未来也许能发挥更大作用的中间人角色。⑤ 对此,美国政府没有拒绝,明确了自己在阿巴争端中将充当"中间人"角色。1957年6月14日,行动协调委员会在行

---

① *FRUS*, 1955–1957, Vol. Ⅷ, p. 221.
② *FRUS*, 1951, Vol. Ⅵ, Part 2, p. 1988.
③ Abdul-Qayum Mohmand, *American Foreign Policy toward Afghanistan*:1919–2001, p. 97.
④ *DDRS*, Afghanistan and Pakistan, Discussion of the Main Issue, Oct. 17, 1955, Document Number:CK3100444565.
⑤ *FRUS*, 1955–1957, Vol. Ⅷ, p. 245.

动纲要中表示:"在外交层次上,美国通过将自己界定为'有帮助的中间人'(a helpful middle-man)角色,做出最大的贡献。作为两国的朋友,美国处于向双方施加影响、促使它们维持建设性态度、并利用机会缓解紧张关系、防止其影响阿巴关系的其他方面的地位。"①

但在具体操作过程中,美国将如何扮演"中间人"角色,美阿间则出现了较大分歧。阿富汗希望美国能进行调停,而美国认可的则是斡旋。在外交学和国际法理论中,"调停"(mediation)和"斡旋"(good office)是有较大区别的两个概念。《奥本海国际法》的解释是:"斡旋是各种有助于促使冲突各国进行谈判的行动;而调停则是当事国间以调停人所提出的建议为基础直接进行谈判。"②斡旋是斡旋者将争端当事方拉到一起,促成谈判行为的发生,斡旋者不直接参与谈判或提出具体的建议和解决方案,谈判的开始即意味着斡旋行动的成功和结束。而"调停"则是指,调停者不仅要将争端当事国拉到一起,还直接参与谈判过程,并为谈判定下基调和计划。因而,调停要比斡旋的介入程度深得多,斡旋是一种有限介入。对于阿富汗的请求,美国的基本政策是:致力于促进双方直接谈判,但不愿参与谈判,认为争端的解决主要、而且只能由阿巴双方协商解决。

阿巴争端发生之初,美国就逐渐形成了这一政策立场。此后,虽然阿富汗政府多次要求美国以正式身份调停阿巴争端,但美国始终不为所动。1953年,尼克松副总统访问阿富汗并与阿首相等举行了会谈,会谈涉及"普什图尼斯坦"问题。美国驻阿大使沃德后来在给国务院的电报中总结了此次会谈的内容。尼克松强调指出:"美国无意卷入'普什图尼斯坦'争端,使阿富汗政府确信,第一,利用美国作为调停者是不可能的;第二,与巴基斯坦的直接谈判是可取的。"③ 1954年10月美国国务院负责阿富汗和巴基斯坦事务的官员尼古拉斯·撒切尔(Nicholas Thacher)曾讲:"我们(美国)认为,促进联合的最好方式是通过直接双边谈判。然而,我们应做出我们能提供的任何帮助促进两国联合一体的设想……美国准备

---

① *DDRS*, OCB outline plan of U. S. operations with respect to Afghanistan, Jun. 14, 1957, Document Number:CK3100094905.

② [英]赫希·劳特派特:《奥本海国际法》下卷(第一分册),王铁崖、陈体强译,商务印书馆1989年版,第6页。

③ *FRUS*, 1952-1954, Vol. XI, Part 2, p 1407.

展开非正式斡旋,帮助两国开展双边谈判,但我们认为,目前的正式介入没有必要。"[1] 1955年5月,驻阿大使沃德报告国务院说,他认为美国参与调解阿巴争端可能是不明智的,建议得到了国务院的认可。5月5日,美国国家安全委员会召开会议,国务院、中情局、军方等不同部门在会上讨论了阿巴关系及美国介入方式问题。会上发生激烈争论,国安会最终决定,不对阿巴争端进行正式调停,美国应以非正式的外交途径促成阿巴争端的解决,"胡佛国务卿(Secretary Hoover)说,美国进行的正式调停可能引起麻烦。美国国务院不会承担这一责任"[2]。其后,国务院据此决议向驻阿、巴使馆发出指令,并要求驻阿大使安格斯·沃德(Angus I. Ward)将美国的政策立场告知阿富汗政府。有限介入政策可给美国留下更大的灵活性和回旋空间,掌握外交主动权,同时可以避免正式调停失败而给美国声誉造成的损害。在回避做阿巴争端的调停者的同时,美国的介入主要表现在向阿富汗或巴基斯坦就争端本身提出直接的意见建议,或通过调整对阿、巴的援助间接施加影响。

阿巴争端的复杂性是导致美国有限、非正式介入政策的重要原因之一。阿巴将涉及国家主权和领土完整的普什图问题视为"零和博弈",都不轻言放弃。美国的强力介入很容易得罪某一方。对此,美国也有清晰认识。1955年5月,美驻阿大使沃德报告国务院说,美国介入调解争端可能遭到巴基斯坦的反对,但拒绝阿富汗的要求无疑将对美阿关系产生严重的不良后果。国务院同意大使的分析,美国不在阿巴争端中扮演调停者角色,要求沃德大使转告阿富汗外长纳伊姆:我们意识到,由于种族和文化的密切关系,阿富汗政府对巴基斯坦普什图人的福利有兴趣。同时,我们也考虑到巴基斯坦政府为西巴建立的政府组织形式是巴基斯坦内部事务,对此,美国和其他国家政府都不能干涉。我们不考虑接受阿富汗政府要美国调停的请求。[3]

(三)推行"有限国际化"政策回应阿富汗的争端"国际化"策略

"有限国际化"政策是指美国一方面支持和推动其他国家介入阿巴争

---

[1] *FRUS*, 1952–1954, Vol. XI, Part 2, pp. 1427-1428.
[2] *FRUS*, 1955–1957, Vol. VIII, p. 181.
[3] *FRUS*, 1955–1957, Vol. VIII, P. 179.

端，为美国分担压力和责任；同时，美国将这种"国际化"严格限定在亲美的地区国家和穆斯林国家中，极力排斥苏联等国的介入，甚至没有将争端提交联合国的意图，以免苏联有介入的机会。NSC5409号文件强调，美国应鼓励对西方友好的穆斯林国家——如土耳其和伊拉克等——调节阿巴争端的努力，加强它们与阿富汗的联系①。在美国默许和支持下，介入阿巴争端的国家主要有伊朗、沙特、土耳其、伊拉克等国。1961年美国国务院指示驻阿使馆说："考虑到沙阿特阿拉伯不断增长的兴趣……国务院相信沙特人应被鼓励尝试解决两国穆斯林国家间的争吵。"②而且，据美国驻土耳其使馆报告，作为阿巴争端调停者的土耳其向阿富汗政府提出一系列具体建议作为"保全面子的手段（face-saver）：（1）一项能实际上将普什图问题搁置十年的协议；（2）阿富汗向美国寻求财政援助，以改善阿富汗在巴基斯坦的运输设施。第一点对于解决当前'情绪性'的僵局仅具有'装饰性'（window dressing）作用，而第二点已经得到巴基斯坦政府的支持"③。但土耳其和沙特阿拉伯等国的调停政策都告失败。同时，美国也努力限制各种国际性、地区性国际组织介入阿巴争端，防止局势复杂化，即使这些组织是美国主导的同盟也不例外。"1960年3月21日，美国国务院为参加即将开幕的中央条约组织委员会会议（4月27日）总结了其在'普什图尼斯坦'争端问题上的立场。国务院解释说，美国对于'普什图尼斯坦'争端的立场是，美国认为这是一个阿巴间的双边问题，中央条约组织在其声明中支持巴基斯坦的任何言论都可能将这一个地方性争端转变为一个'冷战中的热点争端'（inflamed cold war controversy）。"④

（四）努力推动阿巴举行双边高层会谈，自上而下地推动争端的解决

美国努力促成阿巴高层官员的直接互访和会谈，希望首脑会晤能对缓解紧张关系、讨论边界问题和维持正常外交联系等产生积极影响。相比于杜鲁门政府，艾森豪威尔政府在此问题上最大的变化是将双边谈判的重点置于两国的部长、总理、首相等高级官员。经过几年的观察，美国得出结论认为，问题的复杂性仅靠一般性渠道是难以解决的。1956年1月7日，

---

① *FRUS*, 1955–1957, Vol. Ⅷ, p. 237.
② *FRUS*, 1961–1963, Vol. ⅩⅨ, p. 144.
③ *DDRS*, OCB Daily Intelligence Notes, August 1, 1955, Document Number: CK3100329241.
④ *FRUS*, 1958–1960, Vol. ⅩⅤ, p. 342.

美国国务院指示驻阿、巴使馆通知阿、巴领导人,"美国政府确信要尽力促成阿富汗国王和巴基斯坦领导人,及两国首相代表的会见。为此目的,我们应迫使巴基斯坦准备尽早发出卡拉奇会谈的邀请"①。1956年2月24日美国国务院发表名为"'克什米尔'和'普什图尼斯坦'问题"的意见书(Department of State Position Paper),重申美国鼓励阿巴双方尽早举行高层会谈、讨论分歧的意愿。② 在美国等国的努力下,1956—1957年,阿、巴领导人成功实现了互访,缓解了两国关系。1956年8月,巴基斯坦总统米尔扎访问了喀布尔,两国讨论了改善双边贸易的方法,都对美国支持两国关系发展的努力表示欢迎。其后,达乌德访问了巴基斯坦的卡拉奇。最高领导的访问虽然也没能推动问题取得关键性突破,但改善了两国间的紧张关系,营造了推动问题解决的良好氛围。此后,美国继续保持阿巴领导人会晤渠道的畅通。

（五）探寻以加强阿巴经济合作推动政治和解的政策

美国积极鼓励阿巴加强经济合作,推动双方建立更密切的经济关系,加强经济相互依赖,在此基础上探寻政治和解与解决争端的途径。在1955年1月召开的国家安全委员会决定的基础上,美国政府对争端形成一份政策文件,文件确认,"改善阿巴争端唯一适当的原则是促进阿富汗与南部邻国间的合作关系,"该政策以备忘录的形式传达了阿富汗政府。"问题的迫切性要求我们考虑向有利于将阿巴两国拉到一起的合作性的经济项目提供援助,以加强阿富汗抵制苏联诱惑的能力,也将使阿富汗亲近西方。为此目的,我们考虑了3000万美元的对外援助紧急基金。"③ 此外,NSC5409号文件还具体列出了有助于加强两国经济联系的诸多项目,如在卡拉奇为阿富汗建立一个自由港,加强连接阿富汗—巴基斯坦的铁路交通建设和相关运输设备和工具的供应等。④ 美国还表示要加强对此类项目的经济、技术援助。阿富汗、巴基斯坦间的经济合作有利于营造消除"普什图尼斯坦"争端的氛围,两国经济联系的加强还可降低作为内陆国的阿富汗对苏联在贸易通道、产品市场等方面的依赖和苏联对阿富汗的经济影

---

① *FRUS*, 1955–1957, Vol. VIII, p. 216.
② *FRUS*, 1955–1957, Vol. VIII, p. 175.
③ *FRUS*, 1955–1957, Vol. VIII, p. 165.
④ *FRUS*, 1952–1954, Vol. XI, Part 2, pp. 1156-1157.

响。这些政策彰显了美国对阿巴争端的基本立场,此后,美国政府多次重申这一政策。不惟如此,1959年12月,美国预算局(Budget Bureau)在名为"关于印度、巴基斯坦和阿富汗的分析及对美国的政策建议"的报告再次强调,"美国需要采取鼓励地区合作的方法,处理影响三国的问题。……美国驻阿富汗、巴基斯坦的代表应一致鼓励两国停止敌对宣传,作为营造解决分歧的气氛的第一步,建议以共同努力(如解决运输和贸易问题)作为建立合作基础的可能手段"[①]。

三 阿巴争端与美国对于颠覆达乌德政权问题的讨论

阿富汗和巴基斯坦间的"普什图尼斯坦"争端不仅使美国在处理阿富汗问题时面临着严重的困境,还给美国提出了另外的难题:如何认知和对待达乌德政权以及阿富汗王室在阿富汗的统治地位。这个问题的出现,直接源于巴基斯坦政府的一个观点,他们认为,达乌德是解决普什图问题的最大障碍,解决争端的最好措施之一是将达乌德从首相职位上赶走。

(一) 问题的提出

根据美国国务院的《对外关系文件集》记载,巴基斯坦最早向美国谈及迫使达乌德下台的问题是在1955年4月。当时,美国驻阿大使沃德汇报了他两次与巴基斯坦驻阿大使举行会谈的情况。在会谈中,巴基斯坦大使向沃德表示,希望美国和英国能支持迫使达乌德辞职,这样有利于创造全面解决阿巴问题的氛围。因此,他建议,美国、英国和巴基斯坦大使面见阿富汗国王,指出当前阿富汗政策的持续是不可忍受的,唯一的解决办法是阿富汗政府的巨大改变——达乌德辞职以及颠覆阿富汗王室的统治。其后,巴基斯坦政府多次向美国表示了同样的意愿,并根据美国政府的立场,调整其观点,以最大限度地争取美国对其政策的支持。4月18日,美国驻巴大使贺瑞斯·希尔德雷思(Horace Hildreth)进一步向国务院澄清说,巴基斯坦政府不想废黜阿富汗王室,仅希望向查希尔国王提出希望达乌德离职的意见。[②] 5月初,美国驻巴使馆再次报告说,巴基斯坦政府表

---

① *DDRS*, Analysis of India, Pakistan and Afghanistan by Budget Bureau Staff and Suggestions for U. S. Policy, Dec. 2, 1959. Document Number: CK3100166377.

② *FRUS*, 1955 – 1957, Vol. Ⅷ, p. 174.

示,"如果阿富汗国王解除达乌德的首相职务……会开始阿巴关系的新篇章"①。

巴基斯坦提出这个问题后,美国驻阿使馆也立即跟进,对巴基斯坦的观点予以支持。如1955年4月,沃德大使赞同巴基斯坦大使的建议,强调,"形势的极端严峻证明我们的直接行动是正当的,因此,希望土耳其、英国大使(尚未与他们讨论此事)和我被授权集体向阿富汗国王提出此意见"②。

(二) 美国对此问题的认识和影响因素

20世纪50年代,美国对于颠覆别国、特别是第三世界国家政府的做法并不陌生,而且有过多次成功的记录,如1953年颠覆伊朗的摩萨德政府。因而,在技术和道德方面,美国去除达乌德政权是没有障碍的,关键是美国是否有这样的考虑。从更高的角度看,颠覆达乌德政府不仅与解决"普什图尼斯坦"争端有关,而且还直接涉及美国将与一个持何种对外政策的阿富汗政府交往的问题。

1955年,接到沃德的通告后,由于时间紧张,美国国务院未及讨论如此重大的问题。在4月12日的回电中,国务院回避了达乌德政权的存废问题,同意沃德大使拜会阿富汗国王的建议,但国务院拟定了几点意见,要沃德当面转达阿富汗国王,其中完全没有涉及达乌德的去留问题。国务院只是希望阿富汗对争端保持克制,防止局势恶化,"美国认为,阿富汗政府有责任抑制其国内影响阿巴争端解决的消极因素,并尤其对外交人员遭受的侵害表示困扰和震惊……我们希望阿富汗政府尽最大可能修正其与巴基斯坦政府和人民的关系"③。

经过一段时间的研讨,美国国务院决定,不支持巴基斯坦颠覆达乌德政府及阿富汗王室的立场,并对此类观点和活动加以约束。1955年4月16日,国务院在给美国驻巴基斯坦使馆的电报中明确表示:"美国理解巴基斯坦对局势的深刻关切,但我们认为,驱逐阿富汗王室而又没有备选的能维持稳定并奉行与邻国合理关系政策的政权,将会导致不确定状态及类似

---

① *FRUS*, 1955–1957, Vol. Ⅷ, p. 183.
② *FRUS*, 1955–1957, Vol. Ⅷ, p. 170.
③ *FRUS*, 1955–1957, Vol. Ⅷ, p. 171.

于过去无政府状态的骚乱。而且，今天的形势甚至比过去更危险，因为其北部更富有侵略性的邻国一直寻找机会结束阿富汗的独立地位。"①

在此过程中，面对国务院的消极态度和反对意见，对颠覆达乌德政府持支持立场的美国驻阿使馆在对阿富汗局势进行深入分析后，也逐渐调整了此前的政策。1955年5月24日给国务院的电报中，沃德大使总结了美国政府处理达乌德政权问题时面临的数个可能的政策选择。一方面，沃德对达乌德政权仍持反对态度，他强调，"达乌德掌权对美国在这一地区的利益是不利的，因为它可能导致阿富汗与苏联更密切的联系，以及长期的阿巴对抗。使馆认为，达乌德不值得美国予以支持"。但另一方面，沃德也认识到，反对达乌德政权可能会使美国"卷入实质的冒险中"。巴基斯坦政府曾试图以封锁边界、进行经济制裁的方式对达乌德施加压力，制造阿富汗国内经济的困难，试图以此激发阿富汗民众对达乌德的反对而使其下台。但沃德发现，"达乌德经受了施加于他的所有压力，每次经历后都比以前更加强大"。在"普什图尼斯坦"问题上，达乌德的强硬立场不仅得到阿富汗民众的拥护，而且得到了大支尔格会议的支持，"5月，使馆认为，如果去除达乌德……的努力可能有50%成功的机会。使馆认为现在成功的机会更少了。达乌德现在得到了大支尔格的支持，通过苏联的公开运输路线，及替换了国防部长使他更有效地控制了军队"②。因而，沃德在无奈中最终得出结论认为："对美国或巴基斯坦而言，在要达乌德倒台的思想主导下的行动是极其不现实的。除非美国准备联合巴基斯坦，以一场全力以赴的运动剥夺达乌德的职务。……使馆坚信，我们必须接受达乌德政权的现实。……表明我们的政策或以任何方式鼓励巴基斯坦都将是一个明显的错误，会使我们付出高昂的代价。"③

至此，美国国务院和驻阿富汗使馆在保留达乌德政权问题上达成一致，美国对达乌德政权去留的决定正式形成。1956年11月，行动协调委员会在《"美国对南亚政策"（NSC5409）进展报告》中再次重申，"对巴基斯坦可能通过危险的阴谋反对阿富汗统治者的方式解决其与阿富汗争端

---

① *FRUS*, 1955–1957, Vol. VIII, p. 174.
② *FRUS*, 1955–1957, Vol. VIII, p. 208.
③ *FRUS*, 1955–1957, Vol. VIII, p. 209.

的倾向，美国将不得不施加其所能做到的限制"①。

冷战爆发后，美国政府就对阿富汗国内政局走向和政体特点等进行过评估，作为美国发展与阿富汗关系的参考。杜鲁门政府一度对阿富汗君主制表示了厌烦和不满。1951年2月21日，美国国务院在名为《美国对阿富汗政策》的声明中讲："阿富汗经济、社会的进步被一个保守的、反动的统治团体所阻挠。因此，我们应该鼓励受教育的、自由主义的阿富汗人群体的扩大，同时，谨慎地避免给人留下任何我们希望一个特定政权永久存在的印象。"②不过，阿富汗在美国冷战战略中较低的地位及其事态发展尚不至于促使美国采取行动立即变更其政权。艾森豪威尔就任后，一度将阿富汗的战略地位提升，稳固的、对美国保持亲近的阿富汗君主政府是一个较优选择，因而，艾森豪威尔政府没有再做出类似杜鲁门政府对阿富汗政体发展趋势的认识。

但现在这一问题被巴基斯坦政府直接提了出来，而且，巴基斯坦还有将其付诸实践的意思，不得不引起美国政府的高度关注。因为从根本上讲，阿富汗政权的非正常变更可能影响到南亚地区的稳定，而在美国诸多的南亚战略构想中，保持地区稳定和地区内国家间的良好关系是其核心内容之一。除美国的南亚战略理念导致艾森豪威尔政府不会赞同巴基斯坦的政策外，影响美国政府形成这一决定的其他主要因素还有：

第一，达乌德在国内统治地位稳固，获得广泛支持，无法轻易颠覆。达乌德就任阿富汗首相后，以两种方式唤起了阿富汗社会对他的支持和期待，一是借助"普什图尼斯坦"问题激发了阿富汗民众的民族主义情绪，二是引入苏联援助大大推动了阿富汗的经济发展。1955年4月21日的国家安全委员会会议上，中情局局长艾伦·杜勒斯讨论了"普什图尼斯坦"问题。据说，阿富汗国王可能解除达乌德首相的职务，因为后者的煽动性言论要为这些事件负责。然而，杜勒斯认为，国王缺乏足够的力量和信心撵走达乌德。1956年1月10日的《国家情报评估》（National Intelligence Estimate，NIE 53-56）也指出："达乌德已经获得了在政治上有重要影响的有限圈子里的阿富汗人对其政策的支持，在可预见的将来，达乌德不可

---

① *FRUS*, 1955–1957, Vol. Ⅷ, p. 8.
② *FRUS*, 1951, Vol. Ⅵ, Part 2, p. 2012.

能被解职。"①

第二，对达乌德被颠覆后的阿富汗出现一个什么样的政府没有把握。美国观察到，阿富汗王室内部意见不一，处于分裂状态，短期内难以找到一个如达乌德般的强力人物维持阿富汗政局的稳定。1955年6月24日，国务院在给驻阿使馆的电报中指出："我们看到当前缺乏任何削弱达乌德的实质性证据，缺乏可能的后继者，缺乏国王会替换达乌德的真实证据。"② 驻阿使馆也指出了这一点，沃德向国务院汇报说："阿富汗国王已经证明他自己是虚弱的。很少或几乎没有有力的证据表明他试图与达乌德的政策分离，或采取强硬立场反对他。他看起来更像是达乌德的囚犯。……（与达乌德素有矛盾的）国王的叔叔不能领导反对达乌德的运动。"③

第三，担心苏联会乘机扩大在阿富汗的渗透和影响。阿富汗与苏联共有漫长的国界使苏联对阿富汗发生的重大事件非常敏感。美国担心刚刚在阿富汗取得立足之地的苏联对西方主导的、推翻日益亲苏的达乌德政权的反应将是激烈的，而且，苏联有可能乘机进一步扩大对阿富汗的控制。1955年5月，国务院指示驻巴使馆并转告巴基斯坦政府关于美国不支持去除达乌德或阿富汗王室的考虑是，"在我们看来，在没有一个替代政权的情况下驱逐阿富汗王室很可能导致蔓延全国的骚乱，其结果将是诱使苏联采取干涉行动"④。

1958年6月，达乌德受邀访问美国，象征着美国政府已经接受了达乌德政权。7月伊拉克发生的流血政变再次巩固了美国对达乌德政府政治统治合法性的认可。伊拉克政变不仅导致了亲西方政府的崩溃，而且引起了美苏新的冲突和对抗。政变发生后，美国驻阿大使馆向国务院递交了一份急件，分析了伊拉克事件可能对阿富汗政局发展以及可能对美国的阿富汗政策的影响。使馆在文件中向国务院明确表明："我们得出结论，虽然（阿富汗）现政权是不受大众欢迎的，但它在目前是比其他任何可能选项最好的……如果这些思考是有效的，则美国政府的政策必须是维持对现政

---

① *FRUS*, 1955–1957, Vol. Ⅷ, p. 218.
② *FRUS*, 1955–1957, Vol. Ⅷ, p. 188.
③ *FRUS*, 1955–1957, Vol. Ⅷ, p. 208.
④ *FRUS*, 1955–1957, Vol. Ⅷ, p. 180.

权的支持，就好像我们以前做的那样，……如果现政权被推翻，将很有可能导致一股憎恨的狂热横扫全国，也将把那些援助过现政权的国家卷进去。这无疑将波及美国。如果新政权是由苏联主导或控制，则美国将没有任何希望获得影响力。"① 使馆的意见得到了国务院和美国政府的认可，至此，美国政府在颠覆达乌德政权问题上的讨论告一段落，美国在承认其合法性的基础上，继续与其发展正常的外交关系。

在拒绝了巴基斯坦关于颠覆达乌德政府的意见后，美国也试图安抚巴基斯坦，主要方式是要求阿富汗政府改变在"普什图尼斯坦"问题上的激进政策，同时向巴基斯坦政府解释美国不同意颠覆达乌德政府的基本理由。

（三）艾森豪威尔政府介入政策的特点

促使美国政府介入阿巴争端的原因主要有四个，一是阿富汗推动争端国际化的立场加速了美国介入政策的形成；二是平息阿巴争端、稳定南亚局势、加强阿富汗经由巴基斯坦与西方世界的关系是美国介入政策的重要考虑；三是消除苏联利用阿巴争端谋取私利的机会。最后一个原因是美国对阿巴争端政策的基本出发点。美国认为，阿巴争端是苏联可能利用的极好借口，苏联会趁机拉拢阿富汗，使巴基斯坦、美国的利益处于苏联直接压力下。防止此局面出现的主要措施就是弥合阿巴分歧，消解两国矛盾，减轻阿富汗的南部压力，降低阿富汗寻求苏联帮助的动机。1951 年 3 月，美国政府官员指出，阿巴边界地区的政治动荡、两国的敌对宣传和相互不信任增加了南亚地区面对国际共产主义渗透的脆弱性。只有苏联才能从持续不止的阿巴分歧中获益，希望两国政府能达成协议。② 1954 年 7 月，美国驻阿大使在与阿富汗副外长阿齐兹会谈时表达了对"普什图尼斯坦"争端长期持续的关注，并再次强调指出苏联介入的危险：在朝鲜和印度支那问题达成协议后，苏联集团可能会利用这个地区加以努力，以军事和财政援助手段公开支持"普什图尼斯坦"的动荡。③

在解决阿巴争端过程中，具体而言，美国的介入政策体现出了几个突

---

① FRUS, 1958–1960, Vol. XV, p. 238.
② FRUS, 1951, Vol. VI, Part 2, p. 1670, p. 1959.
③ FRUS, 1952–1954, Vol. XI, Part 2, p. 1412.

出特点。

美国政策的主观愿望与客观结果间的矛盾。美国对阿巴争端发展趋势的认识不时出现矛盾之处。美国一方面努力推动阿巴争端的解决，表明美国对问题的解决保有希望。但1954年10月的《国家情报评估》报告（NIE53-54）却表达了另一种认识：被"普什图尼斯坦问题"主导的阿巴关系改善的机会极为微小。① 此种矛盾态度对美国政策产生了一定的消极影响，使得美国对阿巴争端政策的主观愿望与客观结果间也产生了明显矛盾。而"目标与行为脱节，理想与现实错位，这便是杜鲁门以及整个美国对外政策的悲剧"②。具体到"普什图尼斯坦"争端问题上，一方面，在主观上，美国期望通过有限介入实现阿富汗、巴基斯坦以和平协商解决争端，消除苏联的机会；但另一方面，在实践中，美国政策执行的客观结果却与之产生了矛盾。美国奉行的偏向巴基斯坦、抑制阿富汗的政策结果是增加了阿富汗对美国的不满，转而求助苏联。"在美国和伊朗表示无意相助之后，阿富汗不得已而转向苏联。"③ 苏联对阿富汗的政策转向予以道义、物质的巨大支持。苏联的支持强化了阿富汗在"普什图尼斯坦"争端上的强硬政策，增加了美国调和争端的难度。1954年10月，美国《国家情报评估》报告指出，当大部分国家反对阿富汗的建议时，来自印度、可能还有来自苏联的秘密支持看起来鼓励了阿富汗坚持其要求。④

在争端中，美国处理对阿政策的过程也受到除苏联外的其他国家的牵制和影响。"普什图尼斯坦"争端本质上是巴基斯坦、阿富汗两国的问题，但由于争端与冷战同步发生及西南亚国际关系的复杂性，该问题迅速出现国际化、冷战化特点。除美国、苏联、英国、印度、伊朗、土耳其、沙特阿拉伯等国家不同程度地介入阿巴矛盾，试图从中谋求和实现本国利益。各国立场鲜明，英国站在巴基斯坦一方，印度则多次支持阿富汗的立场，伊、土等国的立场则相对更为中立。1954年，印度政府表示，阿富汗应该使"普什图尼斯坦"问题国际化，而不仅在两个穆斯林国家间解决。如果这样，印度保证阿富汗会得到印度、苏联集团和"亚洲集团"的支持。在

---

① FRUS, 1952–1954, Vol. XI, Part 2, p.1424.
② 王玮、戴超武：《美国外交思想史，1775—2005年》，第354页。
③ 彭树智、黄杨文：《中东国家通史·阿富汗卷》，第234页。
④ FRUS, 1952–1954, Vol. XI, Part 2, p.1424.

此背景下，美国对阿巴争端的任何政策，都要考虑到相关国家的立场、利益诉求和可能的反应，不可避免地会导致美国政策的犹豫不决。

美国坚持以双边方式推动争端的解决，即：美国国务院官员或驻外大使分别与阿富汗和巴基斯坦政府官员接触，表达美国对争端的立场，说服阿富汗或巴基斯坦政府改变政策。美国极少将阿富汗和巴基斯坦人聚合到一起，举行三边讨论，而这种三边讨论会模式在后来美国调节阿以争端时是常见的。在美国看来，这种介入形式已经相当正式了，与美国有限介入的原则相悖。

美国重视对阿富汗最高领导人的外交努力，推动阿富汗在争端中采取更灵活的立场。美国政府认为，阿富汗应该为争端的爆发和激化负有主要责任，阿富汗是解决争端的关键因素。因而，艾森豪威尔政府借助不同级别的渠道，对阿富汗展开外交活动。除双方政府官员的一般性交流外，首脑外交——如首脑会晤、首脑通信等——也是美国对阿富汗开展工作的重要手段。在几乎所有的美国和阿富汗政府的部长级以上会谈中，阿巴关系或"普什图尼斯坦"问题都会成为其内容之一。此外，艾森豪威尔总统和查希尔国王还频繁通信，交流彼此的立场和观点。例如，1955年10月20日，阿富汗驻联合国大使卢丁向艾森豪威尔总统转交了查希尔国王的一封信，信件在解释阿富汗的立场同时，呼吁美国介入调停阿巴纠纷。艾森豪威尔予以了积极回应，表示"将尽其所能促进阿富汗和巴基斯坦间的相互理解，并咨询国王关于他对美国介入方式的意见"[①]。更主要的是，艾森豪威尔在与阿富汗国王的信件往来中表达的一个主要意思，是试图推动巴基斯坦总统和阿富汗国王的会晤，并将会面计划"试探性地安排在了1956年6月1日进行。我们将鼓励此次会晤在解决突出问题上能取得尽可能多的进展"[②]。20世纪50年代末，当阿巴关系再度趋于紧张时，1960年10月，阿富汗国王也再次向美国总统艾森豪威尔转交亲笔信，呼吁美国的调解。[③]

驻外使馆及外交人员作用明显。在推动争端解决和沟通阿富汗、巴基

[①] *FRUS*, 1955–1957, Vol. Ⅷ, p. 199.

[②] *DDRS*, Afghanistan, Expansion of Soviet Influence In, and U. S. Countermeasures, NSC5409 May 11, 1956, Document Number：CK3100428290.

[③] *FRUS*, 1958–1960, Vol. ⅩⅤ, p. 366.

斯坦立场方面，美国驻外使馆及一线外交官较好地履行了其职责，发挥了重要作用。一方面，他们与美国国务院保持密切交流，将阿巴争端的最新进展及影响传递回国内，为决策者提供了大量有效信息和政策建议；另一方面，一线外交官充当着美国政策的主要执行者和效果反馈者。他们代表美国政府与驻在国政府深入细致地讨论相关问题，传达和解释美国的政策与意图，推动美国政策的执行和落实。甚至很多时候，美国驻阿、巴大使还开辟了单独交流的渠道，两位大使不定期会晤，并保持密切的电报联系，在阿巴两国未能启动直接谈判时，美国大使交流机制某种程度上起到了沟通阿巴立场的作用。如1958年10月30日，美国驻巴大使詹姆斯·兰利（James Langley）访问喀布尔，美国两位驻外大使就所驻扎的两个东道国间的关系问题的交流。而且，驻阿大使米尔斯陪同驻巴大使拜访了阿富汗外长纳伊姆，兰利向纳伊姆介绍了巴基斯坦国内情况，同时建议阿富汗邀请执政不久的巴基斯坦新总统穆罕默德·阿尤布汗（Ayub Khan, Mohammd）访问阿富汗："兰利说，如果阿富汗政府在适当时机邀请阿尤布访问喀布尔，阿富汗将得到丰富回报。"[1]

总之，20世纪40年代末到50年代末，"普什图尼斯坦"争端呈现波浪式发展特点。在此过程中，美国基于自身利益全程介入，其政策对缓解阿巴紧张关系、推动争端解决起到了一定积极作用。但总体而言，美国对巴阿争端的有限、非正式介入政策没有产生实质性作用。美国基本是以建议者的身份，通过美阿或美巴等双边途径传递意见，没有真正地以调停者身份召集巴、阿领导人举行三边磋商。此种特点决定了美国介入政策的效果有限：既没有阻止苏联势力介入争端和向南发展，以真正实现本国利益，也没有促成阿巴争端的解决，该政策的长期延续给两国国家利益和民众情感造成了巨大而持久的损伤。

本章小结

美国对苏冷战战略从根本上决定了在"普什图尼斯坦"争端中美国对阿富汗政策的制定及调整。美国政策的出发点是冷战利益，而不是协助阿富汗和巴基斯坦解决地区纠纷的考虑，将美国的国家利益置于了优先于解

---

[1] *FRUS*, 1958–1960, Vol. XV, p. 246.

决他国问题的地位,往往忽视其他国家的利益关切。冷战发生后,在处理很多地区问题和第三世界国家间纠纷时,美国政策的主导理念基本如此。例如,美国与巴基斯坦结盟是针对苏联的政治、军事举措,但巴基斯坦则将印度对本国安全的威胁置于首位,并将巴美联盟作为抗衡印度的工具,"巴基斯坦重视与美国的同盟关系,但首先将其作为反对其地区敌人——印度的一种主要手段"[1]。美国和巴基斯坦两国的安全利益在此出现明显偏差。美国认为,阿巴争端是苏联可以利用的极好借口。苏联会趁机拉拢阿富汗,破坏其缓冲和中立地位并将其纳入苏联轨道内,使美国的地区利益处于苏联直接压力下。但由于阿巴矛盾的不时激化及美国屡次拒绝阿富汗要其强力干预的请求及美国对巴基斯坦提供的外交、经济和军事援助,阿富汗压力陡增,产生一种虚弱感、孤立感、挫折感和幻灭感,"转向苏联寻求援助"[2],阿苏关系迅猛发展。面对苏联介入的既成局面,美国的应对主要是加快阿巴关系的改善,同时加强对阿富汗的援助力度。

---

[1] Odd Westad and Melvyn Leffler, *The Cambridge History of the Cold War*, Vol. 1, p. 299.
[2] *FRUS*, 1958 – 1960, Vol. XV, p. 272.

结　　语

多年来，对于冷战时期美国对阿富汗政策的利弊得失，学者们意见纷纭，但总体而言，对美国政府的负面评价和批评之声居多，但这种"负面"评价，又有很深的"怒其不争"之意，所以，很难说是公正的评价，如上文提到的波拉达、盖尤姆等人都持此种立场。麦克·格林在著作中也表示，"如果美国在1954年后一直介入，给阿富汗提供像伊朗一样的技术、军事训练，稳定阿富汗经济，可以确信，1979年苏联入侵阿富汗的事件就不可能发生"[①]。但客观地看，虽然冷战时期美国对阿富汗的政策不可避免地存在失误，但也许不应受到如此猛烈地抨击。虽然杜鲁门政府的对阿政策不成体系，但艾森豪威尔政府的对阿政策对于整个冷战时期的美国政策则具有开创性、奠基性作用，因而，对其进行重点分析和评述有利于更全面地认识冷战时期的美国对阿政策。

一　关于杜鲁门政府对阿富汗政策的评价

在政策的制定和实施过程中，杜鲁门政府对阿富汗政策有不足，也有长处，我们应该予以客观、全面地认识。

首先，在不足方面，有学者认为，面对苏联尚未全面进入阿富汗的机会和阿富汗向美国的积极示好，杜鲁门政府漠然处之，错失了主导阿富汗局势的机会。"作为这一时期产生的友好关系的结果，战后最初几年对美国来说是一个巩固与阿富汗关系的巨大机会——一个被忽视、冷漠和无能

[①] Mike Green, *The Whole Truth about the U. S. War on Terror*, Waldwick, New Jersey: Newmedia Publishing, 2005, p. 16.

的外交浪费的机会。……由于拒绝了在阿富汗未来经济发展中发挥广泛的作用，美国外交浪费了一个重要的政治资源，并为20世纪50年代苏联对阿富汗的经济入侵打开了大门。"① 这种认识反映了杜鲁门政府对阿富汗政策的客观结果。但这种结果的形成有其特定的历史背景和具体原因。历史地看，虽然杜鲁门政府的冷战战略宣称要在全球范围内遏制苏联的扩张，但事实早已表明，杜鲁门的遏制其实是一种"有限遏制"，即将遏制重点置于关系美国利益最密切的地区，刚结束大战的美国面对实力空前强大的苏联，无论从资源分配还是民众心理来说，全面遏制是有困难的。因而，在其任期内，杜鲁门政府没有向阿富汗大量地提供有重要意义的军事援助；在经济上，阿富汗也获利不多。

而且，杜鲁门政府的对阿援助还体现了美国对外援助的一个通病，即在提供援助过程中，美国政府过于强调和重视本国利益，时刻将本国利益置于首位，而忽视受援国的真实需要，从而严重影响美国援助的效果。这方面的典型例子是美国援建阿富汗的赫尔曼德河谷工程。该工程由美国公司负责。1948年，阿富汗国民经济部长访问美国寻求经济援助，准备的是一个"构想完善的、完整的经济发展计划"。但作为贷款提供者的美国进出口银行"完全不理解马吉德计划的复杂性，试图资助摩里逊公司的新计划。马吉德对此抗议说，对长期的灌溉系统的大规模投资将导致发展的不平衡，并产生严重问题"。马吉德的反对没有任何作用。"他的预言证明是正确的。很多年中，赫尔曼德工程成为一只'白象'（white elephant），且成为阿美关系中持续的摩擦源。"②

从总体上看，杜鲁门政府对阿富汗政策缺乏系统规划，动机不明朗，战略目的不精确，对于美国要在阿富汗实现怎样的政策目的缺乏深刻论述。是将阿富汗纳入己方阵营还是保持并巩固其中立地位，在杜鲁门政府的相关文件中都没有涉及。这些不足反应在对阿富汗的援助上，就是杜鲁门政府对阿富汗政策及其实施较为零散、无序。

其次，任何事物都是双面的，杜鲁门政府的阿富汗政策虽有一定不足，但也有很多新颖之处，对此后的美国对阿富汗政策产生了一定积极

---

① Leon Poullada, *The Road to Crisis*, 1919–1980, p. 41.
② "白象"意为外表好看但没有实际效用的事务，Leon Poullada, *The Road to Crisis*, 1919–1980, p. 41.

影响。

第一，在对阿富汗提供物资援助的同时，杜鲁门政府还初步认识到在阿富汗开展舆论宣传、信息活动和公共外交的重要性，以塑造美国在阿富汗社会和民众中的良好形象。1951年美国国务院对阿富汗政策声明讲道："基于阿富汗政府的限制性政策和阿富汗社会普遍的文盲状态，美国的信息活动仍然有限。但美国在喀布尔从事的信息和教育交流计划（United States Information and Educational Exchange Program，USIE）能够而且确实分发了相当数量的亲美材料，主要是带有图例的小册子、杂志和照片。只面向小部分观众和学生的美国电影放映一直是成功的，人员交流计划将会使相当大一批阿富汗领导人和学生来到美国。"[①] 此外，还有美国人以教师身份在阿富汗从事工作，他们也是一批潜在的传播美国思想和影响的群体。杜鲁门政府曾意图在阿富汗进一步扩大信息和人员交流计划，强化美国软实力对阿富汗的潜移默化作用，在阿富汗整个社会——从最高层到普通民众——中培育对美国的亲和力。

第二，杜鲁门时期，美阿关系的发展主要受双边因素制约，地区因素或其他大国因素对美阿关系的影响较为有限。苏联作为影响美阿关系的外部力量虽已初步显现，但作用不明显。巴基斯坦作为影响美阿关系发展的重大因素的地位也未成型。杜鲁门时期，阿巴矛盾已经出现，但尚未激化为两国关系的全面危机。对苏联的敌意和戒备心理主导了此时期阿富汗对外政策考量。阿富汗意图利用美苏冷战实现本国利益，通过加强与美国及其西南亚盟国或友好国家的关系，获取美国援助，增强抵制苏联压力的实力。虽然自20世纪以来，英国一直是影响美国对阿富汗政策的重要外部因素之一，但1947年英国自南亚撤退后，其对南亚地区和阿富汗的关注度必然呈下降趋势，虽然它不可能在短期内消失。

可以说，杜鲁门政府的政策开启了二战后美国对阿政策的新起点。其含义是，在杜鲁门政府时期，美国对阿政策开始有了新内容、表现出新特点，冷战笼罩了美国的对阿政策，使其具有了冷战色彩。但之所以说杜鲁门的对阿政策仅是一个"新起点"而没有进入"新阶段"，一个最重要的原因是，美国与苏联尚未在阿富汗形成全面竞争关系，杜鲁门政府的政策

---

① *FRUS*, 1951, Vol. Ⅵ, Part 2, p. 2005.

只是从20世纪50年代到70年代美国对阿政策的"开胃菜"。"1946年到1954年间，美国没能对一个友好的、亲西方的阿富汗的内在经济和安全需要做出反应，没能理解'普什图尼斯坦'对阿富汗政治局势的影响，为苏联成功地向阿富汗渗透创造了条件。"① 总之，杜鲁门政府的阿富汗政策是消极的、冷淡的。杜鲁门政府的阿富汗政策确立了美国对阿政策的一个基本原则，即美国不与阿富汗建立任何形式的联盟关系，又要维持与阿富汗最低限度的联系，保持美国对阿富汗的影响力的存在，抵消苏联的影响。

二 艾森豪威尔政府对阿富汗政策的历史评价及其影响

（一）艾森豪威尔政府对阿富汗政策的核心内容

根据上文所述，艾森豪威尔政府对阿富汗政策的核心政策原则可以总结为"维持均衡但不谋求优势"。这是一种基于非对称基础上"维持现状"的政策，既不谋求突破，也不会从阿富汗后退，从而形成了与苏联在阿富汗竞争的均衡格局。它总体上体现的是一种保守有余、突破不力的局面。这一政策原则在艾森豪威尔第一个任期内形成，在其第二任期趋于完善，在20世纪60年代到70年代巩固成型。这个政策立场的形成并非一帆风顺，而是在经历了一段时间的探索、挫折、调整后逐渐确立的。该政策意味着美国在阿富汗保持一定影响力的同时，承认和尊重苏联在阿富汗享有优势地位。它不会对苏联形成强烈刺激而促使其铤而走险，不会采取冒进性政策破坏阿富汗的中立，打破地区局势的稳定。有学者对冷战时期美国的对苏政策曾进行过这样的界定，"美国在美苏对抗中并非出于步步紧逼的主动态势"②。冷战初期，美国对阿富汗的上述政策原则恰好体现了美国外交的这一特点。当然，"维持均衡但不谋求优势"的政策需要决策者对形势进行认真准确地认知和理性地决策，并据此制定实施自我克制的政策，这类似于造成并长期维持一架倾斜的天平，既要让它保持一定倾斜度，又不能失去平衡，对操作者是有相当大的难度的。

一直以来，冷战时期的美国对阿政策不断遭到各国学者的批评，这些

---

① Leon Poullada, *The Road to Crisis*, 1919-1980, p.43.
② 王玮、戴超武：《美国外交思想史，1775—2005年》，第351页。

学者来自美国、苏联（俄国）、印度、阿富汗等多个国家。很多人的批评都指向一点：美国对阿富汗不够重视，对苏联的行动遏制力度不足，因而未能阻止1979年战争的爆发。但本书对此种观点不敢赞同。根据多方面资料，冷战时期美国对阿富汗的援助规模和领域确实是有限的，与苏联相比有很大差距。但不可否认的是，在阿富汗内政外交的很多重要问题上，美国并非完全不顾及阿富汗的利益和考虑而一意孤行，只不过很多时候，美国的对阿政策受到了对巴、对伊政策等抑制，但不能说明美国对阿富汗放任不理。例如，在阿巴争端中，美国虽倾向于巴基斯坦，但没有完全站到巴基斯坦一边对阿富汗肆意打压。此外，如果说重视阿富汗的一个表现是美国援助的规模和性质，美国在阿富汗奉行与苏联同等规模的援助计划，则一个假设将出现：苏联是否会因此而更早、更明显地感受到美国势力逼近本土带来的压力和安全威胁，从而采取力度更大的反措施制衡美国，双方在阿富汗进入冷战的恶性循环，则战争可能会更早地降临到这个内陆山国。

美国国际关系学者约翰·沃洛扬特斯在其著作《怀柔霸权：1944—1974年间的芬、苏关系——软势力范围理论的个案研究》中对美苏与小国的此种特殊关系格局进行了理论概括，将其称为"软势力范围"（The Soft Sphere）。[①] 该书对"软势力范围"的界定是："软势力范围国家享有更大程度的独立，拥有更实际而非名义的主权；这种独立通常由它保有自己选择的经济和政治制度所证明，它的政治功能不受干涉或发号施令的威胁而自由地运作；但是势力强大的国家一直宣称在该国有利害关系，并对那里发生的和即将发生的一切予以持续的关注。因此虽然该国处在强国发号施令的集团之外，但却是这个强国的'软势力范围'，在政治上接受或提出一系列适应强国的措施，以便正式地或非正式地建立某种依赖，这种依赖是它愿意忍受的，以避免被征服或更直接的统治。它们之间的关系可称之为'软势力范围关系'。"[②] 有学者将这一概念用于分析冷战时期苏联和芬兰的关系，但这一概念用于冷战时期的苏联与阿富汗关系同样适用。美国

[①] John P. Vloyantes, John Peter, *Silk Glove Hegemony: Finnish – Soviet Relations, 1944 – 1974: A Case Study of the Theory of the Soft Sphere of Influence*, Kent, Ohio: Kent State University Press, 1975.

[②] 纪胜利：《美国对芬兰政策研究，1945—1960》，博士学位论文，东北师范大学，2008年，第5页。

政府也认可了阿富汗相对于苏联而言的这种"软实力范围"。"维持均衡但不谋求优势"可以认为是艾森豪威尔政府对阿富汗作为苏联"软势力范围"的一种认可和尊重。

"维持均衡但不谋求优势"政策是艾森豪威尔政府在对杜鲁门政府的阿富汗政策扬弃基础上发展形成的。无论在国家战略还是对阿富汗政策方面,艾森豪威尔政府都不同程度继承了杜鲁门政府的某些理念,但变迁是更明显的、更主要的。在对阿政策方面,相对于杜鲁门政府而言,艾森豪威尔政府最大的进步是对阿富汗在美国冷战战略中的地位进行了明确的界定,及在此基础上,形成了内容较完备、重点突出、手段灵活多样的政策体系。

(二) 艾森豪威尔政府对阿政策评述

艾森豪威尔政府对阿政策取得一定成效,主要表现是:

(1) 美国以远低于苏联的物资耗费和代价,维持了在阿富汗的长期存在,并成功地抵消着苏联在阿富汗的影响,保证了美苏在阿富汗的均衡格局不致颠覆,避免了阿富汗倒向苏联。1951 年后,美国给予阿富汗大约 3.25 亿美元经济援助,用于阿富汗空军和陆军军官在美国接受军事训练的拨款约为 100 万美元。而 1955 年后,苏联对阿富汗的经济援助规模几乎是美国的两倍,还提供了 1 亿美元或更多的军事援助。[1] 另有数据表明,从20 世纪 50 年代中期到 70 年代末,苏联对阿富汗提供的各项援助数额更是数倍于美国援助的规模,"从 1956 年到 1978 年,苏联向阿富汗提供了 12.65 亿美元的经济援助和将近 12.5 亿美元的军事援助,而美国提供了 5.33 亿美元的经济援助。同期,3725 名阿富汗军官——大部分来自精锐的空军和陆军装甲部队——在苏联受训。……同期,阿富汗军官也在美国上了 487 门各项课程"[2]。

(2) 艾森豪威尔政府确立的对阿政策避免刺激苏联采取过激行动,美、苏始终以和平方式在阿富汗展开竞争,成功地回避了战争等暴力行为的发生,在很长时期内维持了阿富汗稳定、和平的局面,在很大程度上避

---

[1] *DDRS*, Brief history of Afghanistan; includes biographic data on Ambassador Abdul Majid, Mar. 27, 1979, Document Number: CK3100172293.

[2] Barnett R. Rubin, *The Search for Peace in Afghanistan: From Buffer State to Failed State*, New Haven and London: Yale University Press, 1995, p. 22.

免了美国和苏联在阿富汗兵戎相见。也是在此意义上，艾森豪威尔政府的对阿政策及其在后续历届政府中的实施，将苏联对阿富汗的入侵战争推迟了数十年。

（3）通过对阿富汗持续、全方位的援助和渗透，美国成功阻止了苏联完全控制阿富汗局面的出现，成功地将苏联势力封闭在印度洋之外。

艾森豪威尔政府对阿政策的困境。艾森豪威尔政府的对阿政策虽营造了一种非对称式均衡格局，但同时也因为阿富汗和巴基斯坦间的"普什图尼斯坦"争端而陷入困境。面对着一个至关重要的盟国和一个有重要意义的缓冲国间的矛盾和冲突，持何种政策立场是对美国政策决策和实施的一大考验。奉行对哪一方的支持以及如何把握支持的"度"，对领导者是一种挑战。在调和阿巴矛盾过程中，美国既想促使问题在阿、巴和美国都能接受的利益范围内解决，又不得罪阿富汗和巴基斯坦任何一方，结果陷入一种政策困境。其实，无论是冷战期间还是冷战结束后的今天，利益遍及全世界的美国在处理很多地区纠纷问题时都面临类似的政策困境，如对东亚地区的中日关系的政策选择。不过，归根结底，美国在阿富汗政策困境的出现根源于遏制苏联的冷战战略，将对阿政策服从于对苏政策。在此基础上，美国政策困境的出现，还是各国对本国利益的诉求而忽视他国利益的结果，是各国利益的根本性差异导致的。

艾森豪威尔政府对阿政策的不足。美国对阿政策的不足主要有两点体现。首先，在目标国为塑造良好国家形象而进行的"软实力"外交竞争中，美国逊于苏联。不仅是美国的援助项目未能发挥其应有的作用，而且，美国比较直接、生硬地展开了有计划地宣传，引起阿富汗政府的不满和信仰伊斯兰教民众的抵制。其次，相对于苏联对阿富汗的援助高度集中在军事和经济领域不同，美国援助涉及领域更多更分散。但对阿富汗军事援助的忽视严重削弱和制约了美国对阿富汗军方的影响力，以至于苏联逐渐取得了在阿富汗军队中的近乎垄断地位。从阿富汗局势的历史发展看，20世纪70年代阿富汗危机的发生、发展都与军队有极其密切的关系。苏联正是凭借对阿富汗军队等强力机构的控制，有效地干预了阿富汗内部事态发展。反之，美国对阿富汗军队影响力的低下是严重制约美国对阿富汗危机做出预先研判、有力反应和干预的能力的因素之一。

（三）艾森豪威尔政府对阿富汗政策的历史影响

艾森豪威尔政府对阿政策确立后持续了20多年，直至1979年2月，美国驻阿大使阿道夫·达布斯（Adolf Dabus）在喀布尔被杀害、美国停止对阿援助才告结束。在这期间，虽然美国对阿富汗政策也有过调整，但美国对阿政策的基本原则和核心内容没有变化，这证明了艾森豪威尔对阿政策的合理性和较强生命力。

一方面，1961年肯尼迪继任总统后进一步调整了美国对第三世界国家的政策，日益聚焦于如越南等第三世界的重点区域，以至于削弱了对第三世界其他地区和国家的援助和关注，这在约翰逊时期体现得最为明显。受越南战争影响，20世纪60年代后半期到70年代初，美国对阿富汗的援助陷于停滞。1966年后美国的援助急剧下降，"来自美国的援助在1970年达到最低点，是2690万美元"。但即使如此，60年代后，艾森豪威尔政府所确立的美国对阿富汗政策的基本原则和内容框架仍在总体上发挥着主导作用。20世纪60年代到70年代末的美国政府延续和维持着艾森豪威尔政府开创的对阿政策局面，即美苏在阿富汗的"均衡"竞争状态。1969年8月美国国家安全委员会通过的"国家政策声明"指出："我们的战略目标是维持美国在阿富汗的持续存在，使我们能够在该国继续发展对苏联势力的抵消性影响。对我们来说，寻求将苏联影响从阿富汗排斥出去是不现实的，与苏联竞争在阿富汗的优势地位也不符合我们的利益。我们不想阿富汗成为苏美关系的一个严重摩擦点。"[1] 在此战略主导下，面对20世纪60年代到70年代初阿富汗坎坷行进的、向来为美国政府所赞赏的西方式民主改革，美国却一反常态地保持了默观姿态。美国采行此立场的最根本原因还在于美国担心，过度介入阿富汗民主改革可能引发苏联的激烈反应，损害美国利益。

另一方面，在20世纪60年代，美国在阿富汗营造了均衡格局之后，对阿政策的困境进一步加剧，困境逐渐升级为危机。美国政策面临的危机既来自阿富汗的内部也来自外部。外部危机即由"普什图尼斯坦"争端引发。"普什图尼斯坦"争端在20世纪60年代初演变为第二次阿巴关系危机，表明了美国介入政策的失利。面临一再爆发的阿巴关系危机，美国在

---

[1] *FRUS*, 1969–1976, Vol. 7, http://history.state.gov/historicaldocuments/frus1969-76ve07.

阿巴间的回旋空间更狭小。内部危机主要表现为阿富汗60年代政治改革引发的问题和70年代的两次政变。20世纪60年代阿富汗开始了为期十年的"宪政改革"，政治改革促使阿富汗社会思想的开放和多元性的形成。随政治改革的进行，阿富汗兴起了一种新的政治势力——以社会主义为指导思想的政党——1965年组建的阿富汗人民民主党（PDPA）。该党势力起初发展缓慢，但进入70年代后，"宪政改革"引发一系列政治和社会问题，民众的不满和反政府情绪日益高涨，导致阿富汗在1973年、1978年爆发两次政变，掌权者的亲苏联倾向明显，美国政策的困境至此变成了政策的"危机"。政变不仅导致了阿富汗政局的动荡，而且埋下了苏联入侵的伏笔。不过，政变仅是阿富汗内部危机的直观表现，70年代的阿富汗还面临着经济和社会发展领域的潜在危机。阿富汗的外部危机使美国的对阿富汗政策陷入两难困境而难以摆脱，内部危机则更直接地向美国的阿富汗政策提出了挑战。相比于阿巴争端带给苏联的机会，阿富汗的内部政治、经济危机给苏联提供了更大的介入阿富汗事务和扩展势力的机会，这是美国的阿富汗政策最不愿看到、也是要极力阻止的。

美国政府对阿政策的这种定位是最有利于美国的全球和地区冷战利益的。借助这样的政策，美国既维持了对阿影响的存在，阻止了苏联对阿富汗的控制，也避免了因为在阿富汗的过激政策导致美苏关系全局受到冲击而得不偿失。与苏联几乎完全凭借大规模物资援助吸引阿富汗的策略不同，美国在阿富汗影响力的保持一方面当然离不开必要的物资援助，但与阿富汗政府和统治者对美国等西方国家在外交、思想理念等方面的认可和亲近也密不可分。20世纪20年代以后，阿富汗人无数次地表示了对美国式思想理念的尊崇。此外，历史上俄国对阿富汗的侵略和压力在阿富汗人心中留下了深刻的烙印，使他们对冷战时期的苏联始终有一种疑虑、畏惧交织的认知，这种认知从根本上决定了阿富汗不可能真正地将苏联作为外交上的朋友，而仅是一个促进国家发展、拓展外交活动空间的工具。正是阿富汗政府这种对美国的思想倾向和对苏联的思想排斥，美国才可以凭借远远少于苏联的物资援助——50年代乃至整个冷战时期，美国对阿援助将及苏联援助的一半——基本上维持了和苏联在阿富汗的均衡竞争局面。

美苏在阿富汗"合作性竞争"模式的形成。美国著名阿富汗问题专家路易斯·杜普雷提出，美苏在阿富汗形成"竞争性合作"局面，"竞争性合作"的中心词是"合作",有悖于美苏在阿富汗激烈的、充满冷战色彩的争夺,因而,此种局面更确切地说应是"合作性竞争"。竞争是占主导和支配地位的,是中心词,合作只是竞争的副产品和客观结果之一。"合作性竞争"局面的出现不是美国或苏联有意追求的目的,而是美、苏援助阿富汗的客观结果,是阿富汗整合美、苏援助的结果,阿富汗在其中发挥了重要作用。杜普雷曾生动地描述这一图景:"开始于达乌德(第一个)十年时期的美苏竞争发展成为事实上的——如果不是正式的——合作。""在(阿富汗)计划部里,阿富汗计划人员,联合国计划人员,苏联计划人员和美国计划人员共同出席会议,彼此把对方的钱花到总的工程上。"①苏联在北部和西部修建的道路与美国在东部和南部修建的道路连接起来。曾长期出任苏联驻美国大使的多勃雷宁也在回忆录中讲:"大国在该国达成了一种妥协:首都喀布尔南部的所有援助计划由联合国或西方援助专家所经办;北部的所有援助计划由苏联援助专家所控制。"②曾出任美国驻阿大使的亨利·拜罗德(Henry Byroade)则根据其亲身经历回忆说,苏联人"正在阿富汗建造储存谷物的粮仓,我们则正在修造道路,然后他们再利用这些道路"③。因而,通过这一事例我们可以发现,中小国家在国际政治中并非总是消极被动的,它们的作用有时是较突出的,其政策可能会对大国关系产生较重要的影响。

有学者将冷战时期的阿富汗称为"经济的朝鲜",认为冷战时期,由于美苏竞争,阿富汗在经济上分裂为苏联经济主导的北部和美国主导的南部。④ 但与政治分裂的朝鲜不同的是,阿富汗南部、北部的经济沟通和联系是通畅的、顺利的。还有人称其为"亚洲的瑞士"⑤。无论怎样,有一点是毋庸置疑的,即,美国对阿政策的结果是,美苏在阿富汗形成了均衡竞争状态,确保了阿富汗的中立和缓冲国地位。但此种均衡是动态的、不稳定的,各种影响因素都处于持续变化中。此种变化一方面对美国的阿富汗

---

① [美]路易斯·杜普雷:《阿富汗现代史纲要》,第109、111页。
② [俄]阿纳托利·多勃雷宁:《信赖——多勃雷宁回忆录》,肖敏、王为等译,世界知识出版社1997年版,第497页。
③ Oral History Interview with Henry Byroade, http://www.trumanlibrary.org/oralhist/byroade.htm.
④ Nick Cullather, *From New Deal to New Frontier in Afghanistan: Modernization in a Buffer State*, p. 3.
⑤ William Maley, "Afghanistan: A Historical and Geographical Appraisal," *International Review of the Red Cross*, Volume 92, Number 880 (December 2010), p. 859.

政策构成挑战和冲击，要求美国决策者和政策执行者保持高度的灵活性和迅速反应的能力；另一方面这些变化也酝酿并激化了各种矛盾和冲突。在物质援助方面，美国远逊于苏联，但却成功地维持了阿富汗在美苏间的中立和缓冲国地位，阿富汗没有倒向苏联阵营，其基本原因，除阿富汗自身对传统中立外交的坚持外，还在于美国的软实力对阿富汗的吸引力，美国凭其软实力弥补了物质援助的不足。

对良好国家形象的塑造是美国对阿富汗政策的重要内容和目标之一。杜鲁门和艾森豪威尔时期，美国对阿政策不仅注重两国关系的平稳发展、美国援助规模的大小，还十分在意美援所产生的社会效益及其对国家形象的影响，并为此以美国新闻署为领导，在阿富汗社会展开专门的新闻宣传活动，将硬实力和软实力外交结合起来，但仍以基于物资援助的硬实力外交为主。20世纪60年代后，美国的阿富汗政策更重视软实力外交的意义，很多举措都有助于提升美国的国家形象，如肯尼迪时期在阿富汗派驻的和平队、扩大对阿富汗教育的援助规模、20世纪70年代初的紧急粮食援助和尼克松任期内与阿富汗政府合作打击毒品生产等活动。

（四）艾森豪威尔政府对阿政策对杜鲁门政府的延续与变迁

如正文所述，艾森豪威尔政府对阿政策相较于杜鲁门政府而言，既有较大程度的延续，也有很大程度的变迁，二者间的联系不可斩断。

延续性表现在，美国对阿政策的冷战思维和冷战背景继续在艾森豪威尔政府内主导对阿政策的制定和实施，政府内部关于奉行何种对阿政策的争论一直持续，杜鲁门政府时期开始实施的诸多对阿政策援助计划和具体项目得到艾森豪威尔政府的确认和推动等。

变迁性主要表现在，相比于杜鲁门政府而言，艾森豪威尔政府首次公开明确了阿富汗在美国全球和地区冷战战略中的地位和美国在阿富汗的战略定位，即作为美苏势力的缓冲国以及缓冲国地位的维持。此外，不同于杜鲁门政府对阿援助问题的谨慎和漫不经心，面对苏联强势对阿政策的艾森豪威尔政府不得不大大提升了对阿政策的援助力度并扩大领域，意义比较大的举措是开始了对阿富汗的军事援助，并以首脑外交的方式将20世纪50年代后期的对阿政策和两国关系提升到了前所未有的高度。最终，经过一段时间的摸索和多方互动，美、苏、阿三方都认可和接受了阿富汗的缓冲国地位。与此相适应，美国确立的对阿政策是有限的、保守的。在目标上不追求将阿富汗纳入己方阵营,在手段上不追求与苏联进行对等的援助竞争,在效果上努力避免刺激苏联采取过激行动。

三 冷战初期美国对阿富汗政策的深层次分析

利益是国家政策的基本出发点和终极目的。无论何时,美国的政策都是围绕对于阿富汗的利益认知展开的。利益判断成为理解美国政策的关键概念之一。利益是现实主义国际政治理论的核心概念,现实主义的奠基人汉斯·摩根索(Hans J. Morgenthau,1904—1980)将国家利益界定为国家追求的本质目的之一。虽各国学者对国家利益有多种定义,难于统一,但并没有影响利益在国家对外政策决策和实施中的主导作用。按照内容,国家利益可分为安全利益、经济利益、政治利益和文化利益;根据性质,国家利益可以被认为具有主观和客观二重属性,利益是一种客观存在,但又具有强烈的主观色彩,表现为利益判断的主观性、利益实现的主观性和利益解释的主观性。① 根据其重要性,国家利益可以划分为多个层次,1996年,美国国家利益委员会在其名为《美国国家利益》的研究报告中将国家利益分为四个等级:根本利益、极端重要利益、重要利益和次要利益。"根本利益是指,美国国家生存和延续的基本条件,它关系到美国作为一个国家的根本制度和价值观念的存在,以及美国人所理解的幸福条件。极端重要利益是指如果美国在所面对的威胁面前妥协的话,美国所认为的在世界维护自由、安全和幸福的目的就会受到严重的影响。美国的重要利益是指,美国如果妥协,将会对美国政府维护美国的根本利益的能力产生消极的影响。美国的次要利益是指,如果这次利益受到损害了,它们对美国的根本利益不会产生重要的影响。"② 虽然上述对于国家利益的理论研究有些发生于冷战结束之后,但它对于理解冷战期间美国对阿富汗的利益认知仍有一定的指导和借鉴意义。

美国在阿富汗的国家利益究竟是什么?在现有论著中,对于这样一个看似简单的问题几乎没有做出正面回答,往往是以"冷战利益"概括之,但这一词语过于抽象和笼统。根据上述论断,本书试图进行一些具体

---

① 陈岳:《国际政治学概论》(第2版),中国人民大学出版社2006年版,第117页,121-123页。

② 倪世雄:《当代西方国际关系理论》,复旦大学出版社2001年版,第253-255页。

分析。

首先，杜鲁门政府时期，在上述四大利益领域，阿富汗对美国的实际利益以及美国政府的主观认知都是模糊的，在利益层级上，阿富汗勉强能算是次要利益。在安全方面，美国认为苏联最大的威胁是在欧洲；在经济方面，美国在阿富汗的资本投入、公民活动、双边贸易等是有限的。这种利益现实和利益认知决定了杜鲁门政府对阿富汗政策的冷淡和忽视。

其次，艾森豪威尔政府时期，冷战向第三世界的蔓延和地区化及美国在南亚—中东加紧建立军事同盟体系的政策做法使美国在阿富汗的利益日趋清晰和扩大。在经济方面，阿富汗对美国利益而言仍是有限的，美国在阿富汗以营利为目的的资本投入、人员派驻、公司企业的活动和双边贸易等没有急剧增长。虽然阿富汗矿产资源蕴藏丰富，但除苏联支持的天然气勘探开发外，较长时间内，美国等西方国家对阿富汗的矿产开发较为有限。但20世纪50年代中期后，阿富汗对美国的安全利益大大增强了。同时，50年代中期后，随苏美在全球范围和阿富汗地区竞争的加剧，两国对阿富汗的争夺，不仅有现实的地缘政治战略考量，在一定程度上还包含社会现代化发展模式、两种生活方式和意识形态的激烈争夺。这突出反映了美国在阿富汗的政治利益也在直线上升。文化利益方面，美国对阿富汗的认知主要体现在软实力的提升问题上，借助美国发达的国民教育体系和大众化文化，意图在阿富汗塑造良好的国家形象，循序渐进地影响阿富汗社会民众和未来发展精英。因而，我们可以认为，20世纪50年代，美国在阿富汗的利益主要是安全利益，美国对阿政策的制定和实施主要是从维护美国的南亚—中东盟国和南亚—中东势力范围的安全需要出发的，是要依凭阿富汗为缓冲国，抵制苏联向南亚、印度洋和中东的军事扩张，是典型的传统安全利益。美国一度想将阿富汗纳入其军事同盟体系，虽然受挫，但美国已经承受不起失去阿富汗或主动退出阿富汗的代价，阿富汗对美国利益的重要性上升，在利益层级上，应该可以归属为重要利益。

在明确美国在阿富汗利益基础上，可以进而分析美国对阿政策决策的复杂性问题。美国对阿政策决策的复杂性主要表现在，其受到美国内部和外部多种因素的影响与制约。

本书从四个层次分析美国对阿富汗政策的主要影响因素。

第一，全球层次。首先，冷战是强加于阿富汗的一个时代因素，在此背景下，美国和苏联在阿富汗展开长达数十年的竞争，美国对阿富汗的政策是服从于其冷战战略的、是受到对苏政策深刻影响的。受冷战意识的影响，20世纪40年代到50年代，美国和苏联以"零和博弈"的思维在阿富汗展开竞争。其次，冷战对阿富汗的一个重要影响是，冷战时期的阿富汗处于新的国际格局之下。在不同的历史时期，阿富汗面临的是不同的国际格局——19世纪的多极格局和冷战时期的两极格局。国际格局的结构和特点是制约国家外交与国家间关系的重要外部因素。对此，以肯尼思·沃尔兹为代表的新现实主义国际关系理论的观点最有代表性。沃尔兹的理论聚焦于国际关系的系统和结构，并以此为出发点考察系统单元（主权国家）的行为及其互动。他认为："系统是主要的，单元是次要的；系统是决定的，单元是被决定的——尽管两者之间存在着双向的互动关系。"沃尔兹的新现实主义或曰结构现实主义理论的逻辑就是"从国际结构推断国际行为"。①

实践中，阿富汗置身其中的不同国际关系格局的系统结构确实对阿富汗的外交政策产生了重大影响。多极格局使阿富汗在19世纪和20世纪早期的英俄竞争中能较成功地推行"第三国主义"外交政策，平衡英苏的压力，巩固中立地位，如美国、德国等都曾被阿富汗引为外援。"在第二次世界大战以前，德国人日渐成为阿富汗影响最大的外国人。"② 阿富汗周旋于大国之间，获取了不少好处。但在冷战的两极格局下，阿富汗的外交回旋空间被大大压缩。冷战不仅是两个超级大国的对抗，还是两大阵营的对抗，世界主要大国都不同程度地被归入不同阵营中，少有大国能作为独立的第三方力量发挥平衡作用，阿富汗的第三国主义战略在冷战格局中举步维艰。第三国的存在和介入不仅能为阿富汗带来更大收益，而且还有利于冲淡两大国在阿富汗的竞争，分散包括美国在内的各国对外政策的注意力，缓解在阿富汗的竞争烈度。但冷战的两极格局消除了强大第三国势力在阿富汗的出现。再次，冷战时期的阿富汗除面临美苏对抗外，还被卷入集团对抗中。除作为主要角色的美苏两大国外，美苏各自的盟国也不同程度地加入了对阿富汗的竞争中，使阿富汗的竞争兼具国家对抗与集团对抗

---

① 王逸舟：《西方国际政治学：历史与理论》（第2版），上海人民出版社2006年版，第159-160页。

② [美] 路易斯·杜普雷：《阿富汗现代史纲要》，第55页。

的双重特点。美国阵营的西德、日本等，苏联阵营的捷克斯洛伐克、波兰等都一度在阿富汗外交中占据重要地位。据资料统计，"60年代中期西德成为仅次于苏联的第二大援阿国"[①]。另有学者认为，20世纪五六十年代"与苏联的赠款和贷款到来的同时，其他共产党集团国家在阿富汗发展工程方面的作用不断增长。……捷克人在阿富汗一直是最活跃的，波兰人仅次于他们"[②]。最后，二战后迅速增多的超国家行为体——如联合国相关机构、亚洲银行等国际组织也介入阿富汗事务，它们的活动被美国纳入对阿政策框架下，被美国引导以扩大美国对阿富汗政策的效果，服务于美国在阿富汗的利益需要。

第二，地区层次。冷战时期美国的南亚战略构成美国对阿富汗政策的地区背景。美国的阿富汗政策是其南亚政策的重要组成部分，深受美国南亚战略的影响，服从服务于美国在南亚的冷战利益。南亚国家间的友好或敌对关系加之美国和苏联的介入，结成了一张复杂的地区国际关系网络，阿富汗不可逃避地被"网"在其中。南亚地区国家以印度、巴基斯坦和阿富汗为主角，形成了两对矛盾和纠纷——"克什米尔"纠纷和"普什图尼斯坦"争端。维护南亚局势稳定、防止苏联势力渗透是美国南亚战略的一贯立场，这决定了美国必须综合协调南亚国家间的矛盾。同时，南亚国家对美国的战略意义也有差别，在印度、巴基斯坦等南亚重要国家面前，阿富汗在美国地区战略中的地位受到削弱。

在地区层次上，阿富汗与周边国家关系较为复杂。在为数不多的邻国中，阿富汗与巴基斯坦和伊朗两大邻国在边界划分、族群、水源分配等领域都存在纷争和矛盾。阿巴矛盾及其对美国政策、美苏阿三边关系的影响前文已经论述，美国在阿富汗的政策困境一定程度上是自己造成的，因为美国与巴基斯坦的结盟政策一开始就注定美国将在处理阿巴关系问题上面临困难局面。有学者就认为："美国与巴基斯坦的结盟政策是一个重大失误……产生了与美国的预期相反的效果。……美巴结盟疏远了阿富汗，并打开了俄国更大范围地进入阿富汗和印度的大门。"[③]

---

① 王凤：《阿富汗》，社会科学文献出版社2007年版，第335页。
② ［美］路易斯·杜普雷：《阿富汗现代史纲要》，第102页。
③ McMahon, "Eisenhower and Third World Nationalism," *Political Science Quarterly*, Vol. 101, No. 3, 1986, p. 457.

阿富汗和伊朗间主要是关于赫尔曼德河水分配的纠纷。赫尔曼德河发源于阿富汗，流经阿伊边境，进入伊朗，全长1150千米。对缺乏淡水的中东国家而言，赫尔曼德河水是重要资源。两国围绕河水的分配问题存在长期矛盾，后在美国调解下达成协议。相对而言，阿富汗—伊朗矛盾较缓和，对美国政策的影响弱于阿巴"普什图尼斯坦"争端。但无论怎样，阿富汗与伊朗和巴基斯坦的纷争恶化了阿富汗的周边形势及其安全状态，加剧了阿富汗对外部援助的渴求和依赖，给了苏联以更多机会介入阿富汗并强化影响。同时，巴阿矛盾与印巴冲突紧密联系在一起，印度十分关注阿富汗事态发展和苏阿关系变迁，试图与阿富汗建立某种特殊关系，以牵制巴基斯坦。在这种背景下，美国对阿富汗的政策在与苏联竞争外，还要顾及与巴基斯坦、伊朗两个盟国的关系，以及印度和阿富汗关系加强可能给巴基斯坦造成的压力等因素，这些因素都使得美国对阿富汗的政策面临更复杂、更困窘的局面和更大的压力。

第三，国家层次。在20世纪40年代到50年代，对美国的阿富汗政策影响较大的国家主要有苏联、阿富汗、巴基斯坦、伊朗和印度。作为政策主体的美国，对阿政策除受到外部因素影响外，国内层面的因素也是不可忽视的。影响美国对外政策的国内因素复杂多样，从联邦政府到州政府、从政府部门到社会机构、从行政机构到立法机构等不一而足，对此，美国政治学家杰里尔·罗赛蒂在《美国对外政策的政治学》一书中有详细地分析讨论。[①] 对于阿富汗来说，影响对外政策的美国国内社会诸因素——如社会团体、利益集团、智库、媒体、舆论等——对美国的阿富汗政策影响不大，其直接原因是两国社会和民众间利益联系的淡漠，这也间接反映了美国在阿富汗利益的单一性和有限性。从杜鲁门政府时期直到20世纪70年代，决定美国对阿政策的主要是联邦政府。就政府决策而言，美国学者艾利森在《决策的本质：解释古巴导弹危机》[②] 一书中提出了多个外交决策模式，构成了外交决策理论的主要内容，如理性选择模式、官僚决策模式等。两种决策模式都可以帮助解读和认识美国对阿富汗政策的制定、

---

① [美]杰里尔·A.罗赛蒂：《美国对外政策的政治学》，周启明等译，世界知识出版社1997年版。

② Graham Allison, *Essence of Decision: Explaining the Cuban Missile*, New York: Longman, 1999.

执行。

首先，受到经济学启发和影响的理性选择模式是较传统的决策分析方法，"根据该模式，外交政策是由目标明确并十分理智的一些人深思熟虑的结果。他们系统地分析各种可能的政策选择，从中选出最佳的方案，以实现国家追求的目标"。"简要而言，理性选择是人民在面临抉择时，在预期各种行动方案结果的基础上，比较择优的思维过程。"① 艾森豪威尔政府对阿政策的有限性、非对称性特点是在理性分析基础上形成的，美国无法、也不必在阿富汗取得优势，但也不能承受失去阿富汗的代价。如1961年1月，一份名为"美国对南亚国家的政策文件"（Paper regarding U. S. Policy toward the South Asian Countries of: India; Pakistan; Afghanistan）的国家安全委员会备忘录在描述美国对阿政策的基本动因时讲，"由于阿富汗的地理位置原因，美国没有能力阻止阿富汗与共产主义集团的密切关系"②。

其次，"组织官僚过程模式认为，组织内部和组织之间各种因素相互作用的过程，就是外交政策的形成过程"③。根据官僚决策模式，政府的最终政策是不同政府机构部门基于部门认识和利益相互妥协的结果。在对阿政策决策过程中，美国政府多个机构都参与其中，如居主导地位的国务院，及国防部、中情局、国际合作署、美国新闻署、行动协调委员会等。而且，在决策过程中，不同政府机构——如国务院和国防部间还会出现分歧。大部分时间，美国国务院和国防部对于奉行什么样的对阿政策，存在着较激烈的争论。再有就是美国行政和立法机构间在外交权的分享上导致了美国比较复杂的决策程序，这个程序有时使阿富汗人无所适从，搞不清美国政策究竟何来，"阿富汗人对于美国决策过程的迷宫般的多重渠道并不了解"④。

除美国国内因素外，他国因素对美国的阿富汗政策影响重大。苏联以一个敌手、竞争者的身份对美国的阿富汗政策施加着影响。20世纪50年代中期后，苏联援助和苏联势力大规模进入阿富汗，对美国构成了很大压

---

① 王鸣鸣：《外交政策分析：理论与方法》，中国社会科学出版社2008年版，第50—51页。
② DDRS, Paper regarding U. S. Policy toward the South Asian Countries of: India; Pakistan; Afghanistan; Memo. National Security Council, Jan. 19, 1961, Document Number: CK3100473291.
③ 王鸣鸣：《外交政策分析：理论与方法》，第87页。
④ Leon Poullada, *The Road to Crisis, 1919 – 1980*, p. 41.

力。对于苏联的阿富汗政策的战略目的是什么，美国政府和学界中一直存有争论。有人认为，苏联对阿富汗的渗透是其印度洋大战略的一个步骤，苏联意图以对阿援助全面控制阿富汗，进而南下突破巴基斯坦，获取印度洋的"不冻港"出海口，阿富汗是苏联取得印度洋"不冻港"的通道和跳板；有学者则对此持否定观点。如路易斯·杜普雷认为："许多外国观察家仍然相信苏联人希望控制阿富汗经济。……但他们（苏联人）的耐心、他们大方的贷款条件和不时地延长到期贷款与这种赤裸裸的冷战观念是不相吻合的。"[①] 苏联对阿政策的基本目的，"除了明显的发展项目的利润"外，还是要把阿富汗作为一个"经济试验场"，验证通过向第三世界国家提供经济援助以实现对这些国家的政治影响，在这些国家与美国进行一场"和平竞赛"，最终实现共产主义的全面胜利，即"和平的经济竞赛（手段）和世界共产主义（结局）"[②]。美国政府对此问题也表述不清，根据对杜鲁门、艾森豪威尔政府及20世纪60年代美国对阿富汗政策的分析，本书认为，70年代之前，美国政府总体上不太相信苏联存在一个经由阿富汗并将其包括在内的南下印度洋的大战略。

作为美国外交客体的阿富汗对美国政策的影响也不可小觑。阿富汗虽是国际政治中的小国，但它也是一个独立的主权国家，政府和民众对自身的独立非常敏感，加之重要的地理位置，因而，面对美、苏竞争，阿富汗的政策选择对任何一国的对阿政策都会产生重要影响，使其加大或缩小援助规模作为回应。在实践中，作为美苏竞争对象的阿富汗通过推行"小国均势政策"，成功地将美苏援助整合到一起，并迫使美国和苏联承认这种局面，形成一种弱小国家对大国的"绑架"现象。而且，阿富汗对美国政治理念和意识形态的倾向也弥补了美国对阿援助的不足。建构主义国际关系理论就认为，认同主导一个国家的行为，阿富汗对美国的理念虽构不成"认同"，但这种倾向的作用也是明显的。

同时，阿富汗国内政治结构及其特点对美国对阿政策及美阿关系也有一定影响。阿富汗是一个"前现代国家"或"不完全的现代国家"，其中央政府权威有限，难以完全建立对地方部族的绝对控制。"阿富汗缺乏强

[①] [美] 路易斯·杜普雷：《阿富汗现代史纲要》，第225页。
[②] 同上书，第99页。

大的中央政府或国家认同的意识。""因而，阿富汗很明显不是一个现代民族国家。"① 这一特点对美苏冷战竞争及美国的阿富汗政策的影响在于：其一，导致阿富汗中央政府之外交难以在地方得到完全贯彻和遵守；其次，地方的分散化、自主性为外国势力介入并影响阿富汗国内事务提供了很大便利；第三，地方政府或部落的行动与对外政策会与中央政府之政策出现分歧，加剧阿富汗内部动荡，也使得阿富汗外交趋于复杂化。例如，对于达乌德政府推行的周旋于美国、苏联间以获取军事、经济和技术、人员等援助的政策，阿富汗一些地方保守势力就加以反对，"阿富汗地方领导人对于（达乌德）处理与'异教徒'国家（infidel countries）的关系感到疑虑，这会加强（中央）政府的权力而不利于他们自己"②。地方势力的反对虽然没有能够阻止达乌德政府的对外政策，但潜在地增加了阿富汗国内对达乌德的不满情绪，这种不满反过来又遭到达乌德的强力镇压，导致地方势力和中央政府关系紧张，国内不稳定因素增多。

就全球性国际体系结构对阿富汗国家利益的塑造而言，中立于苏美之间、同时从美苏两国获取援助和支持是阿富汗国家利益最大化的选择。但从地区性国际体系结构来看，阿富汗与巴基斯坦间长期持续的"普什图尼斯坦"争端则与上述的国家利益最大化路径发生矛盾，在美国支持巴基斯坦的情况下，寻求苏联支持以平衡美巴压力是阿富汗的必然选择。这样，阿富汗在两个层次上的国家利益目标出现张力，使阿富汗外交政策的选择和制定也陷入困境，特别是在发展与苏联关系方面。阿富汗既要利用苏联的援助和支持增强实力，又基于历史和现实的考虑，需要与苏联保持一定的距离。这不仅对阿富汗如何把握与苏联关系的密切程度提出很大挑战，对苏联也是一种"撩拨"。苏联想抓而抓不住，长此以往，容易刺激苏联不顾后果地采取冒险行为。

第四，个人层次。这里所说的个人，不仅是指政策决策者和执行者的性格、政策立场、彼此关系等都会对一国外交和彼此关系产生重要影响，还包括以国家名义在他国从事外交、援助等工作的人。首先，在领导人层次上，在美国对阿政策问题上，已有资料未见详细记录表现杜鲁门、艾森

---

① Leon Poullada, *A Bitter Harvest*: *U. S. Foreign Policy and Afghanistan*, pp. 51, 55.
② Martin Ewans, *Afghanistan*: *A New History*, Routledge Curzon, 2001, p. 112.

豪威尔、查希尔、达乌德和赫鲁晓夫等领导人间的关系有明显的好恶。其次，在高级外交官员层次上，有学者分析认为，作为美国对阿富汗政策第一线执行人员的驻阿大使，与阿富汗政府官员间的关系好坏有时是比较突出的，且会深刻地影响到两国关系的发展。如 20 世纪 50 年代的美国驻阿大使安格斯·沃德与达乌德个人关系很坏，他们间的"个人憎恶（animosity）也增加了美阿关系的麻烦，因为这导致了一种'两国间的恐惧和怀疑氛围'"①。这有助于我们理解为什么在 20 世纪 50 年代中期，驻阿使馆支持巴基斯坦去除达乌德的政策，并积极向国务院提出此类建议。沃德的继任者、拜罗德大使则改变了沃德的作风，努力与阿富汗领导阶层建立密切关系，以利于工作的进行。上任后不久，拜罗德在 1959 年 1 月 7 日给国务院的电报中就说，"达乌德对我个人是很亲切的"②。1959 年 12 月，美国预算局一份报告显示，经过近一年的努力，"拜罗德大使与阿富汗王室成员建立了极其融洽的（rapport）关系"。阿富汗的政治权力集中于王室为美国直接与该国的现实和潜在领导者建立联系并影响他们提供了机会。"阿富汗国王（查希尔）甚至对西方更为友好，是该国的实际潜在领导。"因而，该报告建议美国政府，"完全支持美国大使建立与阿富汗王室和政府其他成员的有效工作关系的努力；利用进一步结交国王的有利条件，可能可以通过邀请他访问美国来实现"③。最后，在一般性人员层次上，一个人背负国家名义从事外交或援助工作，其工作态度、风格或效率等都会在当地人意识中折射对其所属国家的印象。而且，这些人通过自己的努力，获取的所在国的各种信息、资料等，都会成为本国政府外交决策的重要参考。在这方面，苏联人的表现优于美国人。有美国文件在探讨苏联—阿富汗关系发展前景时讲道，"苏联在阿富汗的外交人员付出很大努力，获得关于阿富汗及其社会环境（milieu）的深层知识和理解。一些人能流利地说当地语言"④。而美国从国务院到驻阿使馆，真正了解阿富汗的人是有限

---

① Louis Dupree, *Afghanistan*, p. 499, 转引自 A. Z. Hilali, "The Soviet Penetration into Afghanistan and the Marxist Coup," *Journal of Slavic Military Studies*, 18, 2005, p. 690。

② *FRUS*, 1958 – 1960, Vol. XV, p. 256.

③ DDRS, Analysis of India, Pakistan and Afghanistan by Budget Bureau staff and suggestions for U. S. policy, Dec. 2, 1959, Document Number：CK3100166377.

④ DDRS, The Future of Afghan-Soviet Relations, May 29, 1956, Document Number：CK3100442419.

的,"在喀布尔使馆,没有一个官员对阿富汗事务有足够的背景知识,只有一个人会说几句当地语言"①。这种说法有些言过其实。在不同历史时期,美国驻阿富汗使馆官员的表现总体来说是较好的,他们积极地履行职务,提出各种推动美国对阿政策发展的意见建议,但最后,这些政策建议不一定能被政府采纳。如有学者认为,美国"没有最高层政治家真正关注过阿富汗究竟在发生什么。美国驻喀布尔大使馆和国务院外交人员一直提交报告,要注意到阿富汗的危险,并且在很多场合试图说服其上级,但都没有效果"②。以至于很多学者为此批评美国政府。除外交官外,很多被派往阿富汗的美国人也没能提供关于阿富汗的信息,"被派往阿富汗的美国援助的技术人员和管理者不熟悉这个国家、它的语言及习俗;他们以前几乎没有在海外工作的经历"③。再加上国内学界对阿富汗研究的不重视,美国决策者非常缺乏有效信息支持对阿决策,"美国决策者是在缺乏信息和误解基础上形成了对阿富汗的特定理解"④。

---

① Rosanne Klass, *Afghanistan: The Great Game Revisited*, Freedom House (revised edition), 1990, p. 44.
② Arnold Fletcher, *Afghanistan: Highway of Conquest*, New York: Cornell University Press, 1965, p. 5.
③ Rosanne Klass, *Afghanistan, The Great Game Revisited*, p. 49.
④ Abdul-Qayum Mohmand, *American Foreign Policy toward Afghanistan: 1919 - 2001*, p. 7.

参考文献

一手资料

Department of State, *Foreign Relations of United States* (*FRUS*), Washington D. C. : United States Government Printing Office, 1982.

Declassified Documents Reference System (*DDRS*), Farmington Hills, Mich. : Gale Group, 2009.

Digital National Security Archives (*DNSA*), ProQuest Information and Learning Company, 2010.

Public Papers of the President of United States, *Dwight D. Eisenhower*, *1956 – 1961*.

沈志华主编:《苏联历史档案选编》第 26 卷, 社会科学文献出版社 2002 年版。

二手资料

英文著作

1. Adamec, Ludwig, *Afghanistan's Foreign Affairs to the Mid-twentieth Century*: *Relations with the USSR*, *Germany and Britain*, University of Arizona Press, 1974.

2. Adamec, Ludwig, *Afghanistan 1900 – 1923*: *A Diplomatic History*, University of California Press, 1967.

3. Amin, Saikal, *Modern Afghanistan*: *A History of Struggle and Survival*, I. B. Tauris, 2004.

4. Amin, Saikal and Maley, William, *Regime Change in Afghanistan*: *Foreign Intervention and the Political Legitimacy*, Westview Press, 1991.

5. Amin, Tahir, *Afghanistan Crisis: Implications and Options for Muslim World, Iran, and Pakistan*, Institute of Policy Studies, 1982.

6. Anthony Rosa, Todd, *The Last Battle of the Cold War Begins: The Superpowers and Afghanistan, 1945 – 1980*, Dissertation for Doctor: The George Washington University, 2006.

7. Bahadur, Kalim, *Inside Afghanistan*, Patriot Pub., 1985.

8. Banuazizi, Ali and Weiner, Myron, *The State, Religion, and Ethnic Politics: Afghanistan, Iran, and Pakistan*, Syracuse University Press, 1986.

9. Borer, Douglas, *Superpowers Defeated: Vietnam and Afghanistan Compared*, Frank Cass Publishers, 1999.

10. Bowie, Robert & Immerman, Richard, *Waging Peace: How Eisenhower Shaped and Enduring Cold War Strategy*, Oxford University Press, 1998.

11. Burton, Kaufman, *Trade and Aid: Eisenhower's Foreign Economic Policy, 1953 – 1961*, Baltimore, 1982.

12. Buzan, Barry and Gowher Rizv, *South Asian Insecurity and the Great Powers*, St. Martin's Press, 1986.

13. Cordovez, Diego and Selig Harrison, *Out of Afghanistan: The Inside Story of the Soviet Withdrawal*, New York, 1995.

14. Chay, John, Ross Thomas, *Buffer States in World Politics*, Westview Press, 1986.

15. Crockatt, Richard, *The Fifty Years War: The United States and the Soviet Union in World Politics, 1941 – 1991*, Routledge, Chapman & Hall, Incorporated, 1996.

16. Donaldson, Robert, *The Soviet Union in the Third World: Successes and Failures*, Westview Press, 1981.

17. Dupree, Louis, *Afghanistan in the 1970s*, Praeger Publishers, 1974.

18. E. Leo, Rose and Kamal Matinuddin, *Beyond Afghanistan: The Emerging U.S.-Pakistan Security Relations*, California, 1989.

19. Emadi, Hafizullah, *State, Revolution, and Superpowers in Afghanistan*, Praeger, 1990.

20. Ewans, Martin, *Afghanistan: A New History*, Routledge Curzon, 2001.

21. Fazal, Tanisha, *State Death: Politics and Geography of Conquest, Occupation and Annexation*, Princeton University Press, 2007.

22. Fletcher, Arnod, *Afghanistan: Highway of Conquest*, Cornell University Press, 1965.

23. Franck, Peter, *The Economics of Competitive Coexistence: Afghanistan between East and West*, National Planning Association, 1960.

24. Garthoff, Raymond, *Détente and Confrontation: America-Soviet Relations from Nixon to Reagan*, Washington D. C., 1994.

25. Gregorian, Vartan, *The Emergence of Modern Afghanistan: Politics of Reform and Modernization, 1880 – 1946*, Stanford University Press, 1969.

26. Green, Mike, *The Whole Truth about the U. S. War on Terror*, Newmedia Publishing, 2005.

27. Griffiths, John, *Afghanistan: Key to a Continent*, Westview Press, Inc. 1981.

28. Hagerty, Devin, *South Asia in World Politics*, Lanham, Rowman & Littlefield Publishers, 2005.

29. Hammond, Thomas, *Red Flag over Afghanistan: The Communist Coup, the Soviet Invasion, and the Consequences*, Westview Press, 1984.

30. Hakovirta, Harto, *East-West Conflict and European Neutrality*, Clarendon Press, Oxford, 1988.

31. Hopkins, B. D, *The Making of Modern Afghanistan*, Palgrave Macmilian, 2008.

32. Hough, Jerry, *The Struggle for the Third World: Soviet Debates and American Options*, The Brookings Institution Press, 1986.

33. Khruschev, *Khruschev Remembers*, Boston, 1970.

34. Klass, Rosanne, *Afghanistan: The Great Game Revisited*, Freedom House, 1999.

35. Lafeber, Walter, *America, Russia and the Cold War, 1945 – 1984*, New York, 1985.

36. Lansford, Tom, *A Bitter Harvest: U. S. Foreign Policy and Afghanistan*,

Aldershot, Hants: Ashgate, 2003.

37. Lohbeck, Kurt, *Holy War, Unholy Victory: Eyewitness to the CIA's Secret War in Afghanistan*, Washington D. C. , 1993.

38. Ma'Aroof, Mohammad, *Afghanistan in World Politics: A Study of Afghani-U. S. Relations*, Delhi (India), 1987.

39. Ma'Aroof, Mohammad Khalid, *United Nations and Afghanistan Crisis*, Commonwealth Publishers (India), 1990.

40. MacDonald, David, *Drugs in Afghanistan: Opium, Outlaws and Scorpion Tales*, Pluto Press, 2007.

41. McMahon, Robert, *The Cold War on the Periphery: The United States, India, and Pakistan*, Columbia University Press, 1994.

42. Malik, Hafeez, *Soviet-America Relations with Pakistan, Afghanistan and Iran*, Hampshire Mcamillan Pe. Ltd. , 1987.

43. Melanson, Richard and Mayers, David, *Reevaluating Eisenhower: American Foreign Policy in the 1950s*, Urbana, 1987.

44. Mills, Nick, *Karzai: The Failing American Intervention and the Struggle for Afghanistan*, John Wiley and Sons, Inc. , 2007.

45. Mukherjee, Sadhan, *Afghan: From Tragedy to Triumph*, Sterling, 1984.

46. Newell, Richard, *The Politics of Afghanistan*, Cornell University Press, 1972.

47. Paterson, Thomas, Garry Clifford and Kenneth Hagan, *American Foreign Policy: A History since 1900*, D. C. Heath and Company, 1988.

48. Price, Harry, *The Marshall Plan and Its Meaning*, Cornell University Press, 1955.

49. Quddus, Syed Abdul, *Afghanistan and Pakistan: A Geopolitical Study*, Ferozsons, 1982.

50. Rahul, Ram, *Afghanistan, the USSR and the USA*, ABC Pub. House, 1991.

51. Roberts, Jeffery, *The Origins of Conflict in Afghanistan*, Praeger, 2003.

52. Rostow, W. W. , *Eisenhower, Kennedy and Foreign Aid*, University of Texas Press, 1985.

53. Rubin, Barnet, *The Search for Peace in Afghanistan: From Buffer State to Failed State*, Yale University Press, 1995.

54. Rubin, Barnet, *The Fragmentation of Afghanistan: State Formation and Collapse in the International System*, Yale University Press, 1995.

55. Spanier, John, *American Foreign Policy since World War II*, CQ Press, 2003.

56. Turmanidze, Tornike, *Buffer States: Power Policies, Foreign Policies and Concepts*, Nova Science Publishers, 2009.

57. *Visit to Afghanistan of N. S. Khrushchov: Speeches and Official Documents* (*December* 15-19, 1955), Foreign Languages Publishing House, 1956.

58. Vloyantes, John, *Silk Glove Hegemony: Finnish-Soviet Relations, 1944-1974*, Kent State University Press, 1975.

59. Wakman, Mohammad Amin, *Afghanistan at the Crossroads*, ABC Publishing House, 1985.

60. Warikoo, K., *Afghanistan: Challenges and Opportunities*, Pentagon Press, 2007.

61. Westad, Odd Arne, *The Global Cold War: Third World Intervention and the Making of Our Time*, Cambridge University Press, 2005.

62. Westad, Odd and Leffler, Melvyn, *The Cambridge History of the Cold War*, Volume 1, Cambridge University Press, 2010.

63. Wight, Martin, Helley Bull and Carsten Holbraad, eds., *Power Politics*, Leicester University Press, 1995.

64. Wolpert, Stanley, *Roots of Confrontation in South Asia: Afghanistan, Pakistan, India and the Superpowers*, Oxford University Press, 1982.

65. Zwick, Peter, *Soviet Foreign Relations: Process and Policy*, Prentice Hall, 1990.

英文学位论文

1. Armey, Laura, *Understanding the Chaos and Breakdown of Afghanistan's Political Economy: A Game Theoretic Approach*, Dissertation for Master Degree: the University of Southern California, 2004.

2. Mohmand, Abdul-Qayum, *American Foreign Policy toward Afghanistan*: *1919 – 2001*, Dissertation: The University of Utah, ProQuest Information and Learning Company, 2007.

3. Todd Anthony Rosa, *The Last Battle of the Cold War Begin*: *The Superpowers and Afghanistan, 1945 – 1980*, Dissertation: The George Washington University, 2006.

英文学术论文

1. Ahady, Anwar-ul-Haq, "The Decline of the Pashtuns in Afghanistan," *Asian Survey*, Vol. 35, No. 7 (Jul. , 1995).

2. Ahmed, Eqbal, "What's behind the Crises in Iran and Afghanistan," *Social Text*, No. 3 (Autumn, 1980).

3. "Afghanistan: Yesterday, Today, and Tomorrow?" *Allan Ramsay Contemporary Review*, Vol. 280, Issue 1633 (Feb. 2002).

4. "Afghanistan Coup Topples Monarchy," *MERIP Reports*, No. 19 (Aug. , 1973).

5. Campbell, John, "American Search for Partners," *Proceedings of the Academy of Political Science*, Vol. 29, No. 3 (Mar. , 1969).

6. Cox, Michael, "From the Truman Doctrine to the Second Superpower Detente: The Rise and Fall of the Cold War, " *Journal of Peace Research*, Vol. 27, No. 1 (Feb. , 1990).

7. Cullather, Nick, "Damming Afghanistan: Modernization in a Buffer State," *The Journal of American History*, Vol. 89, No. 2 (Sep. , 2002), pp. 512 – 537.

8. Dil, Shaheen, "The Cabal in Kabul: Great-Power Interaction in Afghanistan," *The American Political Science Review*, Vol. 71, No. 2 (June, 1977).

9. Dupree, Louis, "Settlement and Migration Patterns in Afghanistan: A Tentative Statement," *Modern Asian Studies*, Vol. 9, No. 3 (1975).

10. Emadi, Hafizullah, "State, Modernization and Rebellion: US-Soviet Politics of Domination of Afghanistan," *Economic and Political Weekly*, Vol. 26, No. 4 (Jan. 26, 1991).

11. East, Gordon, "The Geography of Land-Locked States: Presidential Address," *Transactions and Papers* (Institute of British Geographers), No. 28 (1960).

12. Franck, Peter, "Economic Planners in Afghanistan," *Economic Development and Cultural Change*, Vol. 1, No. 5 (Feb., 1953).

13. Ghosh, Partha and Panda, Rajaram, "Domestic Support for Mrs. Gandhi's Afghan Policy: The Soviet Factor in Indian Politics," *Asian Survey*, Vol. 23, No. 3 (Mar., 1983).

14. Gibbs, David, "Does the USSR Have a 'Grand Strategy'? Reinterpreting the Invasion of Afghanistan," *Journal of Peace Research*, Vol. 24, No. 4 (Dec., 1987).

15. Ginsburgs, George, "Neutrality and Neutralism and the Tactics of Soviet Diplomacy," *American Slavic and East European Review*, Vol. 19, No. 4 (Dec., 1960).

16. Goodson, Larry, "A Troubled Triangle: Afghanistan, Iran, and Pakistan in Strategic Perspective," *Woodrow Wilson International Centre for Scholars*, Spring 2005.

17. Haq, Ikramul, "Pakistan-Afghan Drug Trade in Historical Perspective," *Asian Survey*, Vol. 36, No. 10 (Oct., 1996).

18. Hale, W. M. and Bharier, Julian, "CENTO, R. C. D. and the Northern Tier: A Political and Economic Appraisal," *Middle Eastern Studies*, Vol. 8, No. 2 (May, 1972).

19. Harrison, Selig, "Dateline Afghanistan: Exit through Finland?" *Foreign Policy*, No. 41 (Winter, 1980 – 1981).

20. Hasan, Khurshid, "Pakistan-Afghanistan Relations," *Asian Survey*, Vol. 2, No. 7 (Sep., 1962).

21. Hilali, A. Z., "The Soviet Penetration into Afghanistan and the Marxist Coup," *Journal of Slavic Military Studies*, 18, 2005.

22. Holloway, Steven, "Forty Years of United Nations General Assembly Voting," *Canadian Journal of Political Science*, Vol. 23, No. 2 (Jun., 1990).

23. Howard, Harry, "The Regional Pacts and the Eisenhower Doctrine,"

Annals of the American Academy of Political and Social Science, Vol. 401 (May, 1972).

24. Hyman, Anthony, "Nationalism in Afghanistan," *International Journal of Middle East Studies*, Vol. 34, No. 2 (May, 2002), Special Issue: Nationalism and the Colonial Legacy in the Middle East and Central Asia.

25. Jalal, Ayesha, "Towards the Baghdad Pact: South Asia and Middle East Defense in the Cold War, 1947 – 1955," *The International History Review*, Vol. 11, No. 3 (Aug., 1989).

26. James, Peggy and Imai, Kunihiko, "Measurement of Competition between Powers: The Cases of the United States and the U. S. S. R.," *The Journal of Politics*, Vol. 58, No. 4 (Nov., 1996).

27. Kapur, Ashok, "The Indian Subcontinent: The Contemporary Structure of Power and the Development of Power Relations," *Asian Survey*, Vol. 28, No. 7 (July, 1988).

28. Khalilzad, Zalmay, "The Superpowers and the Northern Tier," *International Security*, Vol. 4, No. 3 (Winter, 1979 – 1980).

29. Lerski, George, "The Pakistan-American Alliance: A Reevaluation of the Past Decade," *Asian Survey*, Vol. 8, No. 5 (May, 1968).

30. Lieberman, Samuel, "Afghanistan: Population and Development in the 'Land of Insolence'," *Population and Development Review*, Vol. 6, No. 2 (Jun., 1980).

31. Lifschultz, Lawrence, "Independent Baluchistan? Ataullah Mengal's Declaration of Independence," *Economic and Political Weekly*, Vol. 18, No. 19/21, Annual Number (May, 1983).

32. McMahon, Robert, "United States Cold War Strategy in South Asia: Making a Military Commitment to Pakistan, 1947 – 1954," *The Journal of American History*, Vol. 75, No. 3 (Dec., 1988).

33. Malik, Iftikhar, "Issues in Contemporary South and Central Asian Politics: Islam, Ethnicity, and the State," *Asian Survey*, Vol. 32, No. 10 (Oct., 1992).

34. Maley, William, "Afghanistan: An Historical and Geographical Ap-

praisal," *International Review of the Red Cross*, Vol. 92, No. 880 (Dec. 2010).

35. Mazrui, Ali A., "Islam and the United States: Streams of Convergence," *Strands of Divergence, Third World Quarterly*, Vol. 25, No. 5 (2004).

36. McClelland, Charles, "The Anticipation of International Crises: Prospects for Theory and Research," *International Studies Quarterly*, Vol. 21, No. 1 (March, 1977).

37. McMahon, Robert, "Eisenhower and Third World Nationalism: A Critique of the Revisionists," *Political Science Quarterly*, Vol. 101, No. 3 (1986).

38. McMahon, Robert, "The Illusion of Vulnerability: American Reassessments of the Soviet Threat, 1955 – 1956," *The International History Review*, Vol. 18, No. 3 (Aug., 1996).

39. Modrzejewska-Lesniewska, Joanna, "Another Kashmir? The Afghanistan-Pakistan Border Dispute," *IBRU Boundary and Security Bulletin*, Winter, 2001 – 2002.

40. Mukerjee, Dilip, "Afghanistan under Daud: Relations with Neighbouring States," *Asian Survey*, Vol. 15, No. 4 (1975).

41. Nichols, Jeannette, "United States Aid to South and Southeast Asia, 1950 – 1960," *Pacific Historical Review*, Vol. 32, No. 2 (May, 1963).

42. Nijman, Jan, "The Limits of Superpower: The United States and the Soviet Union since World War II," *Annals of the Association of American Geographers*, Vol. 82, No. 4 (Dec., 1992).

43. Noorzoy, M. S., "Long-Term Economic Relations between Afghanistan and the Soviet Union: An Interpretive Study," *International Journal of Middle East Studies*, Vol. 17, No. 2 (May, 1985).

44. Partem, Michael, "The Buffer System in International Relations," *The Journal of Conflict Resolution*, Vol. 27, No. 1 (Mar., 1983).

45. Poullada, Leon, "Afghanistan and the United States: The Crucial Years," *The Middle East Journal*, Vol. 35, No. 2, 1981.

46. Poullada, Leon, Book Review, "Afghanistan in Crisis," *Pacific Affairs*, Vol. 55, No. 2 (Summer, 1982).

47. Puchala, Donald, "American Interests and the United Nations," *Politi-

cal Science Quarterly, Vol. 97, No. 4 (Winter, 1982 – 1983).

48. Qureshi, S. M., "Pakhtunistan: The Frontier Dispute between Afghanistan and Pakistan," *Pacific Affairs*, Vol. 39, No. 1/2 (Spring-Summer, 1966).

49. Rais, Rasul, "Afghanistan and the Regional Powers," *Asian Survey*, Vol. 33, No. 9 (Sep., 1993).

50. Rashid, Ahmed, "Pakistan, Afghanistan and the Gulf," *MERIP Middle East Report*, No. 148 (Sep-Oct., 1987).

51. Rowe, Edward, "The United States, the United Nations, and the Cold War," *International Organization*, Vol. 25, No. 1 (Winter, 1971).

52. Rubin, Barnett, "Lineages of the State in Afghanistan," *Asian Survey*, Vol. 28, No. 11 (Nov., 1988).

53. Ruggie, John, "The United States and the United Nations: Toward a New Realism," *International Organization*, Vol. 39, No. 2 (Spring, 1985).

54. Russett, Bruce, "Discovering Voting Groups in the United Nations," *The American Political Science Review*, Vol. 60, No. 2 (Jun., 1966).

55. Saikal, Amin, "Soviet Policy toward Southwest Asia," *Annals of the American Academy of Political and Social Science*, Vol. 481 (Sep., 1985).

56. Segal, Gerald, "China and Afghanistan," *Asian Survey*, Vol. 21, No. 11 (Nov., 1981).

57. Spykman, Nicholas, "Frontiers, Security and International Orgazination," *Geographical Review*, Vol. 32, No. 3, 1942.

58. Srinivasan, Kannan, "Revolution from above and Intervention from Outside," *Economic and Political Weekly*, Vol. 16, No. 34 (Aug. 22, 1981).

59. Starr, Harvey, "The Kissinger Years: Studying Individuals and Foreign Policy," *International Studies Quarterly*, Vol. 24, No. 4 (Dec., 1980).

60. Stork, Joe, "U.S. Involvement in Afghanistan," *MERIP Reports*, No. 89 (Jul.-Aug., 1980), Afghanistan.

61. Sultan, Muhammed Khan, "Pakistani Geopolitics: The Diplomatic Perspective," *International Security*, Vol. 5, No. 1 (Summer, 1980).

62. Tahir-Kheli, Shirin, "Iran and Pakistan: Cooperation in an Area of Conflict," *Asian Survey*, Vol. 17, No. 5 (May, 1977).

63. Tapper, Nancy, "The Advent of Pashtūn 'Māldārs' in North-Western Afghanistan," *Bulletin of the School of Oriental and African Studies*, University of London, Vol. 36, No. 1 (1973).

64. Tarock, Adam, "The Politics of the Pipeline: The Iran and Afghanistan Conflict," *Third World Quarterly*, Vol. 20, No. 4 (Aug., 1999).

65. Valenta, Jiri, "From Prague to Kabul: The Soviet Style of Invasion," *International Security*, Vol. 5, No. 2 (Autumn, 1980).

66. Vasquez, John, "Domestic Contention on Critical Foreign-Policy Issues: The Case of the United States," *International Organization*, Vol. 39, No. 4 (Autumn, 1985).

67. Wade, Nicholas, "Afghanistan: The Politics of a Tragicomedy," *Science*, Vol. 212, No. 4494 (May 1, 1981).

68. Walt, Stephen, "Testing Theories of Alliance Formation: The Case of Southwest Asia," *International Organization*, Vol. 42, No. 2 (Spring, 1988).

69. Weinbaum, Marvin, "Pakistan and Afghanistan: The Strategic Relationship," *Asian Survey*, Vol. 31, No. 6 (Jun., 1991).

70. Wittkopf, Eugene, "Foreign Aid and United Nations Votes: A Comparative Study," *The American Political Science Review*, Vol. 67, No. 3 (Sep., 1973).

71. Behçet K. Yeşlbursa, "The American Concept of the 'Northern Tier' Defense Project and the Signing of the Turco-Pakistani Agreement, 1953–54," *Middle Eastern Studies*, Vol. 37, No. 3 (Jul., 2001).

72. Elman, Miriam, "The Foreign Policies of Small States: Challenging Neorealism in Its Own Backyard," *British Journal of Political Science*, Vol. 25 (Apr 1995).

73. Baehr, Peter, "Small States: A Tool for Analysis?" *World Politics*, Vol. 27, No. 3 (Apr. 1975).

中文译著

1. [俄] 阿纳托利·多勃雷宁：《信赖——多勃雷宁回忆录》，肖敏等译，世界知识出版社1997年版。

2.［美］德怀特·艾森豪威尔：《艾森豪威尔回忆录：白宫岁月》（下），静海译，生活·读书·新知三联书店1977年版。

3.［美］保罗·肯尼迪：《大国的兴衰》，梁于华等译，世界知识出版社1990年版。

4.［美］埃尔默·普利施科：《首脑外交》，周启朋等译，世界知识出版社1990年版。

5.［美］哈里·杜鲁门：《杜鲁门回忆录》，李石译，世界知识出版社1965年版。

6.［美］亨利·基辛格：《大外交》，顾淑馨，林添贵译，世界知识出版社1998年版。

7.［英］彼得·卡尔沃科雷西：《国际事务概览，1949-1950年》，王希荣等译，上海译文出版社1992年版。

8.［英］杰弗里·巴勒克拉夫：《国际事务概览，1959-1960年》，曾稣黎译，上海译文出版社1986年版。

9.［英］杰弗里·帕克：《20世纪的西方地理政治思想》，李亦鸣等译，解放军出版社1992年版。

10.［英］杰弗里·帕克：《地缘政治学：过去、现在和未来》，刘从德译，新华出版社2003年版。

11.［美］杰里尔·A.罗赛蒂：《美国对外政策的政治学》，周启明等译，世界知识出版社2005年版。

12.［美］路易斯·杜普雷：《阿富汗现代史纲要》，黄民兴译，西北大学中东所2002年版。

13.［美］N.J.斯皮克曼：《和平地理学》，刘愈之译，商务印书馆1965年版。

14.［巴］拉希姆、库雷西：《巴基斯坦简史》（第三卷），四川大学外语系翻译组译，四川人民出版社1975年版。

15.［美］约翰·加迪斯：《遏制战略：战后美国国家安全政策评析》，时殷弘等译，世界知识出版社2005年版。

16.［美］约翰·斯帕尼尔：《第二次世界大战后美国的外交政策》，段若石译，商务印书馆1992年版。

17.［美］约瑟夫·奈、罗伯特·基欧汉：《权力与相互依赖》，林茂辉译，中国公安大学出版社1992年版。

18. ［英］马丁·怀特、赫德利·布尔、卡斯滕·霍尔布莱德：《权力政治》，宋爱群译，世界知识出版社2004年版。

中文专著

1. 崔丕：《美国的冷战战略与巴黎统筹委员会、中国委员会（1945—1994）》，东北师范大学出版社2000年版。

2. 丁邦泉：《国际危机管理》，国防大学出版社2004年版。

3. 葛公尚：《当代国际政治与跨界民族研究》，民族出版社2006年版。

4. 何平：《阿富汗史：文明的碰撞与融合》，三民书局股份有限公司2003年版。

5. 李丹慧：《冷战国际史研究》，世界知识出版社2008年版。

6. 刘竞、朱莉：《苏联中东关系史》，中国社会科学出版社1987年版。

7. 刘金质：《冷战史》，世界知识出版社2003年版。

8. 刘从德：《地缘政治学：历史、方法与世界格局》，华中师范大学出版社1998年版。

9. 李德昌：《巴基斯坦的政治发展，1947—1987》，四川大学出版社1989年版。

10. 马晋强：《阿富汗今昔》，云南大学出版社1993年版。

11. 彭树智、黄杨文：《中东国家通史·阿富汗卷》，商务印书馆2000年版。

12. 王绳祖：《国际关系史》，第7、8、10卷，世界知识出版社1995年版。

13. 王凤：《列国志·阿富汗》，社会科学文献出版社2007年版。

14. 王玮、戴超武：《美国外交思想史：1775—2005年》，人民出版社2007年版。

15. 王晓德：《美国文化与外交》，世界知识出版社2000年版。

16. 王逸舟：《西方国际政治学：历史与理论》（第二版），上海人民出版社2006年版。

17. 王鸣鸣：《外交政策分析：理论与方法》，中国社会科学出版社

2008年版。

18. 杨翠柏、刘成琼：《列国志·巴基斯坦》，社会科学文献出版社2005年版。

19. 杨生茂：《美国外交政策史，1775—1989年》，人民出版社1991年版。

20. 杨生茂、刘绪贻：《美国通史·战后美国史》，人民出版社1989年版。

21. 于群：《美国国家安全与冷战战略》，中国社会科学出版社2006年版。

22. 张小明：《冷战及其遗产》，上海人民出版社1998年版。

23. 张士智、赵慧杰：《美国中东关系史》，中国社会科学出版社1993年版。

24. 朱克：《阿富汗》，世界知识出版社1959年版。

25. 资中筠：《战后美国外交史——从杜鲁门到里根》，世界知识出版社1994年版。

26. 左凤荣：《致命的错误：苏联对外战略的演变与影响》，世界知识出版社2001年版。

27. 《马克思恩格斯全集》第14卷，人民出版社1964年版。

中文学术论文

1. 黄民兴：《达乌德第一次执政时期阿富汗与苏美的关系（1953—1963）》，《西亚非洲》1985年第4期。

2. 黄民兴：《近现代时期的阿富汗中立外交》，《西亚非洲》2002年第4期。

3. 黄民兴：《阿富汗问题的历史根源》，《西安政治学院学报》2002年第4期。

4. 黄民兴：《试析阿富汗民族国家建构的阶段和特征》，《西亚非洲》2008年第4期。

5. 胡平：《关于国际危机管理的研究》，《世界经济与政治》1991年第4期。

6. 胡仕胜：《巴基斯坦与阿富汗关系轨迹》，《国际资料信息》2002年第 3 期。

7. 李琼：《1919—1979 年苏联和美国对阿富汗的政策》，《历史教学问题》2007 年第 2 期。

8. 汪金国、王国顺：《论阿富汗历史发展进程中的部族症结》，《贵州师范大学学报》2007 年第 6 期。

9. 刘稚：《跨界民族的类型、属性及其发展趋势》，《云南社会科学》2004 年第 5 期。

10. 方军祥、李波：《西方国际关系理论中小国概念分析》，《国际论坛》2005 年第 4 期。

11. 邱美荣：《国际危机研究述评》，《欧洲研究》2003 年第 6 期。

12. 姚椿龄：《美国"1951 年共同安全法"的制定》，《复旦学报》（社会科学版）1990 年第 2 期。

13. 史澎海、王成军：《从心理战略委员会到行动协调委员会：冷战初期美国心理战领导机构的历史考察》，《陕西师范大学学报》（哲学社会科学版）2010 年第 5 期。

中文学位论文

1. 李琼：《1979—1989 年苏联、美国、阿富汗三国四方在阿富汗地区的一场博弈》，博士学位论文，华东师范大学，2007 年。

2. 李晓妮：《美国对巴基斯坦政策研究，1941—1957》，博士学位论文，东北师范大学，2009 年。

3. 丁长昕：《从缓冲区到结盟：新中国成立前后苏联的对华政策》，博士学位论文，华东师范大学，2007 年。

4. 纪胜利：《美国对芬兰政策研究，1945—1960》，博士学位论文，东北师范大学，2008 年。

5. 詹欣：《杜鲁门政府国家安全政策研究》，博士学位论文，东北师范大学，2004 年。

6. 李晓妮：《美国对巴基斯坦政策研究，1941—1957》，博士学位论文，东北师范大学，2009 年。

7. 郭培清：《艾森豪威尔政府国家安全政策研究》，博士学位论文，东北师范大学，2003 年。

网络资料

1. 伍德罗·威尔逊国际学者中心，http：//www.wilsoncenter.org/。

2. 美国总统图书馆：杜鲁门（www.trumanlibrary.org），艾森豪威尔（http：//www.eisenhower.utexas.edu）。

3. 美国国务院网站，http：//www.state.gov。

4. 新华网，http：//news.xinhuanet.com。

5. 冷战中国网，http：//www.coldwarchina.com。

6. 中华人民共和国外交部网站，http：//af.china-embassy.org/chn/gzafh/t852591.htm。

附　　录

冷战爆发后至20世纪70年代美国历任驻阿富汗大使及其任期（呈递国书日期至离任）

1. 伊利·帕尔默（Ely E. Palmer）：1945.12.6—1948.11.18。
2. 路易斯·德雷福斯（Louis G. Dreyfus）：1949.8.6—1951.1.19。
3. 乔治·罗伯特·梅里尔（George Robert Merrell）：1951.6.28—1952.5.3。
4. 安格斯·沃德（Angus I. Ward）：1952.12.8—1956.3.3。
5. 谢尔登·米尔斯（Sheldon T. Mills）：1956.5.6—1959.2.3。
6. 亨利·拜罗德（Henry A. Byroade）：1959.3.21—1962.1.19。
7. 约翰·斯蒂夫斯（John M. Steeves）：1962.3.20—1966.7.21。
8. 罗伯特·纽曼（Robert G. Neumann）：1967.2.19—1973.9.10。
9. 西奥多·埃利奥特（Theodore L. Eliot）：1973.12.21—1978.6.14。
10. 阿道夫·达布斯（Adolph Dubs）：1978.7.12—1979.2.14（被杀害）。
11. 布鲁斯·阿姆斯特茨（J. Bruce Amstutz）：1979.12—1980.2（临时代办）。